94

Anders reisen
herausgegeben von Ludwig Moos

Anders reisen heißt, sich einzulassen auf das tägliche Leben anderswo, zu lernen, welche historischen Wurzeln und gegenwärtigen Bedingungen es hat. Die soziale Isolation und politische Enthaltsamkeit des Touristen aufzuheben, die fremde Wirklichkeit unverstellt und mit Lust zu erleben, hat verändernde Kraft über die Reise hinaus. Die Kenntnis der Landessprache hilft dabei.
Zwei Semester Volkshochschule, ab nach Spanien und dann kaum etwas verstehen. So geht es vielen. Denn wie und worüber die Spanier wirklich sprechen, findet sich in den herkömmlichen Lehrwerken meist nur nebenbei. Das «Sprachbuch Spanien» macht daraus die Hauptsache. Es setzt Grundkenntnisse voraus und liefert alles Wissen, das man für den wachen Umgang mit der widersprüchlichen Wirklichkeit des Landes braucht. Es folgt den Interessen eines «anders Reisenden» und macht in lebendigen Text-Bild-Montagen mit unterschiedlichen Milieus und konkreten Situationen vertraut. Und es baut Sprechhemmungen ab, indem es Zustimmung, Widerspruch und Gefühle artikulieren hilft.

13.–16. Tausend März 1991

Originalausgabe
Veröffentlicht im Rowohlt Taschenbuch Verlag GmbH,
Reinbek bei Hamburg, Mai 1989
Copyright © 1989 by Rowohlt Taschenbuch Verlag GmbH,
Reinbek bei Hamburg
Umschlagentwurf **Sandy Urban**
Layout **Jens Kreitmeyer**
Zeichnungen **Detlef Surrey**
Satz Times und Helvetica (Linotron 202)
Gesamtherstellung Clausen & Bosse, Leck
Printed in Germany
1680-ISBN 3 499 17588 6

Christof **Kehr**
Ana **Rodriguez Lebrón**

Sprachbuch
Spanien

6
Gebrauchsanweisung
11
Landauf-Landab De viajes y transportes
- 14 **En carretera**
- 16 **Hacer dedo**
- 18 **Viaje en avión**
- 20 **Carta al director I**
- 22 **Carta al director II**
- 24 **El tren**

27
Ämterwirtschaft La burocracia
- 30 **En la secretaría de la universidad**
- 31 En el banco
- 32 **En el hotel**
- 34 **En correos**
- 34 **En el estanco**
- 35 En la comisaría

37
Autonomie und Abhängigkeit Autonomía y dependencia
- 40 **El País Vasco**
- 44 **Andalucía**   Kabe
- 47 Madrid
- 49 Asturias
- 52 **Cataluña**

55
Gesellschaft aus dem Gleichgewicht Sociedad defectuosa
- 59 Oposiciones: la vergüenza nacional
- 61 José: uno entre más de mil
- 64 **Sobrevivir cada día**
- 66 **O vales para directivo o todo es chungo**
- 69 Engañar a Hacienda

73
Zusammenleben Familia o amigos
- 76 **Compañero de piso**
- 79 Asamblea purgatoria
- 82 **Charters a Londres**   Öffer
- 84 Yo me voy a vivir con quien me da la gana
- 88 **Mujer, yo no creo que sea ningún problema**
- 91 Divorcio
- 93 Jóvenes de hoy

96
Kneipen-Wirtschaft Los bares
- 102 **Ilusión y engaño**
- 104 **Cita con pasteles**
- 106 **El camarero se mete**
- 107 Descanso del personal
- 110 **Bar tienda teléfono**
- 113 Soy más valiente que tú ...
- 114 **Copitas y tapas**
- 117 Tú y usted

Inhalt

119

Es bewegt sich was La Movida

- **122 La Martirio**
- 125 El Almodóvar
- **127** Como se gasta el dinero
- 132 **Tierno Galván y Alaska**
- 136 **Rock español**
- **139** Los Toreros muertos
- **141** Panorama de los modernos
- **141** Los posmodernos
- **143** Los EDV
- **145** Los sociatas
- **147**

Folklore La cultura de la gente

- **151** El Rocío
- **153** Flamenco: el día después
- **155** Los Sanfermines
- **159** ¡Eso es penalti hijoputa!
- **161** Costumbres de hoy
- 164 Los toros
- **167**

Knopf und Druckerschwärze Los media

- 172 **Al borde de un ataque de nervios**
- 174 **Prensa de modernos**
- **177** El País: monopolio de la opinón
- **179** El vídeo comunitario
- 182 **La prensa del corazón**
- **185** Radio libre
- **188**

Landleben La vida rural

- 192 **Jornaleros y emigración**
- **195** Ocio en el desierto
- **199** Inconvenientes de la vida en provincia
- **201** Niños abandonados
- **203** Jóvenes que van a vivir al campo
- **207**

che Einrichtungen Vivir con instituciones

- **211** El ocio organizado
- 214 **Las sirenas y el juez**
- 216 **Lo que me faltaba, que salga cura**
- 218 **Sanidad**
- 222 **Enseñanza**
- **225**

Tourismus El turismo

- 228 **Vamos a la playa**
- 230 **Patrimomio nacional**
- 232 **Paraíso o cloaca**
- 235 **La playa nudista**
- **237** Culto al ligue
- 240 **Los mochileros**
- **243**

Anhang

- 244 **Weitere Worterklärungen**
- 270 **Wörter und Wendungen nach Situationen**

Gebrauchsanweisung

Patentrezepte gibt es keine für das Erlernen von Fremdsprachen. Das gilt natürlich auch für dieses Buch. Manchen fliegen die
Sprachen nur so zu – sechs Wochen im Südjemen und sie diskutieren
fließend auf Arabisch über den Fundamentalismus im Islam. Manche
mühen sich über Jahre ab in Intensivkursen, Konversationskursen und
Zertifikatskursen und kriegen dann kaum ein Wort raus, wenn sie einem
echten Muttersprachler gegenüber stehen. Und der große Rest palavert
und radebrecht zwischen diesen Extremen.

Ständig werden neue, angeblich umwälzende Methoden propagiert,
um schneller, gezielter und effizienter Fremdsprachen zu lernen. Da gab
es das Gebot der strikten Einsprachigkeit, es gab pattern-drills (sich dauernd wiederholende Einschleifübungen) für die öden Orgien im Sprach-
labor, es gab die Vorherrschaft der kommunikativen Ansätze, und heute
packt uns das kostspielige Superlearning-Fieber.

Zeit und Ort werden in den modernen Lernangeboten am liebsten
ausgeklammert: Möglichst schnell und möglichst in der Nähe soll gelernt
werden. Aber ohne Geduld und Ausdauer geht es nicht. Grammatika-
lische Systeme wollen begriffen, geübt und automatisiert werden; lan-
deskundliche Daten wollen gespeichert werden, sie sind unerläßlich für
das Verständnis vieler Themen; und die Sprechwerkzeuge wollen für die
Besonderheiten der fremden Aussprache trainiert sein.

Sprachen lernen heißt auch Mut haben, Fehler zu machen, und es
heißt spielen. Spielen mit Wörtern, mit Möglichkeiten, die die neue
Sprache bietet, und spielen mit der Situation, noch kaum etwas zu wissen.
Die Aussprache hält dann als Spielfeld her, wenn es darum geht, Typisches
der neuen Sprache oder verschiedene Akzente von Muttersprachlern
nachzuahmen. Wenn man alles, was gesagt wird, nachplappert wie ein
Papagei, kommt man den Eigenarten der Aussprache auf die Schliche.
Das gilt für einzelne Laute und fast mehr noch für die Melodie eines
Satzes.

Wenn wir uns eine Zeitlang und im Selbststudium oder in einem Kurs abgemüht und eine Basis geschaffen haben, dann wächst der Wunsch, nicht nur das fremde Land kennenzulernen, sondern auch mit den dort lebenden Menschen in deren Sprache zu kommunizieren. Das Sprachbuch Spanien hilft dabei. Wer leidlich Spanisch kann und wer etwas mehr als eine Idee von der spanischen Grammatik hat, mag davon profitieren.

Sprachbuch Spanien, warum nicht Sprachbuch Spanisch? Mittlerweile gibt es eine Menge guter Spanischlehrbücher, auch für Fortgeschrittene. Aber Spanisch wird aus den unterschiedlichsten Gründen gelernt: von Touristen, die seit Jahren ihren Urlaub an der spanischen Mittelmeerküste verbringen, von Geschäftsleuten, die für ihre Firma einige Zeit nach Spanien oder Südamerika gehen, von Ibero-, Andino-, Mexico- und Pampao-Philen aller Art – die Liste ist lückenhaft und kaum zu vervollständigen. Die Crux für diejenigen, die die Lehrbücher schreiben: Spanisch ist so vielfältig innerhalb Spaniens und noch mehr innerhalb Süd- und Mittelamerikas sowie in den Teilen der USA, wo Spanisch de facto zweite Verkehrssprache ist, daß alles, was regionale Idiomatik, also die sprachliche Eigenart manchmal riesiger Landstriche ist, flachfallen muß.

Das Sprachbuch Spanien hat mit Spanien zu tun. Seine Sammlung von Texten will ein ungefähres Abbild des spanischen Alltags geben. Nur ungefähr – denn ein Land von einer halben Million Quadratkilometern, seine Menschen und seine Kulturen lassen sich nicht zwischen zwei Buchdeckel klappen. Doch wer etwas wissen möchte über die spanische Gesellschaft und die im übrigen gar nicht einheitliche Alltagssprache, über die Art und Weise, wie die Spanier kommunizieren, dem kann dieses Buch beim Einstieg und zur Vertiefung helfen.

Wie läßt sich das Sprachbuch Spanien sinnvoll nutzen? Man kann es durchlesen und dabei je nach Sprachstand mehr oder weniger Mühe haben, die Texte zu verstehen. Die Wörter und Ausdrücke setzen in etwa das Studium eines ersten Lehrbuches voraus. Was darüber hinausgeht, wird in der Regel übersetzt: auf der gleichen Seite, wenn mit «★» kenntlich gemacht, oder im Anhang, wenn mit «☆» versehen. Diese Trennung war notwendig, weil nicht immer alle Erläuterungen auf die Seite gepaßt

Gebrauchsanweisung **7**

hätten. Wir haben also Wendungen und Vokabeln, die zentral mit dem behandelten Thema zu tun haben, auf die Seite, den Rest in den Anhang plaziert. Lockeren Sprachgebrauch haben wir mit ⟨ ⟩ kenntlich gemacht, vulgäre Ausdrücke mit ⟨!⟩.

Vor dem Schreiben haben wir eine Menge idiomatischer Ausdrücke gesammelt und sie dann so auf die einzelnen Texte verteilt, daß immer der Zusammenhang klar wird, in dem sie gebraucht werden. Die spanische Umgangssprache ist besonders reich an Redensarten wie zum Beispiel *se queda para vestir santos* – sie wird Heiligenfiguren in der Sakristei anziehen (das heißt: Jungfer bleiben) oder *no cabíamos en casa, y encima parió la abuela* – wir hatten kaum alle Platz zu Hause, da hat die Oma noch ein Kind gekriegt (das heißt: alles wurde noch schlimmer, wir kamen vom Regen in die Traufe).

Wie der Leser die ihm wichtigen Wörter und Wendungen nun in seinem Hirn abspeichert, bleibt ihm überlassen. Es bietet sich an, ein besonderes Heft anzulegen und alles selbst einmal niederzuschreiben. Das klingt nach Schule, aber die meisten Leute, die eine Sprache gut beherrschen, haben eine Zeitlang regelmäßig das Wörterbuch konsultiert und sich etliches rausgeschrieben. Anderen reicht es vielleicht, Wichtiges mit einem farbigen Marker zu kennzeichnen, damit es beim zweiten Blick schnell ins Auge fällt. Wer vor allem über das Hören aufnimmt, dem mag eine Auswahl der Texte auf Cassette eine Hilfe sein (erschienen bei der Network Medien-Cooperative, Hallgartenstraße 69, 6000 Frankfurt/M. 60, Tel. 069/451737). Die entsprechenden Texte sind mit einem Symbol versehen.

Die Cassette mit kurzem Begleittext kann, falls im Buchhandel nicht vorrätig, auch für 19,80 DM plus 3,50 DM Versandkosten bei oben genannter Adresse bezogen werden.

Was immer nützt, ist ein Muttersprachler in der Nähe, der Ungereimtheiten klarstellen kann. Denn das Selbststudium hat seine Grenzen. Nur wenige schaffen es, allein und zu Hause eine andere Sprache zu lernen. Wer in dem entsprechenden Land wohnt, der hat es schon viel einfacher.

8 Gebrauchsanweisung

Die Grammatik – so wie sie im Lehrbuch steht – haben wir kaum berücksichtigt. Unser Anspruch war, möglichst authentische Texte zu verfassen. Die Dialoge fallen mitunter so aus, daß sich dem traditionellen Lehrer und Sprachpuristen die Haare sträuben. Aber die Frage nach richtig oder falsch stellt sich erst gar nicht. Wenn viele Muttersprachler das gleiche sagen, dann läuft die Kommunikation, und die wichtigste Funktion der Sprache ist erfüllt.

Was ist wichtig beim Erlernen der Sprache? Sich ins Geschehen werfen, fragen, reden, sagen, daß man nicht verstanden hat, fernsehen, ins Kino gehen, Radio hören – von morgens bis abends in die Sprache eintauchen. Wer über seine Gefühlslage Mitteilungen machen möchte, für den hält der Anhang eine Sammlung von entsprechenden Wendungen bereit. Wer sie beherrscht, kann sicher schon im voraus viele Mißverständnisse aus dem Weg räumen und nicht mehr nur auf der sachlichen Ebene verkehren.

Noch ein Tip für alle, die nach Spanien fahren, um einen Sprachkurs zu machen: Seilen Sie sich ab von Ihren Landsleuten und von anderen Ausländern, nehmen Sie ein paar Tage Einsamkeit in Kauf, bis Sie Spanier kennenlernen. Die Spanier sind gastfreundlich, herzlich, aufgeschlossen und hilfsbereit. In den großen Städten braucht man Geduld, da geht die Kontaktaufnahme manchmal etwas langsamer – wie in nördlichen Ländern eben auch. Ansonsten gilt: Patentrezepte gibt es keine.

Christof Kehr und Ana Rodríguez Lebrón
Salobreña, im Januar 1989

Landauf-Landab —
De viajes y transportes

Zug, Flugzeug, Piratenbusse und zur Abwechslung mal angenehme Überraschungen beim Trampen. Monologe, Dialoge und eine Kontroverse als Leserbrief mit Erwiderung

Von Gerona hinter den Pyrenäen bis Huelva kurz vor Portugal sind es fast 1200 Kilometer. Wer das an einem Tag schaffen will, der muß Bleifuß fahren oder das Flugzeug nehmen. Im Zug oder Bus sind solche Strecken kaum in 24 Stunden zu bewältigen. Entweder gibt es keine direkte Verbindung, und man muß umsteigen, findet aber keinen richtigen Anschluß, oder der Busfahrer macht ausnahmsweise die gesetzlich vorgeschriebenen Haltepausen.

Reisen in Spanien heißt lang unterwegs sein – die Städte liegen weit auseinander, das Autobahnnetz ist immer noch sehr licht, und die Züge stammen halt nicht aus dem Zeitalter der Inter-Cities. Die Schienen sind breit, die Lokomotiven langsam und viele Strecken immer noch eingleisig, so daß der Zug oft in der Pampa an einer Milchkanne steht und wartet, bis der Gegenzug vorbei ist. Selbst der Talgo, der schnellste Zug der iberischen Halbinsel, kommt mit Ach und Krach nur auf einen Schnitt von 90 Stundenkilometer. Man muß sich also Zeit nehmen auf Reisen, bei Entfernungen von mehr als 400 Kilometer geht leicht ein ganzer Tag drauf. Die Abteile in den Zügen sind mit jeweils acht Plätzen für kleinere Großfamilien konzipiert, inzwischen setzen sich aber auch die unkommunikativen Großraumwagen im Düsenklipper-Stil durch.

Die Reisebegleitung im eigenen Pkw ist vorhersehbar: Mitfahrer und Musikcassetten. In Zug und Bus fährt auch der Zufall mit. Die Spanier sind kontaktfreudig und schnell, wenn es darum geht, Reisebekanntschaften einzugehen. Die Zeit unterwegs wird genutzt, um den Mitfahrern den eigenen Lebensweg zu enthüllen oder die Lösungen zu verraten für die großen Probleme der Welt. Kommunikation steht im Vordergrund, *entablar conversación* – ein Gespräch anknüpfen, gehört einfach zum Unterwegssein. Und wenn zwei laut genug miteinander reden, dann dauert es bestimmt nicht lange, bis sich ein dritter einschaltet.

Auf längeren Busfahrten werden die Passagiere mit meist miesen Video-Schinken beglückt. Nun hat es aber derart Proteste gehagelt, daß die Busunternehmen langsam auf diesen Dienst am Kunden verzichten. Manchmal sind die Western ja auch wirklich zum Grausen, denn mitunter schießt der Gringo gerade dann, wenn der Bus auf der steilen Bergstraße eine enge Kurve zu nehmen hat und der Fahrer sich den Nacken verrenkt, um mitzukriegen, wer gerade abgeknallt wird.

Wer oft mit dem Zug oder Bus fährt, der kommt ums Schlangestehen nicht herum. Besonders in Ferienzeiten und an Wochenenden kann man nicht einfach zehn Minuten vor Abfahrt in der *estación* eintrudeln und erwarten, noch schnell sein *billete* zu bekommen. Da stehen nämlich schon vierzig andere vor dem Schalter und wollen alle noch mit. Und drei Beamte haben sich in eine Ecke verdrückt, qualmen und quatschen und überlassen ihrem *compañero* die Abfertigung der Reisewilligen.

Manch einer verflucht diese Situation und wünscht sich einen eigenen Pkw herbei. Autofahren geht schneller und bringt einen zu jeder Tages- und Nachtzeit zu jedem Ort. Es ist aber auf langen Strecken anstrengender und kostet mehr als mit öffentlichen Verkehrsmitteln. Das Benzin ist mit das teuerste in Europa, und die Autobahnen sind kaum zu bezahlen. Die MFG-gegen-BKB-Bewegung steckt in Spanien noch in den Kinderschuhen. Für drei Leute kommt die Fahrt mit dem Bus meistens noch billiger als mit dem eigenen Auto. In den Großstädten gibt es inzwischen Mitfahrzentralen, die allerdings nicht immer funktionieren.

Wem es auf drei Tage nicht ankommt, der kann es wagen, per Anhalter zu fahren. Nur Frauen allein oder zu zweit können sichergehen, schnell am Straßenrand aufgelesen zu werden. Alles weitere ist dann so ähnlich wie Roulette. Fossilien aus der Hippie-Ära werden beim Trampen schnell zu Kennern der Flora rechts und links des Asphaltes. Wer stundenlang in der brütenden Sommerhitze steht, ohne mitgenommen zu werden, der verflucht bald die Seat-Spießer und Mercedes-Macker. Da hilft oft nur der letzte Bus oder der nächste Tag. Wem es doch gelingt, ein *coche* anzuhalten, dem steht bestimmt ein längeres Gespräch bevor. Denn wer anhält und mitnimmt, der möchte auch unterhalten werden.

De viajes y transportes

En carretera

la deja tirada
 läßt sie im Stich
se le ocurre
 ihr fällt ein
estar plantado
 abgesetzt sein
ha puesto gasolina
 sie hat getankt
el capot
 Motorhaube

La pesadilla* de muchos se hace verdad* para Mari Angeles: a las once de la noche en la carretera de Albacete su erre cinco (R 5) la deja tirada*. Ella es maestra y no tiene la más mínima idea* de qué puede haber pasado.

Al principio se le ocurre* la vieja canción: «La cucaracha, la cucaracha, ya no quiere caminar...» De momento se da cuenta de que está plantada* en medio del campo y no sabe qué hacer a esas horas*. Hace media hora ha puesto gasolina* – falta de combustible* no puede ser. Se baja, da una vuelta al coche y comprueba* que las ruedas están bien. Luego abre el capot* y se dice a sí misma:

«¡Para qué coño* abro esto si no tengo ni puta idea* de nada!» Se acuerda de que un par de kilómetros antes había una venta* y decide parar un coche que la lleve hasta allí. Pero las cosas no son tan sencillas y ninguno de los coches que pasan se quiere parar. «¡Es que tienen miedo de caer en una trampa*!»

14   **Landauf – Landab**

Mari Angeles se va cabreando* cada vez más y viste de limpio* a todos los que pasan de largo. Se va haciendo a la idea* de que le toca pasar la noche en el asiento de atrás*, cuando, al borde de la desesperación*, pasa un camión que, de pronto da un frenazo en seco*.

Se acerca corriendo a la ventanilla del chófer y le explica lo que pasa. El camionero*, al darse cuenta de que está sola, se ofrece muy amablemente a echarle un vistazo* al coche. Parece que la avería* es gorda y que sólo al día siguiente se lo podrían arreglar en un taller.

El ángel de la guarda* se pone en plan caballeroso*: «No se preocupe, la llevo a esa venta y mañana podrá conseguir ayuda. Siento mucho no serle de más utilidad.» Entre aliviada* e inquieta se sube al camión, deseando llegar lo más pronto posible sin tener que rechazar* alguna proposición «cariñosa*». El camionero resulta* un caballero de verdad, se baja a tomar un café con ella y esta vez la aventura no termina en pesadilla.

se va cabreando
sie wird langsam stinkig
al borde de la desesperación
am Rande der Verzweiflung
dar un frenazo en seco
scharf bremsen
se pone en plan caballeroso
er macht auf Gentleman
una proposición cariñosa
ein zutrauliches Angebot

aliviado:
erleichtert

zurückweisen

1 vestir de limpio: verflachen
2 Rücksitz | 3 mal nachschauen
3 Zündkerze

De viajes y transportes **15**

Hacer dedo

¿Sabes que me pasó el otro día cuando venía de Alcalá haciendo dedo*?

¿Que te metió mano* un tío?

No, hombre. Me paró uno con un cochazo superimpresionante* que ni idea de qué marca sería. Me subo al coche, el tío pone una música superrelajante* y sale disparao*. Te juro que por lo menos íbamos a doscientos.

hacer dedo
 trampen
meter mano
 befummeln
me paró uno con un cochazo superimpresionante
 es hält ein Wahnsinnsschlitten an, um mich mitzunehmen
superrelajante
 total relaxed
salir disparao
 loszischen
con lo mala que está carretera
 bei der schlechten Straße
enrollarse
 Action bringen
de donde había sacado el coche
 wo der das Auto her hatte

Ach, komm

¡Anda ya*, con lo mala que está la carretera*!

El tío simpatiquísimo, superguapo, me contó una película* de que iba a una fiesta que había organizado un tío que trabaja en una casa discográfica* y que iba a venir cantidad de gente superfamosa*...

Venga, no me vayas a decir que te invitó.

überhaupt nicht

¡Qué va*! Todo lo contrario. Yo por un momento pensé: a ver si este tío se enrolla* y me lleva. Pero nada, para el coche en una venta* y nos bajamos a tomar una cerveza. Y a la hora de pagar, resulta* que el tío no tenía ni una gorda*. Vete a saber*, de dónde había sacado el coche*. wer weiß

Pues la semana pasada haciendo dedo con Toni, te puedes imaginar lo que nos pasó. Como el tío tiene barba, el pelo largo y pinta de hippie★, no nos paraba nadie★. Nos tiramos★ más de dos horas allí plantados en el cruce★. Después de fumarnos un canutito★, se nos ocurrió★ cogerle una coleta★ al Toni. A ver si picaba★ alguien.

¿Y se paró un marica★?

No, hombre, no. Lo que hicimos fue que el Toni se puso de espaldas y, efectivamente, a los cinco minutos

tener pinta de hippie
aussehen wie ein Hippie
plantados en el cruze
auf die Kreuzung gesetzt
cogerle una coleta:
einen Zopf binden
picar:
anbeißen
los espantapájaros
Vogelscheuche
unos cuantos canutos superbuenos de maría
ein paar saugute Marihuana-Joints

se paró uno. Pero cuando nos ibamos acercando al coche se dió cuenta de que no éramos dos tías★ y salió pitando★.

Claro, si yo tuviera un coche, tampoco me llevaría un espantapájaros★. ¿Te imaginas al Toni con coleta...?

Espera, espera. Al momento nos para uno que cuando ve la pinta del Toni se mea de risa★, y además de llevarnos hasta mi casa, nos invita a fumar unos cuantos canutos de maría★ superbuenos. Nos fuimos a tomar una copa en el Trinki y resulta que el tío hizo la mili★ con mi cuñado...

De viajes y transportes **17**

Viaje en avión

Cuando me fui a Londres el año pasado en un chárter de esos*, me tocó al lado* uno que había comprado el billete en no sé que agencia y resulta* que le había costado seis mil pelas* menos que a mí.

Desde luego merece la pena* moverse y comparar todos los tinglados*. El otro día fue un amigo mío y le salió la ida y vuelta sólo por 19.000 pelas. ¿Y sabes cómo se lo ha montado*?

Resulta que era un viaje para menores de 24 años y como le pedían la fotocopia del carné, cogió el de otro amigo, puso la foto suya, sacó la copia y se presentó ahí en la agencia. El otro ni se enteró*. Bueno, pues, como te iba diciendo*, en el vuelo ese que hice a Londres, llevaba dos maletas y un bolso con chorizos, jamón, discos, libros y regalos que me había dado la madre para el Juanito, que tú sabes que está trabajando allí.

Llegué al mostrador* ese donde te pesan el equipaje y donde te dan la tarjeta de embarque* y resulta que llevaba doce kilos de sobrepeso. El tío me dice que le tengo que pagar ocho mil pelas más y yo llevaba el dinero justo* para una semanita. Ya sabes lo cara que está la vida allí*. Entonces al lado estaba un mozo* que me dijo que no me preocupara*, que eso me lo

un chárter de esos
  einer von diesen Charterflügen
resultar
  herausstellen
las pelas
  Peseten
los tinglados
  Läden
la tarjeta de embarque
  Bordkarte
el mozo
  Gepäckträger

18 **Landauf – Landab**

arreglaba en un momentito. Me tuve que tirar media hora esperando* y, de repente, el tío del mostrador coge mis maletas, las despacha* y no me dice ni pío*.

Claro, y yo pensando que me había ahorrado ocho mil pelas, muy agradecido le dí al mozo quinientas de propina. Pero después, ya tranquilamente en el avión, me dí cuenta de que había caído en la trampa* y que, por supuesto*, los dos estaban compinchados*. O sea, que al tío de Iberia no le permiten coger propina, pero al mozo sí. Bueno, una vez en el avión se sentó conmigo una vieja de esas que nunca se han subido en un aparato.

Y, estando todavía en la pista*, me dice: «Pues lleva razón mi hijo que dice que se ve a la gente como hormiguitas*.» Le digo: «Señora, pero si es que son hormigas, es que no hemos despegado* todavía.» La pobre iba asustadísima*, las estaba pasando canutas y decía que se iba a marear*, porque no se había tomado la pastilla. Y a cada dos por tres* llamaba a la azafata para pedirle cualquier cosa. Cuando salieron a explicar eso del chaleco salvavidas*, la pobre se acojonó* todavía más y yo, para tranquilizarla, le dije que no se preocupara, que a todos nos toca nuestro día*.

Y me contesta la vieja: «Sí, como hoy sea el día del piloto*…»

despachar
  abfertigen
estar compinchados
  zusammenarbeiten
iba asustadísima
  sie war ganz verschreckt
como hoy sea el día del piloto
  wenn heute der Pilot dran ist

Carta al director I

la carta al director
Leserbrief
según unas investigaciones recientes
laut jüngsten Untersuchungen
me encomendó la tarea
betraute mich mit der Aufgabe
hacer la vista gorda
ein Auge zudrücken
semi-delincuentes
halb-kriminelle
indemnizar
entschädigen
infracción
Vergehen
el código de circulación
Straßenverkehrsordnung

Señor director:

Me dirijo a usted como presidente de la Asociación Nacional de Empresarios☆ de Transportes de Línea. Consta☆, según unas investigaciones recientes★, que la crisis de nuestro sector se debe a la proliferación masiva de los así llamados autobuses piratas. La última asamblea general☆ de nuestra asaciación me encomendó la tarea★ de llevar a cabo☆ una campaña de protesta contra estos autobuses piratas, puesto que el apuro☆ en el que se encuentra un alto porcentaje de nuestros miembros nos obliga a tomar medidas☆ urgentes. Nos parece incomprensible el hecho de que la autoridad haga la vista gorda★ ante el desorden ocasionado☆ por el aumento descontrolado de estos empresarios semi-delincuentes★. Es sabido que estos autobuses carecen☆ del seguro adecuado correspondiente. Por lo cual se han dado casos de accidentados☆ que no han sido indemnizados★ en absoluto☆. Esos vehículos carecen igualmente de las mínimas normas de supervisión técnica☆, por lo que no está garantizada la seguridad de sus viajeros. Con frecuencia se han dado casos de infracción★ contra el párrafo 123 del código de circulación★ que prescribe el tiempo máximo de circulacíon en ocho horas para los chóferes de transportes. Hay muchos chóferes que ha-

20 **Landauf – Landab**

cen solos el recorrido* Bilbao-Sevilla o La Coruña–Barcelona, por ejemplo, sin descanso y sin segundo chófer. Nos han llegado quejas* de algunos usuarios* de esos transportes piratas de la proyección de videos pornográficos*, atentando contra el pudor* de gran parte del público. Se ha llegado al extremo de exhibir* dichas películas viajando en esos autobuses niños, menores* y hasta miembros de una comunidad religiosa.

Las ventajas de nuestro servicio son obvias*: nuestra aspiración primordial* es garantizar un transporte sin contratiempos* y con máxima puntualidad. Nuestros autocares son sometidos* a exámenes técnicos periódicos y a un sistema de limpieza riguroso. Ofrecemos a nuestros clientes la tranquilidad de un transporte legal, sin correr el riesgo* de perder tiempo ante posibles controles de la policía. Le ruego que contribuya a poner fin a la situación de desorden en los transportes piratas, no sólo con la publicación de esta carta, sino también con su labor periodística*.

Pedro Quesado Lupiáñez

Presidente de la ANETAL (Asociación Nacional de Empresarios de Transportes de Autocares de Línea)

---

la proyección de vídeos pornográficos
Aufführung von Porno-Videos
atentar contra el pudor
das Schamgefühl verletzen
aspiración primordial
vordringliche Anstrengung
sin contratiempos
ohne Verspätung

Carta al director II

Señor director:

El día 24 de Mayo se publicó una carta del presidente de la ANETAL*. Este señor nos ataca con una serie de mentiras infundadas*. Para colmo* nos llama semi-delicuentes a los empresarios que no estamos dispuestos a hacernos socios de su asociación de monopolistas.

No cabe la menor duda* de que los precios de nuestros autobuses «piratas» son casi la mitad de los llamados «legales». Nuestros coches son tan nuevos y modernos como los «oficiales». Y además siempre van llenos, lo que demuestra* que el público está contento con nuestros servicios.

Eso de la puntualidad no corresponde a la situación del tráfico en nuestras carreteras. Si hay atasco*, le toca esperar y echarle paciencia* a todo el mundo.

una serie de mentiras infundadas
  eine Reihe unhaltbarer Lügen
el atasco
  Stau

Lo del seguro es una ofensa* también a nuestra policía. ¡Cómo se puede atrever* este señor a decir que la autoridad hace la vista gorda*! ¿No es esa una forma de llamarlos incompetentes?

A nosotros también nos han llegado quejas de usuarios* de los «transportes oficiales» de la proyección de vídeos de terror, tipo Rambo o Kung-Fu, desatendiendo* el pudor* de los señores pasajeros pacifistas.

Dicen los políticos que la competencia* es el motor de nuestra economía. La campaña del señor Quesada es un intento de desestabilización de nuestra libre economía de mercado*. Gracias a nosotros hay cien mil puestos de trabajo* a nivel nacional* entre chóferes, empresarios y personal técnico. Y gracias a nosotros, gente que no dispone de muchos medios económicos*, se puede permitir* viajar.

desatendiendo
  mißachtend
la libre economía de mercado
  freie Marktwirtschaft
a nivel nacional
  auf Landesebene
disponer de medios económicos
  finanzielle Mittel zur Verfügung haben

Juan Granados Ibáñez,
dueño de dos autocares «piratas»

De viajes y transportes

El tren

el cotilleo
Klatsch
la charla espontánea
spontanes Gespräch
los que se marean
die, denen es übel wird
RENFE
Spanische Staatsbahnen
mandó colocar carriles
er ließ Schienen anbringen
los compartimentos
Abteile
la consulta del dentista
Sprechstunde beim Zahnarzt

Los que no tienen prisa*, los que no tienen dinero para comprarse un coche, los aficionados* al cotilleo* y a la charla espontánea*, los que tienen la suerte de tener una estación en su pueblo, los que se marean* en autobús, los que no se pueden permitir* las tarifas de Iberia o de Aviaco, porque claro, el avión vale mucho, para toda esta gente está la RENFE*, la Red Nacional de Ferrocarriles Españoles. Eso de la red es un decir*, porque a la mayoría de los pueblos no llega, pero eso de los ferrocarriles es cierto, porque por lo visto los trenes no circulan ni en la autopista ni en la carretera. Como «Spain is different», los carriles lo son también. Franco los cambió porque temía que toda Europa podía invadir* España en Talgo.

Y mandó colocar carriles* con diez centímetros más de anchura*. La ventaja que tiene eso es que los compartimentos* son de ocho personas y no de seis como en otros países. Y además tienen menos espacio que en ningún otro tren europeo.

A veces uno puede encontrar verdaderos compañeros en los compartimentos. O sea gente que comparte* el pan y con un poco de suerte el vino y el salchichón* también. Una cosa es cierta: viajando en un compartimento no se aburre uno (igual que en la consulta del dentista*). Es el sitio propicio para entablar conversación y contar sus penas y alegrías. Es más fácil contarle tus cosas a alguien que probablemente no verás nunca más.

Desgraciadamente van desapareciendo los compartimentos. El futuro es de los trenes que cada vez se parecen más* a cabinas de avión – una fila* detrás de otra. Y allí no se enfrentan* ni los asientos* ni la gente.

Pero sí que hay una clase de trenes donde la gente suele hablar mucho: los trenes de cercanía* o tranvías como también se les llaman. (Ojo, no tienen nada que ver con los tranvías* de San Francisco o de Lisboa, no circulan por la ciudad.) Son trenes más lentos que un desfile de cojos*, puesto que no sólo se paran en todas las estaciones sino también en los apeaderos, paradas en medio del campo para dejar o recoger personas o bultos*. Si la conversación es interesante y de actualidad se mete todo el mundo* en el tema y termina en una tertulia animadísima* donde cada cual* intenta dar su opinión sin escuchar a los demás.

No es así en los trenes de lujo que valen casi tanto como el avión, donde se impone* una distancia y un comportamento distinguido* entre los pasajeros. Camina el Talgo con su aureola* de tren de gente de bien*. Y cualquiera que sube a la primera clase, se contagia* de ese complejo de superioridad que tiene la gente que paga más. Pero el Talgo no es ni sinónimo ni garantía de puntualidad. Como cualquier otro tren padece* con frecuencia de la fiebre del retraso. Como dijimos antes: Los trenes son para los que tienen paciencia.

los trenes de cercanía
Nahverkehrszüge
los tranvías
Straßenbahnnen
se mete todo el mundo
jeder bringt sich ein
el comportamiento distinguido
vornehmes Verhalten
la aureola
Aureole, Nimbus

De viajes y transportes **25**

Ämterwirtschaft
La burocracia

Dialoge auf verschiedenen Ämtern, Unisekretariat, Bank, Post... enden jeweils mit dem ersten Satz der Einleitung

Vuelva usted mañana heißt ein Artikel des Journalisten Mariano Larra über den Publikumsverkehr auf den Ämtern – kommen Sie morgen wieder. Erschienen ist der Artikel um 1835. *Vuelva usted mañana* ist seitdem der meistgesagte Satz in der spanischen Bürokratie. Ihr haben wir dieses Klischee und Vorurteil zu verdanken, wenn «Spanienkenner» meinen, hinter die Landesmentalität zu schauen: *Ohne mañana läuft bei denen nichts.* Wer in Berührung kommt mit Behörden, der fühlt sich leicht ins 19. Jahrhundert zurückversetzt: Für viele offizielle Formulare wird der Antragsteller mitten während seiner Odyssee in den Tabakladen geschickt, um *sellos* zu holen. Nicht Briefmarken, sondern Stempelmarken – das Schmieröl der Bürokratie, das Credo der Beamten.

Carlos, ein Freund, arbeitet seit fünf Jahren in Andalusien auf einer Bank. Wenn ich morgens um halb zwölf die Schalterhalle betrete, kommt er sogleich auf mich zugestürzt und lädt mich ein: *Venga, vamos a tomar una copita enfrente* – komm, wir gehen mal schnell gegenüber einen trinken. Und für die nächsten zwanzig Minuten ward er nicht mehr gesehen. Schön, wenn man unter solchen Bedingungen arbeiten kann. Spreche ich Carlos darauf an, so sagt er: *el jefe lo hace igual* – der Chef macht's ja genauso. Das Problem für Schlangesteher, Antragsteller, Auskunftbedürftige und Vorgeladene ist nur, daß sie zu Öffnungszeiten vorstellig werden, und dann tut sich nichts, *porque ha salido el compañero* – weil der Kollege gerade aushäusig ist.

Am Monatsanfang gehören sie zum Straßenbild in ganz Spanien: Menschenschlangen, bis zu hundert Meter lang. Sie stehen nicht an für Kino- oder Konzertkarten. Sie halten anderthalb Stunden durch, um zu ihrer Rente oder ihrem Lohn zu kommen. Die Ämter und Banken haben sich bisher kaum bemüht, vielen Menschen ein demütigendes Warten zu ersparen. Und das trotz großer Worte bei der sozialistischen Regierungsübernahme 1982, die Bürokratie ordentlich auszumisten. Die *venta-*

28 **Ämterwirtschaft**

nilla, das Guck-Fensterchen als Schalter, ist weitgehend abgeschafft und durch eine Theke ersetzt. Der Kontakt zwischen Sachbearbeiterin und Publikum ist direkter geworden, geblieben ist das Schlangestehen. Seminare für Bürgernähe hat man den Beamten und Bankangestellten kaum aufgebrummt. Zwei von drei Spaniern halten sie immer noch für arrogant und willkürlich. Die Umgehungsstraße um die behördliche Überheblichkeit heißt *clientilismo*, Vetternwirtschaft. Man kennt einen, der kennt einen, der mit einem Sachbearbeiter oder Abteilungsleiter eines entsprechenden Amtes bekannt ist, und man nutzt diesen Kanal, um Wartezeiten zu verkürzen. *Ahora mismo te lo arreglo* – sofort mach ich dir das fertig, lautet die großherzige Floskel der gebauchpinselten Amtsträger. Und siehe da, es kann auch schnell und ohne Komplikationen gehen, bis einer seinen Reisepaß bekommt oder die *escritura*, die Grundbucheintragung für das Eigenheim.

Die Spanier führen das willkürliche Verhalten der Bürokraten auf die *oposiciones*, das Wettbewerbssystem zurück, das immer dann herhalten muß, wenn Stellen in der Verwaltung frei werden. Dann melden sich 3000 Kandidaten für zwei Dutzend Plätze; sie haben sich oft jahrelang nach ihrer Ausbildung oder ihrem Studium auf die Prüfung vorbereitet und sitzen manchmal eine ganze Woche lang zusammengepfercht in Turnhallen, um Fragen zur *cultura general*, der Allgemeinbildung, zu beantworten. Wenn einer es dann schließlich geschafft hat und seine Stelle bekommt, dann ist er praktisch unkündbar und braucht sich bis zum Ende seines Berufslebens nicht mehr sonderlich anzustrengen.

Correos, die staatliche Post, ist einer der schlechtest funktionierenden Apparate Spaniens. Fast jeder schimpft über die Unzuverlässigkeit, darüber, daß Briefe oder Pakete viel zu spät ankommen, verlorengehen oder wieder zum Absender zurückkommen. Die Folge daraus: Immer mehr private Zustell- und Botendienste schießen aus dem Boden. Die *mensajeros*, wie die Flitzer heißen, funktionieren inzwischen sogar zwischen den großen Städten. Die Jungs, deren einziges Kapital ihre Vespa oder ihre alte *moto* ist, fahren unzureichend versichert, im Akkord und für miese Löhne.

En la secretaría de la universidad

hacer la matrícula de segundo
sich für das zweite Studienjahr einschreiben

las asignaturas pendientes
die noch ausstehenden Scheine

los impresos rellenos
die ausgefüllten Formulare

los sellos correspondientes
die entsprechenden Briefmarken

no es posible que pagaras tan poco
so wenig kannst du nicht bezahlt haben

el descuento por familia numerosa
Kinderreichenermäßigung

así es que vuelva usted mañana
kommen Sie also morgen wieder

Quiero hacer la matrícula de segundo* y de las asignaturas pendientes* de primero.

Entonces tienes que traer los impresos rellenos, tres fotos, fotocopia del carnet de identidad, un sobre☆ con tu dirección y los sellos correspondientes* y el certificado☆ de notas del curso anterior.*

Aquí lo tengo todo.

Sí, está todo. La matrícula son 40.000 ptas. Y por cada asignatura suelta☆ nueve mil. En total 58.000.

¿Cómo, tanto? El año pasado pagué ocho mil. pelas.

No puede ser. La vida va subiendo pero no es posible que pagaras tan poco el año pasado.*

Claro, es que tengo descuento por familia numerosa*.

Entonces sí que es más barato, pero tienes que traer el libro de familia☆.

¡Será posible☆! Llevo ya tres días para hacer la matrícula. Por fin he traído todos los papeles y ahora me vienes con el libro de familia. ¿Tú te crees que este año somos menos hermanos que el año pasado? Este año somos más numerosos porque a mi hermana le han regalado un chucho☆ y mi abuela se ha venido a vivir con nosotros, ya ves.

Lo siento mucho, si no lo traes no te puedo hacer el descuento, así es que vuelva usted mañana.*

En el banco

¡Hola! Quiero cobrar* este cheque que me acaban de dar.

Me lo deja un momentito. Esto lo tiene que ingresar* en su cuenta*.

Pero es que necesito el dinero ahora.

El problema es que la computadora está averiada*. Y hasta que no venga el técnico a arreglarla no podemos comprobar los fondos de las cuentas*.

¿Y no hay forma de averiguarlo*? Porque desde luego tiene guasa* que dependamos del teclado* y de la pantalla*.

Lo siento mucho, pero tenemos órdenes de no abonar* ningún talón sin saber si tiene fondos o no.

¡Será posible! ¡Qué clase de banco es éste! Yo soy cliente de aquí desde hace ocho años y una vez que se me plantea un problema* no son capaces de solucionármelo*.

Pues lo siento de verdad, pero hasta que arreglen el ordenador* no hay nada que hacer. Así que vuelva usted mañana*.

cobrar
  einlösen
ingresar
  einzahlen
la computadora está averiada
  der Computer streikt
comprobar los fondos de las cuentas
  den Kontostand überprüfen
el teclado
  Tastatur
la pantalla
  Bildschirm
abonar
  auszahlen

En el hotel

¿Cuánto vale la habitación?

La sencilla* cinco mil más el I.V.A.*

¡Qué pasada!* ¿Es que tenéis sábanas de seda*? ¿No hay nada más barato?

Lo siento señor, todas las habitaciones son iguales.

Venga, enróllate*, si de todas formas son las doce y media* ya y no va a venir nadie más. ¡Déjame una por la mitad!

Nuestras tarifas son fijas, y no las vamos a cambiar. Si no puede pagarla, en esta misma calle hay otros dos establecimientos* que quizás le convengan más.*

Ya lo sé, pero están completos. ¿Seguro que no puedes hacer nada? Venga hombre, ¿A tí que más te da*?

Einzelzimmer

las sábanas de seda
 seidene Bettwäsche

si de todas formas son las doce y media
 es ist doch eh schon halb eins

Si no se va a enterar nadie*. Mañana a las siete y media me tengo que largar*.

No insista, por favor, ya le he dicho lo que hay... Si le interesa, bien. Si no, haga el favor de marcharse.

¡No te pongas borde, tío!* Ni que ésto fuera tuyo*. ¡No mires tanto por el negocio, que no te van a poner en la herencia*.

Me hace el favor de marcharse ya, o me veré obligado a llamar a la policía.

Tranqui, tío*, ¿es que no puede entrar uno a preguntar sin que le amenacen con la pasma*? Venga, te doy tres mil.

¡Qué le he dicho que no! ¿No me haga perder más tiempo y márchese de una vez.

Ya me voy, hombre. Métete el hotel donde te quepa*! Será hijoputa* el tío... valiente gilipoyas*...

si no se va a enterar nadie
 das merkt doch niemand

¡No te pongas borde, tío! ⟨!⟩
 Mann, sei mal nicht so bescheuert schlecht drauf

no te van a poner en la herencia
 hier kannst du nichts erben

métete el hotel donde te quepa ⟨!⟩
 steck dir dein Hotel sonstwohin

La burocracia   33

En correos

Oiga, ¿me puede mandar este paquete a Alemania?

¿Qué es lo que lleva dentro?

¿A usted qué le importa?☆

Mira, a mi me importa un pepino★ *lo que traiga, pero los impresos*★ *son distintos. Si se trata de libros, por ejemplo, te sale más barato*☆*.*

Sí, son libros, y los quiero mandar urgente☆.

Ah, eso es otra tarifa. Pero así no lo puedes mandar. Este paquete está abierto. Tienes que traerlo bien cerrado, atado con un cordel★*, y además el destinatario*☆ *tiene que ir aquí abajo y el remite*☆ *arriba a la izquierda. Pero ya no te dará tiempo hoy*★*, porque necesitas una declaración de aduanas*☆*. Y resulta que el compañero*☆ *de la ventanilla*☆ *ha tenido que salir. Así es que vuelva usted mañana*☆*.*

a mi me importa un pepino ⟨ ⟩
 das ist mir schnurzpiepegal
los impresos
 Drucksachen
atado con un cordel
 mit einer Schnur zugebunden
no te dará tiempo hoy
 dazu hast du heute keine Zeit mehr

En el estanco

Me da un paquete de gitanes, de los que ponen en los anuncios★.

¿De cuáles?

Pues de los nuevos rubios que han salido ahora★.

Ay, hijo, eso no llegará aquí hasta que estén pasados de moda☆*.*

de los que ponen en los anuncios
 die aus der Werbung
que han salido ahora
 die jetzt rausgekommen sind

Bueno, pues entonces déme un Lucky y un librillo de papel*.

Pero chaval*, ¿con lo joven que eres, ya te dedicas a fumar porros*?

Señora, métase en sus asuntos* que yo ya tengo una madre.

Lo hace una por ayudarles y mira esta juventud el poco respeto que tienen con los mayores*.

métase en sus asuntos ⟨ ⟩
kümmern Sie sich um Ihre eigenen Angelegenheiten

En la comisaría

Oiga, hehe he (llega corriendo con la lengua fuera), me acaban de robar el coche*.

Nombre, apellidos*, número del D.N.I.*, fecha de nacimiento, domicilio*...

Pero, ¿cómo voy a saber los datos del chorizo*?

No, hombre, no, me refiero a los suyos*.

Juan López Garrido, dos cinco seis cinco cuatro cinco dos, el dos del siete del cincuenta y cuatro.

¿Tiene matrícula de fuera*?

Sí, soy de Salamanca.

Claro, estos saben elegir los coches de la gente que está de vacaciones.

Necesito un papel para mi seguro*. Tengo que volver a casa esta noche y me hace falta llevármelo*.

La denuncia del robo* se la puedo hacer yo, pero la declaración para el seguro, la tiene que hacer el cabo* y ha salido. No vuelve hasta mañana, así es que vuelva usted mañana*.

me acaban de robar el coche
man hat mir gerade das Auto geklaut
me refiero los suyos
ich meine Ihre...
la matrícula de fuera
Zulassung von außerhalb

La burocracia 35

Autonomie und Abhängigkeit
Autonomía y dependencia

Über einige Regionen: Zoff im Baskenland, Stellung Andalusiens innerhalb Spaniens, Puerta del Sol in Madrid – das Zentrum der Nation, Urlaubstips für Asturien und Klischees und Folklore in Katalonien

Die Bourbonen sind schuld. Nachdem sie 1700 an die Macht gekommen waren, machten sie Spanien zu dem zentralisiertesten Land Europas. «Jeder Landpostbote, Dorfschulmeister und kleine Beamte verdankte seine Ernennung dem Minister in Madrid», so beschreibt der Spanienkenner Gerald Brenan die Abhängigkeit von der Zentralverwaltung. Schon der Landkarte ist anzusehen, wie die Fäden in Madrid zusammenlaufen: Aus den entferntesten Winkeln kommen die *carreteras nacionales*, die großen Überlandstraßen, und bündeln sich im geographischen und politischen Mittelpunkt des Landes.

Seit 1898 wird nur noch das Mutterland Spanien verwaltet. In diesem Jahr luchsten die USA der spanischen Kolonialmacht die letzten drei Übersee-Besitzungen Cuba, Puerto Rico und die Philippinen ab. Dem ehemaligen Weltreich hatten außerdem seit 1492 für unterschiedliche Zeiträume Süd- und Mittelamerika, Kalifornien, Arizona und Texas, Sardinien, Sizilien und Süditalien sowie der Norden Marokkos und die Sahara zwischen Südmarokko und Mauretanien angehört.

Vielleicht wurde der Knacks im Selbstbewußtsein durch den Verlust der Kolonien und Protektorate dann auf die Exoten im eigenen Land übertragen: Galicien, das Baskenland und Katalonien wurden geknebelt und gefesselt, damit dort ja keine Eigenständigkeit oder gar Unabhängigkeit entstehen konnte, damit die Nation nicht noch weiter dezimiert würde. Die Sprachen Galicisch, Baskisch und Katalanisch wurden darauf reduziert, Verständigungsidiom innerhalb der Familien zu sein, alles Offizielle mußte auf Kastellanisch abgefaßt werden. In der zweiten Republik 1931–36 erreichten die Basken und Katalanen dennoch eine relative Autonomie, Franco machte dem aber schnell wieder ein Ende. Nach einem praktisch totalen Verbot des Katalanischen ließ er 1953 wieder einen Lehrstuhl für Katalanische Literatur zu, jedoch nicht in Barcelona, sondern in der über sechshundert Kilometer entfernten Hauptstadt Madrid.

Schon 1975, kurz nach dem Tod des Caudillos, kamen aus Katalonien und dem Baskenland wieder die ersten Forderungen nach regionaler Unabhängigkeit. Die Regionalsprachen sollten amtlich anerkannt, die politischen Gefangenen freigelassen und die alten Autonomiestatute aus der zweiten Republik wieder hervorgeholt werden. Bereits zwei Jahre später hatten Katalanen und Basken provisorische Landesregierungen, im Eiltempo machte sich ein neues Regionalismusgefühl breit. Zeitungen und Bücher erschienen auf Katalanisch, die erste Fernsehsendung wurde in der zuvor verbotenen Sprache ausgestrahlt. Selbst König Juan Carlos sprach bei seinem ersten Besuch in Katalanien ein paar aufsehenerregende katalanische Sätze. Drei Jahre später bestätigte eine Volksbefragung, daß nach vierzig Jahren Zentralismus eine überwältigende Mehrheit für die Autonomie war. Inzwischen sind galicisch, baskisch und katalanisch in den jeweiligen Regionen zweite Amtssprache. Wer in der öffentlichen Verwaltung unterkommen möchte, hat nur eine Chance, wenn er zweisprachig ist.

Spanien ist autonomisiert und besteht jetzt aus siebzehn *comunidades autónomas* – die Regierung hat entsprechende Statute einführen müssen. Kein Landstrich, der nicht eigenständig wäre, sogar Madrid selbst nennt sich *comunidad autónoma*. Der Begriff ist in aller Munde: *en nuestra comunidad autónoma*. Politiker, Radioreporter und Sachverständige am Stammtisch geben sich damit «landesweite» Bedeutung.

Die Landesregierungen tragen unterschiedliche Namen: Generalitat, Xunta, Junta usw. Und sie verfügen auch über unterschiedliche Kompetenzen, können mehr oder weniger selbst entscheiden über Verkehr, Gesundheit und Kultur. Die peripheren Provinzen Canarias, Andalucía, Galicia, Valencia, Cataluña und País Vasco haben zum Beispiel weitgehende Hoheit im Schulwesen. Aber einen Großteil ihres Etats beziehen sie von «Hacienda», dem nationalen Finanzministerium. Da werden Auflagen gemacht und da wird sich eingemischt in lokale Projekte. Die Basken und auch die Kanaren haben noch nicht genug und wollen die ganze Unabhängigkeit. Aber weil in Madrid kein Interesse daran besteht, wird weiter demonstriert und protestiert, und die ganz Radikalen entführen, treiben Revolutionssteuer ein und legen Sprengsätze.

Autonomía y dependencía **39**

El País Vasco

perseguir a palo limpio
mit dem Schlagstock verfolgen

las camionetas llenas hasta los topes de detenidos
die Bereitschaftswagen voll bis oben hin mit Verhafteten

sobre la marcha
hier: auf dem Weg zum Zoff

los coches quemados
angezündete Autos

Si contemplamos* una escena en la que en una playa repleta* de bañistas decenas de policías persiguen a palo limpio* hasta la misma orilla a un buen número de manifestantes* y los detienen, ante el asombro* del personal playero, ¿de quién dirías que es la película? ¿De Saura, de Berlanga*? No, no se trata de ningún rodaje*. Entra dentro de lo que en el País Vasco es la «normalidad». Tras marcharse las camionetas llenas hasta los topes de detenidos*, la playa vuelve a su bullicio* anterior. Parece que no sólo los vascos están hechos* al conflicto armado sino los turistas también.

Los mismos jóvenes que andaban «chiquiteando*» por el casco antiguo*, al enterarse de la entrega* a la policía española de algún refugiado* se acercan al bulevard. Sobre la marcha* mueven algún autobús, cortan* el tráfico y gritan contra las dos policías, española y francesa. Los aludidos* aparecen inmediatamente. Hay palos*, carreras, algún que otro detenido y en diez minutos vuelve la «normalidad».

Y esto son sólo actos espontáneos. Las manifestaciones* organizadas adquieren la espectacularidad de una película americana tipo Rambo: tanquetas*, barricadas, coches quemados*, helicópteros, policías de paisano* con cámaras de foto y equipos de vídeo...

No es de extrañar por tanto* las pocas ganas que tienen de ser fotografiados ni por periodistas ni por nadie. Como dice Manu: «En Euskadi, si sales a la calle, no te queda más remedio que ver como se mueve la gente y tomar partido*. Yo, después de una detención absurda me mosqueé mucho* y desde entonces estoy en esto*.»

Primero fue la lucha por la amnistía, luego contra la central nuclear* de Lemóniz, después contra el ingreso en la Otan*. Ahora la gente joven está más preocupada por problemas como el de la vivienda, el medio-ambiente*, el paro*, las pocas perspectivas de futuro. De ahí el boom de las *gastetxes*, casas de juventud* que están ubicadas*, en la mayoría de los casos, en edificios abandonados. Y es que el movimiento okupa* es uno de los más sólidos del estado. La idea es de tener un punto de encuentro cultural, un lugar donde reunirse, hacer talleres, programar conciertos, montar una radio libre... «Algo mejor que estar todo el día de bares», como dice Alberto.

Estos grupos alternativos viven más o menos a la sombra de HB*, aunque muchos van por libre*. Los grupos pacifistas y feministas les achacan* que hay temas que HB no considera prioritarios hasta que el apoyo* popular sea realmente grande, como en el caso de la campaña anti-Otan. Las feministas lo tienen aún peor, ya que la sociedad vasca es muy tradicional y machista.

Un vestigio* del enraizado* machismo son las llamadas «sociedades gastronómicas» en las que está prohibida la entrada de mujeres. Donde por supuesto* no está limitada, es en la cantidad de bares que conviven pared con pared en el casco antiguo de las ciudades: de progres*, de pijos*, de señores mayores, de gays* y hasta de yonquis*. Como en todo el norte

estoy en esto
 ich mische da mit
el paro
 Arbeitslosigkeit
HB (Herri Batasuna)
 baskische Linkspartei
los pijos
 feine Schnösel

Autonomía y dependencia 41

la crisis nunca afecta☆ al sector hotelero. Y mucho menos en los pueblos más destacados☆ de la costa, como Fuenterrabía cerca de Irún, conocida por su asombroso☆ barrio viejo y por ser el lugar de veraneo tradicional de miles de madrileños. En Agosto este pueblo se convierte en una sucursal☆ del barrio de Salamanca de Madrid.

Pero quizás el veraneo☆ no es el cliché que los ciudadanos del resto del estado tienen de Euskadi después de tantos telediarios☆ sangrientos☆. Como dice Antxon: «Aquí lo que vende★ es el nacionalismo, aunque están los radicales que se pasan mucho☆, pero que no nos llamen españolitos.»

Es curioso ver como miles de vascos se pelean☆ con la policía por poner la *Ikurriña*★ en los ayuntamientos en fiestas. Es una ridiculez ver los coches de policía defendiendo un mástil☆ y un trozo de tela.

La mayoría de la juventud pasa de moverse★ pero rechaza☆ la presencia de las fuerzas del orden y se siente sencillamente vascos.

El que quiera profundizar, que se dé una vuelta por allí☆ y se meta en el ajo★.

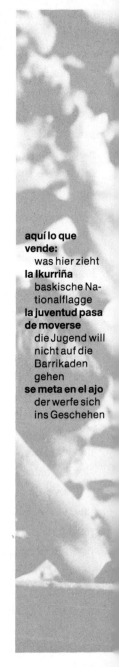

aquí lo que vende:
 was hier zieht
la Ikurriña
 baskische Nationalflagge
la juventud pasa de moverse
 die Jugend will nicht auf die Barrikaden gehen
se meta en el ajo
 der werfe sich ins Geschehen

Andalucía

Cuando uno habla de «Despeñaperros pa 'bajo» se refiere a toda Andalucía. Entre Jaén y Valdepeñas, en lo alto de Sierra Morena★, está el puerto☆ de Despeñaperros, la frontera principal entre Andalucía y el resto de España. Allí empezó la reconquista★ del sur de España en el año 1212. Hoy día hay muchos que sólo hablan de la «conquista», o sea de la invasión de los cristianos. Se lamentan☆ de la destrucción de una cultura tan alta como la que tenían los moros★.

Pero tal vez el problema es otro. Dice un chiste andaluz: «Cuando Dios estaba haciendo el mundo dejó Andalucía para el final. Y se recreó☆ poniendo un río navegable aquí, una hermosa montaña acá, una costa tropical allí e inmensos olivares☆ allá. Al terminar este paraíso en la tierra estaba muy satisfecho de su obra. Entonces le pregunta un ángel: Maestro, ¿no te parece que te has pasado con tanta hermosura★? Y Dios le contesta: Llevas razón, vamos a poner algo para compensarlo☆. Y puso un cacique☆.»

El caciquismo es la cruz de Andalucía, lo que la llevó al retraso☆ y la pobreza. Afortunadamente se van perdiendo los tiranos del pueblo, pero quedan los jornaleros y parados☆. Claro, terratenientes☆ quedan un montón★, pero ya no pueden avasallar☆ a la gente ni ejercer su asumido☆ derecho de pernada★. Con la democracia ha cambiado la vida de los señoritos. Ya no pueden mangonear a su antojo☆ ni colocar a un hombre de paja☆ como alcalde para hacer ellos su

en lo alto de Sierra Morena
  oben in der Sierra Morena
la reconquista
  die Wiedereroberung
los moros
  die Mauren
te has pasado con tanta hermosura
  du bist zu weit gegangen mit so viel Schönheit
quedan un montón
  es gibt eine Menge davon
el derecho de pernada
  das jus primae noctis

44 **Autonomie und Abhängigkeit**

santa voluntad*. Además del latifundismo* hay otro tipo de explotación. Se utiliza el carácter y el folklore de los andaluces para propagar una España típica-tópica*. «Ser español» parece sinónimo de orgullo, machismo, valor y de esa gracia mediterránea que pueden tener los italianos y los andaluces, pero raras veces los gallegos o los leoneses.

Hay extranjeros que llegan a España pensando que todo el mundo sabe torear* y bailar flamenco. Lo que sí es verdad es que se ha puesto de moda la feria de Sevilla y la Romería del Rocío. Y últimamente se aprenden los pasos de las sevillanas en Bilbao, Barcelona o Burgos igual que en la misma Andalucía. Esa nueva imagen de mujer «echá pa'lante*» o «aquí estoy yo» viene de Sevilla. Ya sabe todo el mundo a que nos referimos: Carmen, la cigarrera* de la tabacalera con esa actitud provocadora que es el argumento* de tantas óperas, danzas y películas. Se dice que está de moda la ropa con un toque* español. Pero lo que en realidad inspira a los diseñadores* son los volantes y lunares* del tradicional «traje de gitana».

echá pa'lante
draufgängerisch
la cigarrera
Zigarettendreherin
los volantes y lunares
Volants und Tupfen

Parece que los políticos andaluces están de moda en Madrid. Los líderes* del PSOE, AP e Izquierda Unida* son sevillanos y cordobeses. Los que cortan el bacalao* hoy día son los mismos que se tenían que esconder hace dos décadas.

Pero el que quiera profundizar y ver lo que hay detrás de todos estos clichés que se compre el libro «Andalusien» de esta misma serie, se dé una vuelta por allí* y se meta en el ajo*.

Autonomía y dependencia **45**

Madrid

digerir
verdauen
la noche vieja
Silvester
las campanadas
Glockenschläge

«Un bocadillo imposible de digerir*» – así describen el papel* de Madrid en el panorama peninsular. Es el centro geográfico, político, enconómico, cultural y de la movida. Y sólo Barcelona puede competir* con ella. Pero Cataluña está casi en los Pirineos y por eso la madrileña plaza de la Puerta del Sol sigue siendo el punto central de la nación. Es ahí donde terminaba la capital hasta que derrumbaron* la puerta. Ahora es donde empiezan el año y las carreteras principales. En noche vieja* se llena la plaza con más de 250.000 personas, cada una provista* de sus doce uvas de la suerte. Y cuando a medianoche dan las doce campanadas*, hay que tragarse* esas doce uvas y es de mal agüero* no terminarlas con la última companada. Todos los que no pueden acudir* a la plaza están pegados al televisor* pendientes del reloj que marca el inicio del año. También marca el inicio de estas carreteras nacionales que salen de Madrid como los rayos del sol. Los números en los mojones* nos dicen la distancia que hay hasta la misma plaza.

La historia de esta plaza no ha sido siempre muy favorable para todos. Allí acabaron* las tropas napoleónicas con la oposición madrileña el día dos de mayo de 1808. Allí mataron en 1912 al presidente liberal Canalejas justo enfrente de la librería San Martín. Y allí en los sótanos* de la Dirección General de Seguridad torturaron* a opositores del franquismo.

darse cuenta
sich Rechenschaft ablegen
hay bulla
es geht die Post ab
el Corte Inglés
großes Kaufhaus
montan su casino para tentar a los ingenuos
sie machen ihre Spielbank auf, um die Naiven anzulocken
exponer sus habilidades
seine Fähigkeiten zur Schau stellen
darle teta al niño
dem Kind die Brust geben
una limosnita para este churumbé
ein Almosen für das Kind
un lugar para quedar
ein Ort, wo man sich verabredet

Pero claro, los que se sientan en cualquier banco o fuente no se dan cuenta* del pasado. Hay bulla* todo el día y toda la noche: la gente toma el autobús o el metro, El Corte Inglés* está al lado, abundan las bolsas de la compra, los carteristas* y sus colegas que con una caja de cartón, una bolita* y tres vasitos* montan su casino para tentar a los ingenuos*. Y cuando pasan los municipales* otro colega les avisa* y en un santiamén* tienen su casino desmontado.

Pero todo no es engaño. Siempre es posible pasar un buen rato escuchando a algún virtuoso del violín sin descubrir* o a algún guitarrista que se ha traído un amplificador* para que se le oiga. Tampoco es raro encontrar malabaristas* y mimos. El sitio es ideal para exponer sus habilidades* artísticas. Mientras su marido intenta colocarle* a la gente un «Lacoste» por 1.800 Pesetas, la gitana coge un sitio estratégico y se instala en el suelo dándole teta al niño* y pidiendo «una limosnita para este churumbé*».

Aunque hay una administración* muy conocida en la plaza, deambulan* los ciegos y minusválidos* vendiendo cupones* de la ONCE* y de loterías. Algunos se pasean impacientes arriba y abajo – Sol es un lugar parar quedar*. En este muestrario* no pueden faltar los artistas jóvenes del skateboard ni los punkis con su obligatoria litrona*. Una cosa sí que es cierta: aburrimiento* no hay en la Puerta del Sol.

El que quiera profundizar, que se dé una vuelta por allí* y se meta en el ajo*.

Asturias

El tinglado* donde trabajo lo van a cerrar. Y de repente me encuentro con dos semanas de vacaciones y no sé que voy a hacer. Resulta que van a hacer reformas y todo el mundo se tiene que tomar dos semanas, y yo, la verdad, no tengo ganas de quedarme aquí.

¡Vete a la playa!

¡Ni hablar! Con la bulla de gente* que hay en todas partes... Yo generalmente me tomo las vacaciones a principio de octubre. Y no hay gente en las carreteras, no hay problema para encontrar pensión y además no hace tanto calor. Pero eso de la playa que dices tú, ¡ni hablar*!

Entonces ¡quédate en casa!

Sí hombre, para eso curro* todo el año, para quedarme en casa las dos semanas que me corresponden*... No, me voy adonde sea, pero me voy.

Pues ¡vete a mi tierra!

¿Asturias...? Pues no es mala idea. No he estado nunca allí y no sé si merece la pena*.

Hombre, ¿cómo no va a merecer la pena¿, ¡si es lo más hermoso de España! Desde luego calor no vas a pasar y gente tampoco hay mucha.

¿Y dónde voy a parar*?

Vete a casa de mis padres, a Oviedo, y si te apetece* ir a la playa, en Gijón está mi hermano, que tiene una casa enorme. Y además es muy buena gente el tío*.

el tinglado Schuppen, Betrieb
la bulla de gente der Haufen Leute
currar schuften

¿Pero qué es lo que puedo hacer allí?

Bueno, hay cantidad de marcha en los chigres* y te puedes poner ciego* de centollos* y de santiaguinos*. Aquí valen más que un hijo tonto*, pero en Asturias están regalados porque hay un montón de criaderos*. Tú, ¡hazme caso!* Para matar el gusanillo* te tomas un chorizo a la sidra* y después un cabrales* o un buen bonito* y ya verás como te acuerdas de mí.*

Oye, yo no voy por ahí sólo para comer. Lo que yo quiero es caminar* un poco, acampar* en un sitio bonito...

Entonces te vas a los Picos de Europa. Te puedes tirar una semana sin encontrar a nadie, viendo osos, lobos, buitres*...*

¿Y hay caminos o senderos*?

¡Claro que hay, con refugios y todo! Ahí por la noche te hartas* de fabada* y no veas lo divertido que es todo el mundo tirándose pedos*. ¡Ayy, qué ganas me están entrando de irme contigo y de tomar sidra! ¿No la has probado nunca?*

Si, ¿cómo que no*? El gaitero* es lo que toma mi madre cuando no quiere gastar mucho dinero en champán.

Bufff..., ¡qué asco! Eso no tiene nada que ver con la sidra de verdad. ¿Sabes como la echan* en los chigres?... Se sube la botella por encima de la cabeza lo más alto que puedas y con la otra mano se sujeta* el*

---

los chigres
asturianische Kneipen
ponerse ciego
sich vollstopfen
los centollos
Krebse
los santiaguinos:
Langusten
aquí valen más que un hijo tonto
hier sind die sauteuer
el chorizo a la sidra
geräucherte Paprikawurst in Apfelwein gedämpft
los osos, lobos, buitres
Bären, Wölfe, Geier
la fabada
asturianischer Bohneneintopf
el gaitero
Dudelsackpfeifer; Sidra-Marke

vaso en todo lo hondo*. Y se vierte* para que la sidra rompa contra el vaso y haga espuma*.

Claro, igual que los que escancian* el vino en Jerez.

No, ¿qué va!, no es lo mismo. Allí todo el mundo bebe en el mismo vaso, por eso los asturianos somos tan comunistas. Hay que tomársela de un tirón* y dejar un culín* para limpiar el borde.

Y tus compatriotas, ¿cómo son, son gente agradable?

Pues no me ves a mí. Yo soy un buen botón de muestra*, asturiano de pura cepa. Somos alegres, graciosos, te vas a divertir, ya lo verás…

¿Y qué tiempo hará por allí?

Uff…, eso no se sabe nunca. Lo mismo pueden caer chuzos de punta* que puede pegar el sol*. Y si hace buen tiempo, en la costa te lo pasas de puta madre*, en Ribadesella, en Cudillero… Eso lo tienes que ver, porque es precioso, sobre todo ahora que hay fiestas.

¿Entonces qué?, ¿te animas* y me acompañas?

¡Ojalá!, pero es que no puedo. Si tú quieres profundizar, vete a dar una vuelta por* ahí y métete en el ajo*.

escanciar
 einschenken
el culín
 der Rest (das Ärschelchen) im Glas
te lo pasas de puta madre ⟨!⟩
 du findest es bärenstark
te animas
 raffst du dich auf

Cataluña

En los prejuicios* se puede ver perfectamente donde están el tercer y el primer mundo: graciosos, pero vagos* los andaluces – trabajadores y tacaños* los catalanes. A estos últimos no sólo se les atribuyen* las ganas de trabajar, cobrar y ahorrar sino también lo siguiente: que son chovinistas, nacionalistas, raza superior, agarrados* y orgullosos ante los inmigrantes*.

Eso sí que es un problema. Se calcula que la mitad de toda la gente viviendo en Cataluña no son catalanes. Vinieron de las partes pobres* de la península para buscarse la vida*. Así que no es de extrañar* que haya una procesión andaluza en la misma Rambla de Barcelona, una feria de abril en Barberà del Vallès y una romería en Santa Coloma.

Pero dentro de una década los inmigrantes ya no serán inmigrantes. Los viejos mueren y los que quedan son los hijos y nietos que nacieron en Cataluña y que se sienten catalanes como los demás. Lo que sigue siendo un problema sin resolver* son los miles de africanos clandestinos*, ilegales, marginados

graciosos, pero vagos
  charmant und faul
trabajadores y tacaños
  fleißig und geizig
orgullosos ante los inmigrantes
  stolz gegenüber Einwanderern
buscarse la vida
  sich einen Lebensunterhalt suchen

y explotados. Muchos llegan a Barcelona con la intención de ir a Francia, pero muchos se quedan por el camino trabajando en la agricultura, con unos salarios que apenas les permiten sobrevivir. Estos africanos son los nuevos gitanos de esta «sociedad moderna» que no quiere prescindir* del racismo y la discriminación.

Una cosa fomenta* la discriminación: el catalá – prohibido en el franquismo, resurgido* con las pintadas* de los primeros rebeldes* y con los cantautores* de la nova canço, hoy día asignatura obligatoria* en todos los colegios. Pero Paco de Granada lo tiene difícil en Barcelona a la hora de buscar un puesto en la administración que es lo que ha estudiado, porque no domina el catalá. Y si Jordi se harta* y se quiere ir al sur, ese problema no lo tiene.

Los catalanes parecen unidos como una piña* cuando se observa su folklore: los castells* son verdaderas obras de colaboración humana, la sardana* es expresión de sentido colectivo. Pero no se les puede reprochar* que no dejen participar a los forasteros en estas manifestaciones.

Dice el diseñador* Javier Mariscal, que «*lo mejor de Barcelona es su mezcla de gentes, de razas, de cul-*

los cantautores
 Liedermacher
la asignatura obligatoria
 Pflichtfach
si Jordi se harta
 wenn Jordi den Kanal voll hat
unidos como una piña
 stramm zusammenstehen
los castells
 Menschentürme
la sardana
 Volkstanz, bei dem alle sich an den Händen fassen

tura». Y se atreve a decir lo que muchos piensan: «*Es horrible que en Barcelona haya tantos catalanes.*» Por supuesto no se refiere a todos, ataca a los chovinistas cerrados que «*cultivan lo pueblerino*, el seny*...*».

Barcelona, la megalópolis, fascina a cada cual. Y eso no por el barrio gótico y las Ramblas de las Flores. Lo que atrae a la gente es la vida cultural, de noche, las posibilidades de salir y los diferentes ambientes que pueden ser de alterne* o numismáticos*, gitanos o deportistas. Hay de todo y parece que hay una tradición de locura: artistas como Gaudí o Dalí cultivan lo «fuera de lo normal». Como hay espacio para todo, caben* también los más flipantes*. Es eso lo que anima a la gente a acudir*, ese ambiente de abertura, esa garantía de tropezar* con personas o cosas extravagantes, originales, excéntricas, singulares...

Y el que quiera saber más y profundizar, que se dé una vuelta por allí* y se meta en el ajo*.

el seny
 der katalanische Sinn für Realismus
dar una vuelta por allí
 dahin fahren
meterse en el ajo
 sich ins Geschehen werfen

54 **Autonomie und Abhängigkeit**

Gesellschaft aus dem Gleichgewicht

Sociedad defectuosa

Wen trifft es? Diejenigen, die Geld, Arbeit und Wohnung suchen. Vom Klarkommen, Sich-Bewerben und Hausbesetzen

Con Franco vivíamos mejor – mit Franco lebten wir besser, sagen die einen, nachts konnte man noch ohne Angst durch die Straßen laufen, Frauen wurden nicht belästigt, und Arbeitslosigkeit war ein Fremdwort.

Tonterías – Unsinn, sagen die anderen, nie konnten wir offen reden, viele Verbrechen wurden aus Propagandagründen vertuscht, und zu Hunderttausenden wurden die arbeitslosen Landarbeiter nach Europa geschickt, damit sie zu Hause nicht zur Last fielen und Geld ins Land schickten.

Die ideologische Trennung Spaniens ist über fünfzig Jahre nach dem Bürgerkrieg immer noch nicht überwunden, genausowenig wie die nationalen Krankheiten – nur die Symptome haben sich geändert. Das soziale Netz ist weitmaschig und mit morschen Schnüren geknüpft. Viele Renten sind unzureichend, das Arbeitslosengeld ist ein Almosen und trotzdem

56 Gesellschaft aus dem Gleichgewicht

nicht immer einfach zu bekommen, Sozialhilfe gibt es praktisch überhaupt nicht, und die Leistungen der Krankenkassen sind hanebüchen: keine freie Arztwahl, keine Brille, kein Zahnersatz. Der Versicherte hat nur das Recht, sich von Ärzten «zweiter Klasse» des *seguro social* behandeln zu lassen; Brillen zahlt man am besten selber, die Beihilfe reicht gerade für den Bus zum Optiker und nur das Ziehen fauler Zähne wird erstattet.

Aber die Spanier sind durch eine harte Schule gegangen. *Apañarse* ist das Schlüsselwort, wenn es darum geht, irgendwie klarzukommen. Improvisation ist keine unbekannte Variable im System des Lebens, und dem Einfallsreichtum bei der Beschaffung von Geld sind keine Grenzen gesetzt: Großkriminalität, Drogenhandel, Kleinkinder-Ausleih zum organisierten Betteln – das sind die extremen Formen. Das Finanzamt prellen, mit Spielautomaten sein Glück versuchen, Kredite aufnehmen, von Ratenzahlung zu Ratenzahlung torkeln – so sieht bei vielen der Alltag aus, wenn die Haushaltskasse aufgebessert werden muß.

Viele Junge trifft die Finanznot besonders, irgendwie wollen sie ja teilhaben an dem erschlagenden Warenangebot. «No future» ist längst zum Euphemismus geworden – was heute fehlt ist Gegenwart. Resignation hat sich breitgemacht. Die einen flüchten in die harten Drogen und geraten in deren sozial kaputtes Umfeld. Die meisten ergeben sich ihrem Schicksal und dem Traum vom großen Konsum. Und der kleine Rest läßt sich politisieren und stellt sich gegen die Macht: die Radikalen im Baskenland und bei den Autonomen, die friedlicheren in zahllosen Pazifismus- und Umweltgruppen.

El medio ambiente, die (natürliche) Umwelt ist ein ungeliebtes Waisenkind, nicht nur der Regierung. Das ökologische Bewußtsein ist spärlich und theoretisch. Nicht wenige *ecologistas* kaufen immer noch munter ihre Spraydosen. Greenpeace ist Dauergast vor den spanischen Küsten, kaum einer bezweifelt noch, daß das Mittelmeer eine riesige Kloake ist. Nur noch vier Prozent der Meeresfrüchte, die vor den Küsten zwischen den Pyrenäen und Gibraltar gefangen werden, sind genießbar. Spanien produziert den meisten Giftmüll und hat die laschesten Umwelt-

Gesetze. Das Land ist aber auch in dieser Hinsicht keine Einheit. Das Nord-Süd-Gefälle von Industrie und Lebensstandard zeigt sich auch im Umweltbewußtsein: je wichtiger die Landwirtschaft, desto größer die Unwissenheit über den Raubbau an der Natur. Vor allem im Süden düngen die Bauern auf Teufel komm raus, und die kleineren Fischer zerstören sich mit kurzsichtigen Fangmethoden ihre eigenen Fanggründe.

Die Fülle oft unausgesprochener Skandale geht auch darauf zurück, daß der Verwaltungsapparat nicht richtig funktioniert. Da wird versäumt aufzuklären, zu bearbeiten und zu überwachen. Und das, obwohl das spanische Beamtentum eine ausgewählte Elite sein müßte. Um nämlich Beamter zu werden, ist es erforderlich, die Prozedur der «oposiciones» über sich ergehen zu lassen. Gleich welche Stelle im öffentlichen Dienst ausgeschrieben ist, immer wird ein Wettbewerb veranstaltet, bei dem die Chancen auf den Gewinn so ähnlich liegen wie bei einem Preisausschreiben: tausend Kandidaten, sechs bis sieben Stellen.

Das von den Franzosen abgekupferte System lähmt buchstäblich Hunderttausende, zwingt sie oft jahrelang, sich von Wettbewerb auf Wettbewerb vorzubereiten. Und nach vier Jahren dämmert ihnen dann, daß sie ihr Auskommen besser anderweitig suchen. Unter den abgewiesenen Bewerbern kommt es auch schon mal zu extremen Reaktionen. Da werden Mitglieder der Prüfungskommission anonym bedroht und verprügelt, deren Autos werden beschädigt, und ein Kandidat hat sogar zwei «Schuldige» erschossen. Andere richten die aufgestaute Aggression gegen sich selbst und suchen den Ausweg im Suizid.

Oposiciones: la vergüenza nacional

las oposiciones
 Auswahlprüfung für Staatsstellen
la lavandera
 Wäscherin
el basurero
 Müllmann
oponerse
 sich beim Staat bewerben
un puesto fijo
 eine feste Stelle
el auxiliar administrativo
 Sachbearbeiter in der Verwaltung
el tribunal
 Prüfungskommission
la notaría
 Notariatsamt
Camilo José Cela
 (Schriftsteller *1916)
los tribunales hijoputas 〈 〉
 die verdammten Prüfungskommissionen

Desde la lavandera★ del hospital y el basurero★ hasta el juez y el catedrático, todos los que quieren terminar su vida siendo funcionarios✫ tienen que oponerse★. No a ningún partido en el gobierno sino a los cientos o miles de colegas que buscan desesperadamente✫ un puesto fijo★. Desesperadamente porque las perspectivas non son muy halagüeñas✫. Cuando organismos como un ayuntamiento o un ministerio tienen dos plazas libres de auxiliar administrativo★ convocan oposiciones y seguro que se presentan por lo menos 150 candidatos. Se tiran a lo mejor cuatro meses preparándose y claro, 148 se vuelven frustrados a casa a preparar las próximas. Hay quien recorre✫ medio país de tribunal★ en tribunal. También hay quien se podría llamar viajante de oposiciones, porque lleva tantos años ya que su profesión es la del eterno opositor. Algunos como los de notarías★ son tan conocidos que hasta novelistas como Cela★ les dedican un papel importante en novelas como «La Colmena».

En resumidas cuentas✫, ¿qué son las oposiciones? Hombres y mujeres al borde de un ataque de nervios, aumento de venta de tranquilizantes✫ y papel higiénico✫ (hay quien se toma valium y hay quien se caga del acojono✫), salas llenas hasta los topes✫, falta de ventiladores en pleno verano, tribunales hijoputas★ que disfrutan viendo como sufre el personal y otros

Sociedad defectuosa **59**

que hasta pagarían para quitarse el muerto de encima★. Se han producido casos extremos como el del muchacho que cuando se lo cargaron★, se cargó a dos miembros del tribunal. Hay venganzas★ menos graves como echar azúcar en el depósito del coche del presidente★, pintarle los cristales★, rajarle una rueda★ o amenazarlo★ por teléfono o mandarle anónimos★.

Este sistema de concursos es como la lotería. Si tienes mucha suerte, te toca el gordo★ y la vida solucionada. Si no, pues nada, a llenar el boleto★ otra vez. Hablando de suerte, se da el caso del carota★ que sin haber dado ni golpe★ y después de una noche de juerga★ se presenta por primera vez y aprueba★. Claro, como va tranquilo en plan a ver que pasa★, le echa cara★ al examen oral y aunque le hagan muchas preguntas para pillarlo★, él no cae en la trampa★. Hablando de mala suerte, ocurre que algún candidato bien preparado supera los dos primeros exámenes y cuando le toca el tercero no llega a la hora por cualquier tontería y pierde todos los derechos★. Y no tiene que ser por culpa del tribunal, puesto que las normas son inalterables★ y se arriesga★ a que algún legalista★ impugne★ toda la oposición.

No todas las oposiciones duran igual; hay de un día sólo o de casi un mes entero. Algunos tribunales parece que alargan el espectáculo para cobrar más dietas★. Los que pagan el pato★ son los muchos que vienen de otro sitio, se alojan en alguna pensión y comen fuera. La mala leche★ que les queda no es sólo por no haber aprobado sino por haberse gastado un pastón★ y volver con las manos vacías.

quitarse el muerto de encima
eine sehr unangenehme Aufgabe loswerden
el presidente
Prüfungsvorsitzender
los anónimos
anonyme Schreiben
llenar el boleto
den Tippschein ausfüllen
ir tranquilo en plan a ver que pasa ⟨ ⟩
cool draufsein
un legalista
einer, der sich starr aufs Gesetz beruft
impugnar
anfechten

60   **Gesellschaft aus dem Gleichgewicht**

José: uno entre más de mil

las APAS
  Elternbeiräte
los buzones forzados
  aufgebrochene Briefkästen
la mansión
  Edelvilla
el mozo
  Laufbursche
se encontró hecho un hombre
  er stand da zum Manne gemacht

Vallecas es uno de los barrios más conocidos de Madrid. No por sus monumentos grandiosos, sus chalés elegantes o sus parques acogedores* sino por la cantidad de miseria, paro* e inseguridad. A pesar de los esfuerzos* de las asociaciones de vecinos*, las APAs★ (asociación de padres de alumnos) y el ayuntamiento, no mejora el ambiente. ¿Pero cómo van a quitar el paro si el problema se presenta a nivel nacional? La mayoría de los bloques* son horrorosos, verdaderos crímenes de los arquitectos.

En otros barrios por lo menos los portales* engañan con mármol y alguna planta, pero en Vallecas ni siquiera eso. Además de que los pisos son pequeños, mal hechos y con casi ninguna comodidad*, las entradas deprimen* nada más al acercarse: los buzones forzados*, las bombillas* rotas, las paredes sin pintura y desconchadas*. En una de esas «mansiones*» vive José con su mujer Paloma y sus tres hijos. El piso de ellos tiene dos habitaciones, una cocina minúscula y un aseo* más chico todavía. Pero no por eso es fácil pagar el aquiler cada mes. José no tiene trabajo fijo desde hace diez años. De muchacho había trabajado de mozo* en una tienda del centro. Al salir de la mili* el trabajo se lo habían dado a otro y José se encontró hecho un hombre★, pero en la calle.

Sociedad defectuosa **61**

no se hubieran atrevido
sie hätten es nicht gewagt

no le salen nada más que chapuzas
er findet nur Gelegenheitsarbeiten

pasar un poco de chocolate ⟨ ⟩
Shit verticken

el camello ⟨ ⟩
Drogenhändler

se lía la manta a la cabeza
er steckt das weg

el que le suministra el costo ⟨ ⟩
der, der ihm den Stoff besorgt

quitarse de en medio una temporada ⟨ ⟩
für eine Weile verschwinden

A los cinco meses tuvo que casarse de penalti✶. Entonces no se conocían los charters a Londres y de todas formas no se hubieran atrevido★. Ahora tiene una mujer embarazada y no tiene ni vivienda, ni trabajo, ni derecho al desempleo✶. Va dando vueltas✶ como un loco pero no le salen nada más que chapuzas★ que no llegan ni siquiera para el alquiler. Como no tiene ningún oficio✶, parece que ha desaparecido del fichero✶ de la oficina de empleo. Un día le cuenta su problema a un amigo y éste le dice que no sea tonto y que pruebe a pasar un poco de chocolate★. El había fumado alguna que otra vez✶, como todo el mundo, pero nunca se había planteado hacer de camello★. Se lía la manta a la cabeza★ y al principio no le van del todo mal las cosas✶. Saca un poco de dinero y con esto se pueden alquilar el piso. Mientras Paloma está pariendo✶ en el hospital, avisa al que le suministra el costo★ que ha decidido no seguir con este rollo✶. El «almacenista✶» le amenaza✶ pero él sigue decidido a buscarse la vida de otra forma✶. Una noche le toca el ajuste de cuentas✶, le acechan✶ y le pegan una paliza✶. Cuando Paloma sale con el crío✶, se quitan de en medio una temporada★ y por fin le dejan tranquilo. Y ahora tiene que ingeniárselas✶ otra vez, porque el dinerillo que tenían se lo han fundido✶. Le sale un contrato✶ en la Costa Brava, pero sólo de tres meses y esto no le soluciona mucho. Esto sigue haciéndolo todos los veranos. De octubre a mayo se tiene que apañar* de alguna manera. Aunque le duele☆, deja ir a Paloma a limpiar por ahí☆. Menos cuando está muy preñada*, limpia las escaleras de un bloque de Atocha* y por horas en alguna casa de gente más acomodada☆. Las colegas que trabajan en oficinas y colegios por lo menos tienen un contrato con sueldo fijo☆, vacaciones, pagas extras☆, seguridad social☆ etc. Pero hay quien nace con estrellas y hay quien nace estrellado☆. Para colmo de males* José tiene un accidente con la moto y se tira dos años liado con una rodilla escayolada*. La mala racha☆ no se les acaba y aunque el niño mayor tiene ya once años, siguen igual pero cada vez con menos esperanzas de cambiar algo.

apañarse
 klarkommen
menos cuando está muy preñada
 nur nicht, wenn sie hochschwanger ist
Atocha
 Viertel in Madrid
para colmo de males
 zu allem Übel
se tira dos años liado con una rodilla escayolada
 er bringt zwei Jahre mit einem Gipsbein zu

Sociedad defectuosa

Sobrevivir cada día

Bueno, queridos oyentes*, vamos a dar comienzo* una vez más a nuestro espacio semanal* «Sobrevivir cada día». Hoy tenemos con nosotros a un joven, Antonio Vilches Martínez, que ha venido a nuestro estudio para hablar un poco del paro*... Antonio, ¿cómo te las arreglas sin trabajo?*

Hombre sin trabajo bien. El problema es el dinero. Llevo seis años casado, tengo dos hijos y el paro*, cuando llega, son veintiochomil pesetas al mes. Lo malo es que muchas veces tarda* cuatro semanas en llegar y yo tengo que pagar doce mil pesetas de alquiler de la casa y cuatro mil de luz*, agua y comunidad*.*

¿Entonces os queda poco para comer?

Pues, ya ves. Pasamos más hambre que el perro de un ciego. A mi mujer ya le da vergüenza* ir a la tienda a pedir fiado* pero ¿qué remedio queda*?, los niños tienen que comer cada día. Y cuando llega el dinero se va todo en pagar las trampas*. Y vuelta a empezar*.*

¿Y no te sale alguna chapuza* por ahí?

¡Qué más quisiera yo! Bueno, alguna vez sale algún trabajo en la obra, pero poca cosa. Lo único que me queda es salir al campo, a ver que pillo por ahí y a tener cuidado que no me pillen a mí.*

los oyentes	die Hörer
dar comienzo	beginnen
el espacio semanal	ein wöchentliches Programm
la luz	Strom
la comunidad	Abgaben an die Gemeinde
pedir fiado	anschreiben lassen
se va todo en pagar las trampas	das Geld geht drauf beim Zahlen der Schulden
la chapuza ⟨ ⟩	Gelegenheitsjob
pillar	kriegen/klauen; verhaften

64 Gesellschaft aus dem Gleichgewicht

¿Y qué pasa cuando surge☆ algún problema de enfermedad o algún gasto extra☆?

¡Esa es otra☆! Precisamente☆ la semana pasada le tuve que comprar unas gafas nuevas al mayor☆ y ahora resulta que el seguro☆ sólo me paga la mitad. Y vete a saber☆ cuando. O sea, yo tengo que adelantar☆ seis mil pesetas y con mucha suerte me llegarán tres mil para navidad. Y lo mismo pasa con el dentista. Los pobres sólo tenemos derecho a que nos saquen las muelas★. Los empastes★ y eso... ¡ni soñarlo!☆

¿Y tú Antonio, qué solución le ves al tema?

¿Solución? Eso se lo dejo a los socialistas que están en el gobierno. Ellos fueron los que nos prometieron crear ochocientos mil puestos de trabajo. Y lo único que están haciendo, es darles trabajo a los amiguetes★. Quizás la solución sería hacerse el carné☆ del PSOE.

¿Y tú crees que las cosas serían de otra manera con AP☆ o los comunistas?

¡Qué va!☆ Eso lo sabe todo el mundo☆. Están todos cortados por el mismo patrón☆. Una vez que llegan, son todos iguales. Cada uno arrima el ascua a su sardina y ya está.☆ Tú seguirías ganando tus cincuenta mil duros al mes por tu programa de preguntas tontas y nosotros seguimos sin tener donde caernos muertos☆...

Bueno, Antonio, se nos acaba el tiempo. Ya sabemos que éste es un tema del que podríamos hablar todo la noche, pero me avisan★ que tenemos que cortar ya★.

Y para terminar vamos a escuchar un tema...

sacar las muelas
Zähne ziehen
los empastes
Füllung, Plomben
los amiguetes
hier: Parteifreunde
me avisan
ich bekomme Bescheid gesagt
tenemos que cortar ya
wir müssen schon aufhören

Sociedad defectuosa **65**

O vales para directivo o todo es chungo

o vales para directivo o todo es chungo ⟨ ⟩
  entweder du bringst es zum Manager oder es ist eh alles beschissen
un guiso compartido
  ein gemeinsames Essen
los presos políticos
  die politischen Gefangenen
la comida vegetal
  pflanzliches Essen
cuajar ⟨ ⟩
  laufen, einschlagen; die Leute fahren drauf ab
vetusto
  sehr alt
la farola pública
  Straßenlaterne

Han llegado a España con unos añitos de retraso: los squatters, los ocupantes de casas* o simplemente los okupas. Pasotas* no son, puesto que no pasan de todo*. Hay cosas que sí que les importan: una vida comunal, un centro de cultura alternativo, un guiso compartido* en una casa compartida, presos políticos*, antimilitarismo, comida vegetal*... Se ve que no son apolíticos, pero tampoco son del 68. Tienen su propia forma de ver las cosas y de enfrentarse a los servicios de orden*. Una dice: *Ahora somos pocos, está empezando, pero si cuaja* en Madrid, será un problema para el poder.* Y otro añade: *Hemos estado dos meses estudiando esta ocupación, localizando edificios por Madrid. Vamos a seguir dando caña*.*

En el madrileño barrio de Vallecas se han hecho dueños de una fábrica abandonada. Quieren convertir el vetusto* edificio en un centro de cultura. Y ya desde el primer día empezaron el trabajo. La luz* la

han conseguido de una farola pública*, mientras que un fontanero* del barrio les ha instalado el agua y un cuarto de baño. La teoría tampoco falta: Hay charlas y conferencias políticas, asambleas* de los comités de resistencia*, comida y economía, y se discuten temas de feminismo. *Aquí no queremos vanguardia*, por eso todo se decide en asamblea,* dice un joven. Allí cabe de todo: antiguos libertarios*, marxistas, maoístas, anarquistas y punks.

El movimiento tiene su propia música, grupos marginales que tocan en la *peña** para los marginados. Se llaman: *Tarzan y su puta madre ocupando piso en Alcobendas – Delirium Tremens – Cien por Cien Vegetal – Servicios de Orden...* Esa gente se autodefine como «radicales y alternativos».

No todos son de Madrid. Han venido muchos del País Vasco, de Barcelona, de Andalucía e incluso* de Alemania. Pero también hay algún que otro joven del barrio que se apunta a* la lucha. *Me parece guapo* lo del centro alternativo,* dice un vallecano. La vecindad* está dividida, hay quien los apoya*, quien aprueba* la ocupación y hay quien la critica.

Los okupas tienen una perspectiva en común: la vida compartida en un espacio autodeterminado*.

los comités de resistencia
  Widerstandskomitee
los libertarios
  die Altanarchisten
la peña ⟨ ⟩
  die Scene
apuntarse a
  sich einschreiben, mitmischen
me parece guapo ⟨ ⟩
  ich finde das stark
un espacio autodeterminado
  ein selbstbestimmter Raum

Sociedad defectuosa 67

¿Para qué necesito matemáticas, cuando sé que dos panes son más que uno?, comenta un squatter su aversión al instituto✢. Ha dejado sus estudios en el segundo de BUP✢.

En su mayoría no tienen trabajo o estudios superiores, porque, como dice Pepe de veintiún años: *o vales para directivo o todo es chungo*. Esta subcultura tiene hasta su propia forma de escribir. Las pintadas✢ que vemos dicen: *Mejor okupante que espekulante. Esta kasa es y será nuestra.* Algunas son más fuertes: *Cerdos burgueses, ya os keda poco para morir.*

«klaro», están también los autónomos metidos ahí✢. Su lema✢ es: *Okupa y resiste*✢. Por supuesto no falta la bandera roja con la estrella negra. Están en contacto con sus colegas en Alemania y en el País Vasco, la zona de España donde los autónomos tienen más fuerza, donde últimamente se han producido más ocupaciones. Allí la lucha es más violenta. No pocas veces los jóvenes recurren a✢ los cócteles molotov. La Policía no lo tiene muy fácil porque los autónomos ya disponen de una infraestructura de información. A ver hasta donde llega esta nueva movida de okupas.

están también los autónomos metidos ahí ⟨ ⟩
die Autonomen mischen da auch mit
okupa y resiste besetze und leiste Widerstand

Engañar a Hacienda

Cada año cuando llega el mes de mayo empieza una actividad deportiva muy peculiar☆, la romería☆ más importante de la península: buscar el camino de escape☆ al fisco★ o engañar a Hacienda, como dicen otros. Mucha gente no ve para qué pagar impuestos si «las cosas siguen sin funcionar». Se refieren al estado de las carreteras, a los servicios de correos y teléfonos, a la RENFE y todo el transporte público y a hospitales y ambulatorios☆.

Todavía abundan los ciudadanos que logran escurrirse☆ a la declaración de la renta★. Pero cada vez se está perfeccionando más el estado en su lucha contra estos enemigos: se instalan ordenadores☆, se aumenta el número de inspectores, se lanza una campaña tremenda de información★ para que cada uno sea buen ciudadano☆ y entregue su declaración☆... Pero todavía tiene que llover mucho☆ antes de que se llegue a la perfección del sistema sueco.

Mira Miguel, ¿conoces algún asesor fiscal★ que no sea muy caro?

¿Para qué te hace falta? No me digas que vas a hacer la declaración.

Este año no tengo más remedio☆, porque el año pasado por poco me pillan☆. Así que he empezado a pagar autónomos★ y claro, ya me tienen controlado.

engañar a Hacienda
  das Finanzamt bescheißen
el fisco
  der Fiskus
la declaración de la renta
  Steuererklärung
se lanza una campaña tremenda de información
  eine fürchterliche Informationskampagne wird gestartet
el asesor fiscal
  Steuerberater
los autónomos
  Sozialabgaben für Selbständige

voy de cabeza
  ich komme gar nicht mehr klar
coser y cantar
  kinderleicht
el fraude
  Betrug
entonces se lo lleva el gobierno
  dann streicht das die Regierung ein

¿Tan difícil es que no puedes rellenarlo* tú solo?

Estoy más liado que el testamento de una loca*. Mi mesa parece... entre los impresos, las facturas y todos los papeles que hacen falta... voy de cabeza*.

Pero si yo se la he hecho a mi cuñado y te digo que es coser y cantar*. Lo que pasa es que me niego a* hacer la mía.

¿Tú, cómo te lo montas* para no pagar y para que no te pillen?

Mira, me da igual*. Si me pillan me arriesgo a* pagar el once por ciento de intereses*. Pero dice la ley, por lo menos hasta ahora, que no es fraude* sino falta de información.

Esto lo dice Lola Flores y mira como ha terminado. Hizo un fraude de 56 millones y ahora le toca pagar* más del doble de multa*.

A mí no me van a dar un palo así*, porque tantos millones no saco*.

Pues yo tengo que pasar por el aro* ya. Y lo que más me fastidia* es eso de la iglesia.

¿Te refieres* al impuesto religioso? Si es muy fácil. No lo pagas y ya está.

Entonces se lo lleva el gobierno* para «obras de interés social» y vete a saber* en que se lo gastan los socialistas con el plan que tienen*...

Mi amigo Juan lo tiene peor que tú. Su mujer se lo

quiere dar a los curas☆ y él dice que ni mijita☆. No tienen manera de ponerse de acuerdo☆ y por poco se separan☆.

Así sale uno ganando☆. Ya verás como habrá gente que se divorcie para declarar por separado★. Pero a mí no me sirve. Como mi Luisa no trabaja...

Mira, búscate un asesor porque hay muchos trucos☆ que veo que tú no sabes.

Es verdad, nuestro amigo podría declarar a la mujer como empleada☆ y reclamar la deducción general★. Lo que importa a casi todo el mundo es encontrar un modo de pagar lo menos posible. Hay unos cuantos☆ que se lo plantean más desinteresadamente★: los objetores fiscales★. Ya parece todo un movimiento. Dicen en uno de sus panfletos☆: «Los ciudadanos pacíficos y pacifistas☆ no podemos defendernos legalmente★ de la obligación de destinar☆ una parte de nuestro dinero a subvencionar algo por lo que no sólo no tenemos el más mínimo interés☆, sino que nos causa horror☆.» Son los objetores de conciencia y otros grupos pacifistas que se niegan a colaborar con el presupuesto☆ tan alto del ministerio de defensa. Hay mucha gente que se apuntaría☆ a la objeción fiscal. Pero saben que es ilegal y temen que además de no tener ningún efecto, tendrán que pagar los costes del juicio★.

declarar por separado
  getrennt veranschlagen
reclamar la deducción general
  Ermäßigung beanspruchen, abschreiben
planteárselo más desinteresadamente
  das uneigennütziger sehen
los objetores fiscales
  (politische) Steuerboykotteure
no podemos defendernos legalmente
  wir können uns nicht legal dagegen wehren
los costes del juicio
  Gerichtskosten

Zusammenleben
Familia o amigos

Rundumschlag über die Wohngemeinschaftskultur, den Niedergang der Familie, über die Konflikte zwischen den Geschlechtern und Generationen, über den Abtreibungstourismus nach London

Die spanische Familie steckt in der Dauerkrise. Die alten Wertvorstellungen sind angekratzt und zumindest im städtischen und studentischen Milieu überholt. Erst Anfang der achtziger Jahre ist die Scheidung legalisiert worden, vor Franco in der zweiten Republik hatte es sie schon einmal gegeben. Frauenrechtliche Standpunkte haben sich mit Hilfe der Medien auch in den entferntesten Winkeln des Landes herumgesprochen, wenn auch oft nur theoretisch. Immer noch gibt es genügend Patriarchen, die im familiären Konfliktfall alles ihnen Unliebsame vom Tisch fegen: *¡En mi casa, no!* – bei mir zu Hause nicht! Aber so stark, wie sie tun, sind diese Despoten auch nicht immer. Frauen gehen arbeiten, Frauen verwalten die Haushaltskasse, und Frauen führen zu Hause das Regiment.

Das Zusammenleben von Unverheirateten ist auf den Dörfern weiterhin ein moralisches Problem, da riecht die Reaktion der Nachbarschaft mitunter noch nach Mittelalter: *La Mari es una puta, ¿cómo puede vivir con un hombre, si todavía no está divorciada?* – die Mari ist eine Hure, wie kann die mit einem Mann zusammenleben, wenn sie noch nicht einmal geschieden ist? Wer es nicht wagt, mit seiner Freundin zusammenzuziehen, der rechtfertigt das manchmal so: *La gente nos tira piedras encima* – die Leute würden uns steinigen.

Unter Studenten sind Wohngemeinschaften üblich und notwendig. Nicht die Suche nach neuen Formen des Zusammenlebens steht in den *pisos compartidos*, den WGs, im Vordergrund, sondern der Zwang, Miete zu sparen. Dementsprechend sieht es auch oft aus in den Zwangsgemeinschaften: lieblos, chaotisch, keiner ist für irgend etwas verantwortlich, im Kühlschrank faulen die Tomaten vor sich hin, der Spül wächst über das Dach hinaus und in der Badewanne wuchert der Schmand.

Für viele ist es einfach wichtig, irgendwie von zu Hause wegzukommen, Neues zu erfahren und selbst über sich bestimmen zu können. Oft dient die WG als Deckmantel. Wenn eine wilde Ehe nicht ohne weiteres im Dickicht der *pisos compartidos* zu enttarnen ist, dann wird sie stillschweigend hingenommen. Kommunen oder Wohngemeinschaften aus Überzeugung gibt es vor allem auf dem Land. Dort wird versucht, an alte Formen der Produktion anzuknüpfen, die Stadtflucht steht für die Suche nach einer heileren, gesünderen Welt.

Leicht haben es die Landkommunen nicht, Spanien ist umgestiegen von der Agrar- zur Industriegesellschaft. Dieser Wechsel hinterläßt auch Spuren im Verhältnis zwischen den Generationen. Kinder werden oft begraben mit nutzlosem Spielzeug und so süchtig gezogen nach Konsum. Das familiäre Netz zerbröselt, Alte werden mehr und mehr in die für sie geschaffenen Reservate geschickt, ein tiefgreifender Umbruch erschüttert erbarmungslos alle diejenigen, deren Suche nach Orientierung vorwiegend in die Vergangenheit gerichtet ist. Da prallen die Bedürfnisse der Nachwachsenden und «modern» Empfindenden auf die Erwartungen der «Traditionellen». Es kracht zwischen Eltern und Kindern und zwischen Ehepartnern. Die Scheidungsrate erfährt eine rasante Beschleunigung.

Das Verhältnis zwischen Mann und Frau hat sich entkrampft, Frauen haben sich Rechte erkämpft und können heute Freunde haben, ohne daß jeder gleich etwas dahinter vermutet. Eine sexuelle Umwälzung hat stattgefunden und eine bisher nicht gekannte Offenheit ermöglicht. Die Wende hat aber auch vor dem sozialistisch regierten Spanien nicht haltgemacht. Es ist auch in den Städten wieder chic, in Weiß zu heiraten, Treue wird großgeschrieben, und der Hafen der Ehe soll möglichst unbefleckt angesteuert werden.

Die neuentdeckten alten Werte gelten nicht für jeden. Besonders unter den Jugendlichen herrscht eine folgenschwere Unkenntnis über Empfängnisverhütung. Zwar werden intensive Aufklärungskampagnen durchgeführt, doch immer noch ist die Zahl der Schwangerschaften bei jugendlichen Frauen erschreckend hoch. Abtreibung ist nach wie vor ein gesellschaftliches Tabu, es gibt eine Art medizinische Indikation, doch die Überzahl der Krankenhäuser lehnt den Schwangerschaftsabbruch weiterhin strikt ab. Da bleibt nur der Weg zu teilweise dubiosen Hexen nach Portugal oder die für viele zu teure Charterreise nach London.

Familia o amigos **75**

Compañero de piso

lo pone
es steht
el estado civil
Zivilstand
el compañero de piso
WG'ler
a gente que le gusta la marcha
Leute, die gerne die Post abgehen lassen
un nido de amor
ein Liebesnest
el buzón de abajo
der Briefkasten unten
es ahí donde le duele
da drückt es
siempre les toca a los mismos
immer sind dieselben dran mit
fregar
spülen

No lo pone* en ningún pasaporte. Cualquier policía o funcionario se puede hacer una idea de como vivimos. Estado civil*: soltero☆, casado, separado o divorciado. Uno falta: compañero de piso*. Cada vez hay más pisos compartidos☆. Para estudiantes, para gente harta de estar con la familia☆, para gente que no quiere vivir sola, para madres solteras y sus hijos, para los que no pueden pagar el alquiler solos, para gente que le gusta la marcha*, para gente que vive con su familia pero que le hace falta un «nido de amor*» asequible☆.

Desde fuera no se reconoce que es un piso compartido, menos en el buzón de abajo*. Entonces la lista de nombres es más larga. Por dentro sí que se reconocen☆: por lo general*, la cocina y los cuartos de baño son los que mejor reflejan el ambiente entre los compañeros. Son las zonas conflictivas del piso.

Cada uno puede hacer lo que quiera con su cuarto, limpiarlo cada día o una vez al año. Pero todos pasan diariamente por la cocina y el baño y es ahí donde le duele*. Ahí tienen lugar☆ las pequeñas guerras de cada día. Parece que siempre les toca a los mismos* fregar*, limpiar, cocinar, ir de compras y bajar la basura★ mientras los otros se rascan la barriga☆. Tal vez aguantan un tiempo, pero llega el día que están hasta los huevos★ y entonces convocan asamblea general★ que se supone que va a solucionar☆ el conflicto. (véase el capítulo siguiente)

Se sueltan las lenguas☆ con las copitas de Don Simón – para otro vino mejor no llega el presupuesto★ – se ponen las cartas sobre la mesa☆ y salen a relucir☆ todos los otros problemillas que salpican la convivencia☆: que la otra noche armaron mucha bulla★ a las dos de la mañana al volver de una fiesta y no dejaron dormir a Enrique que se tenía que levantar a las siete y media; que el cuarto de José estaba hecho una mierda★ cuando volvió después del fin de semana y vete a saber☆ quién ha dormido ahí; que María el otro día se presentó con tres tías de su grupo de bioenergética y se comieron todo lo que había en la nevera y para colmo☆ se tragaron☆ la botella de ginebra que José se había traído de su viaje a Londres; que por favor avise Lola a Enrique cuando se quiera poner su chupa★...

Las asambleas que plantean☆ estos problemillas terminan felizmente y todos siguen siendo tan amigos. A las dos o tres semanas los hechos☆ se repiten y se vuelve a convocar la asamblea. Mientras todas estas cosas se discutan el piso compartido tirará pa'lante★. El peligro está cuando no se habla entre todos sino en grupitos a puerta cerrada. Entonces lo más probable

bajar la basura
den Müll runterbringen
estar hasta los huevos
den Kanal voll haben
convocar asamblea general
Vollversammlung einberufen
no llega el presupuesto
der Etat reicht nicht aus
armar mucha bulla
großen Lärm machen
hecho una mierda
wie ein Saustall
la chupa
Lederjacke
tirar pa'lante
sich durchwurschteln

es que terminen tirándose los tiestos a la cabeza*. La cocina sucia se arregla en media hora. Pero no hay fregona ni bayeta* que sea capaz de limpiar una relación contaminada*.

Qué no se crea que la vida en los pisos compartidos es siempre tan difícil. También tiene su ventaja: los buenos ratos que uno puede pasar con sus compañeros, el tener a alguien para contar sus penas, el conocer a los amigos de los compañeros, el volver a casa y encontrar a alguien, la tolerancia en los asuntos sentimentales y todo sin esa jerarquía* que existe entre parejas, matrimonios o familias. Para cuando se acabe la convivencia proponemos otra categoría de estado civil: excompañero de piso.

no hay fregona ni bayeta
  es gibt keinen Schrubber und kein Putztuch

el orden del día
  die Tagesordnung
suscitar
  hervorrufen, entstehen
el estado de la casa
  die Lage des Hauses
las normas a seguir
  zu befolgende Regeln

ASAMBLEA GENERAL

Viernes 14 - 1o noche , Salon del piso 2º izq. de la calle Gran Capitán Nº 13,

Orden del día* :

1 Problemática suscitada* a raíz del último acuer sobre el estado de la casa*

2 Normas a seguir* con relación al fondo común*

3 Estudio de reglas de comportamiento en los regresos nocturnos

4 Visitas

5 Ruegos y preguntas

Asamblea purgatoria

los componentes del piso
  die Bewohner
el almohadón
  Sitzkissen
Don Simón
  Name eines billigen, in WG's verbreiteten Weines

Están reunidos los cuatro componentes del piso★. Lola, María y Enrique están sentados en los tres sillones que hay, José llegó el último y se ha instalado en un almohadón★. Los cuatro están tomando vino de un paquete de Tetra Pak. Los que hayan leído el capítulo anterior ya saben que es el económico Don Simón★.

Lola: Hablando del primer punto no veo por qué calentarnos la cabeza★ otra vez con lo mismo. Habíamos llegado a un acuerdo★ y no sé por qué no se cumple★.

apuntar las llamadas
  die Einheiten beim Telefonieren aufschreiben

José: ¿No quedamos en apuntar las llamadas★? Pues tú el otro día te tiraste★ media hora hablando con tu madre y no lo apuntaste.

Enrique: Bueno, bueno, no empecemos...

Familia o amigos

**para qué
coño ⟨!⟩**
  wozu zum Teufel
**las conferencias
eternas**
  ewige Telefongespräche
**estoy hasta los
ovarios ⟨ ⟩**
  mir steht es bis
  zu den
  Eierstöcken;
  feministische
  Variante für:
  mir geht es auf
  den Sack
mear fuera
  neben die
  Schüsseln pinkeln
pero ni puto caso
  keinen juckt
  das
trastear
  durchstöbern,
  schnüffeln

José: ¿Para qué coño* llegamos a un acuerdo si no se cumple? Es que no estoy dispuesto* a pagar sus conferencias eternas* ...

Enrique: Yo tampoco estoy dispuesto a... y no digo nada. Creo que estamos desviando el tema*. La cuestión es que la casa está siempre manga por hombro* y no hay quien haga nada. ¿No hicimos un calendario? Pues vamos a cumplirlo y ya está.

Lola: Sí, esto está muy bien. Pero, repito, estoy hasta los ovarios* de deciros a los dos que hagáis el favor de no mear fuera* o por lo menos limpiarlo si lo mancháis*. Que yo no soy ni vuestra madre ni vuestra mujercita.

(Silencio...........)

José: Bueno, está claro que estamos de acuerdo en eso. Supongo que eso se lo dirás también a todos los novios que traes aquí.

Maria: ¡Vaaale ya!, esto es asunto de cada una. Tu novia vive prácticamente aquí y nadie te ha dicho nada.

José: Pero por lo menos es siempre la misma y no como vosotras. Esto más que una casa parece una parada de autobús. Mira, que os lo he dicho mil veces, pero ni puto caso*. No quiero que nadie que yo no conozca ande por mi cuarto trasteando* en todas mis cosas.

Maria: Ya sale el señorito con su coto privado*.

Enrique: Oye, no os disparéis*, que tampoco es para tanto*. Vamos a seguir el orden del día... Yo creo que es más importante que hablemos de qué pasa

80 Zusammenleben

con la bulla continua de madrugada*. Los tres sabéis perfectamente que yo me tengo que levantar a las siete y media de la mañana. Y no hay quien respete eso.

(Silencio............)

Maria: Sí, reconozco que llevas razón*. Lo que pasa es que a esas horas... ¿quién frena al personal?*

José: Claro, es que volvemos a lo de antes. ¿Por qué tiene que venir tanta gente?

Lola: Sí, pero tú bien que te apuntas cuando traemos alguna botellita.

Enrique: Como vosotros os levantáis a la hora que os da la gana...

la bulla continua de madrugada
  der ununterbrochene, frühmorgendliche Lärm
¿quién frena al personal?
  wer bremst das Personal, wer gebietet Einhalt?

Familia o amigos **81**

Charters a Londres

Los viajes más económicos en avión van todos a Londres. Estos vuelos son incluso más baratos que los charters a Mallorca. Cuando un cliente llega a una agencia y pide una excursión a Londres para dos, los empleados se miran de reojo* y se aguantan la risa* porque ya saben de que va el asunto*.

El avión va lleno de parejas de novios o de amigas en las que es difícil saber cual es la preñada*. Quien no se ve allí es el ejecutivo☆ de 40 a 50 años que ha dejado embarazada a su amante. Para que su mujer no se dé cuenta, él le paga el viaje a ella y a la amiga que la acompaña. Tampoco falta la muchachita del pueblo que en ese momento le tiene más miedo al avión que a todo lo que le espera. Por suerte siempre va alguna enteradilla* que ha hecho algún que otro viaje y lo sabe y lo explica todo.

Como muchos de estos charters salen muy tarde de noche, las pasajeras llegan a Londres hechas polvo☆: mareadas☆ por su estado, mareadas por el vuelo, cansadísimas de toda una noche sin dormir y encima con el miedo a otro mundo. Afortunadamente estas agencias lo tienen todo organizado. Y hay un autobús en la puerta que te lleva directamente al hotel.

Por la mañana surge un problema. ¿Cómo se va a la clínica? Como no saben lo lejos que puede estar no se atreven a coger un taxi. Y después de darle muchas

se miran de reojo
sie sehen sich verstohlen an
se aguantan la risa
sie unterdrükken das Lächeln
de que va el asunto
was gespielt wird
la preñada
die Schwangere
una enteradilla
eine, die alles weiß

82 **Zusammenleben**

vueltas*, deciden preguntarle al camarero como ir en Metro. Por casualidad* alguna colega la escucha y se mete* diciendo que ella va al mismo sitio y pueden ir juntas. ¡Qué alivio!*

Durante todo el viaje se han imaginado una clínica privada de película y al bajarse del metro en un barrio negro descubren que es una sencilla casa de una planta. La sala de espera no parece nada inglesa; todo el mundo habla castellano, incluso el médico que entra con un delantal* blanco todo manchado de sangre. Parece un carnicero. Al verlo se les pone la carne de gallina*.

Se escucha una discusión en la recepción:

¿Pero cómo me voy a volver a España con lo que nos ha costado el viaje?

Lo siento, señorita, pero no está en la lista. No ha pedido cita. No la puedo aceptar.*

(La pobre muchacha se echa a llorar*) ¿Pero cómo me voy a volver así con el trabajo que me ha costado convencer a mis padres para ir un fin de semana con mi amiga. Y el préstamo*, ¿qué? ¿Cómo voy a conseguir otro?

Al final la muchacha tiene suerte porque ese día hay un hueco*. A la mañana siguiente, a eso de las seis, todas en pie. Hay que limpiar la sala para una remesa* nueva.

Estas excursiones seguirán así mientras no cambien la ley. Y por fuerza y por necesidad las agencias seguirán forrándose* con estos charters a Londres.

darle muchas vueltas
rumdrucksen
el delantal
Schürze
no ha pedido cita
Sie haben keinen Termin
un hueco
eine Lücke, weil jemand nicht gekommen ist
la remesa
Nachschub
forrarse
Kohle machen

Familia o amigos   **83**

Yo me voy a vivir con quien me da la gana

venga a pedir
  dann kommst du wieder betteln
esto no puede seguir así
  so geht das nicht weiter
los regadores
  die, die im Sommer nachts die Straße spritzen

Mamá, hoy no me esperes para comer.

¿Cómo que no? Si ya está la comida preparada para todos. ¿Dónde vas a comer?

Puees, ¿con quién voy a comer? Con mis amigos.

Claro, eso cuesta dinero y después venga a pedir*.

No voy a ningún restaurante, voy a casa de Antonia.

¿Y esa quién es?

Una compañera de facultad☆. Bueno, ya está bien, que me voy.

Espérate un momento que voy a llamar a tu padre. ¡Valdimiroo! Que tu hija dice que se va a comer fuera☆. Esto no puede seguir así*. Anoche llegaste a la hora de los borrachos☆ y de los regadores*. El sábado no viniste a dormir. Y ahora no quieres comer aquí. ¿Qué te ha hecho tu familia para que no quieras comer aquí.

84 **Zusammenleben**

Uff, . . . ya empezamos con los sentimentalismos.
Mira mamá, yo tengo veintitres años y puedo hacer lo
que quiera.*

Mientras vivas aquí* harás lo que nosotros digamos. El día que te cases* ya podrás decidir tú sola.
Valdimiro, por favor, ¡dí algo!

Bueno, ¿pero allí, quién vive? ¿Están los padres?
Dónde está la casa? Por qué no puedes comer con nosotros?

*Papá, yo no tengo porqué aguantar un interrogato-
rio* . . . y además es muy sencillo, sólo quiero ir a comer a casa de una amiga. Y eso no tiene nada de malo.*

Que se venga tu amiga a comer aquí.

¡No digas tonterías!

Vamos niña, no le digas a tu padre que dice tonterías.

*Pero sí es verdad. ¿O es que cuando tu eras joven no
te gustaba ir a comer con tus amigos? Yo sé, porque mi
abuela me lo ha dicho, que muchas veces os íbais a
comer al campo.*

Pero eso es distinto porque era como ir de excursión. Y además, ya nos íbamos a casar pronto.

*Bueno, entonces, ¿para ir a comer fuera hay que
casarse antes?*

Hija, déjate de modernismos*. Que tú con eso de
la facultad* has cambiado mucho y no hay quien te
aguante.

**los sentimenta-
lismos**
  Empfindelei
**el día que te
cases**
  wenn du heira-
  test
**déjate de moder-
nismos**
  laß das mo-
  derne Zeug

estoy harta
mir reicht es
yo tengo muchas cosas que hacer como para perder el tiempo
ich habe zuviel zu tun, um damit die Zeit zu verlieren
si te pones en ese plan
wenn du so kommst
no hacer nada como Dios manda
nichts so tun, wie Gott es befiehlt

Si no me aguantáis, me iré con quien me aguante. Y yo estoy harta★ ya de esta historia. Cada vez que digo algo me soltáis el sermón✩. Y yo tengo muchas cosas que hacer como para perder el tiempo★... y además ya no soy una niña chica. De ahora en adelante✩ voy a hacer lo que me da la real gana✩.

Si te pones en ese plan★, ya puedes ir haciendo la maleta✩.

Me parece muy bien, en cuanto pueda la hago✩.

¡Por Dios! Esto no puede ser. Esta niña no hace nada como Dios manda★.

Mira, no te preocupes✩. Nosotros no vamos a estar amargados✩ mientras ella se divierte con sus nuevos amigos.

Bueno, Antonia me está esperando y me tengo que ir ya.

Vamos a ver, todavía no nos has dicho con quien vive esa Antonia.

Con más gente.

Pero tan malas personas son, que no puedes decir nada de ellos.

Mirad, ya veo que no os cansáis de preguntar. Vive con otros dos campañeros.

Ahhh, ¿con dos hombres?

No, sólo hay un tío★ en la casa.

Ya sabía yo que esa casa no podía ser normal.

Entonces el muchacho será el novio de una de ellas, ¿no?

Pues ¡no! Te has equivocado. ¡Es miii novio!

(Silencio..............)

Esto es lo que me faltaba por oír*. Pero, ¿cómo que es* tu novio? ¿Desde cuándo estás con él?

Pues, hace casi un año.

Bueno, vamos a ver. ¿Cómo se llama ese señor, a qué se dedica*? ¿Por qué vive con dos mujeres?

Bueno, está visto que no me dejáis ir a comer, así que será mejor que ahora que ha salido el tema*, lo desembuche* todo: Se llama Javier, está estudiando magisterio*, tiene treinta y dos años, está separado* y tiene una hija. ¿Algo más?*

(Silencio..............)

¡Dios mío! ¿Qué dirán los vecinos cuando se enteren?

A mí me da igual lo que piensen los vecinos. Lo que importa es la familia. ¿No hay hombres solteros bastantes como para tener que buscar uno separado? Y además con una hija...

Pues ya puedes ir pensando en dejarle, aquí no queremos separados.

Siento decirte que no lo voy a dejar. Pienso irme a vivir con él.

¡Tú estás loca. ¿Os vais a casar?

No tengo intención de hacerlo. Tú sabes que siempre he dicho que no me voy a casar. Que eso son tonterías.

Eso no tiene sentido. Si de verdad quieres vivir con ese hombre, tendrás que casarte.

Eso no es posible. Javier no está divorciado. Ni lo va a estar nunca. Bueno me tengo que ir ya. Mañana seguiremos hablando.*

(continúa...)

esto es lo que me faltaba por oír
  das mußte ja noch kommen
desembucharlo todo
  alles auspacken
ni lo va a estar nunca
  er wird es auch niemals sein

Familia o amigos 87

Mujer, yo no creo que sea ningún problema

Se lo he dicho a mis padres...

Entonces no hay problema, te quedas esta noche.

Esto no es lo importante. A tí te da igual, pero yo lo paso muy mal★. Estoy hasta las narices de ese rollo★. ¿Por qué será tan difícil hacer lo que una quiere?

El que algo quiere, algo le cuesta✫. La cuestión es enfrentarse✫ a la represión familiar.

Pero, ¿de qué voy a vivir? Entre las clases y las chapuzas✫ sólo saco treinta billetes★ al mes. Yo sé que para ellos es difícil, pero tienen que aceptarlo. No quiero romper para siempre✫.

A los padres hay que educarlos. La sociedad es distinta✫ y ellos no pueden seguir viviendo✫ en la dictadura. O al menos no obligarte a tí a vivir con las pautas del pasado✫.

¡Déjate de monsergas políticas!★

No son monsergas. Lo que pasa es que vosotros los posmodernos no sois conscientes de ★que todo es producto de una represión de siglos.

---

yo lo paso muy mal
   mir geht es schlecht dabei

estoy hasta las narices de ese rollo
   ich habe den Kram satt

sacar treinta billetes
   30 000 Peseten verdienen

¡Déjate de monsergas políticas!
   laß das politische Gewäsch

no sois conscientes de que
   ihr habt kein Bewußtsein über

Y yo, ¿cómo me voy de mi casa sin romper con mis viejos?

Bueno, al principio no será nada fácil para ellos. Pero ya se irán acostumbrando*. Esto no es cuestión de un día. Como dice el refrán*: Zamora no se ganó en una hora*.

Ya lo sé, pero imagínate el trabajo que me va a costar estar bien con ellos y contigo, si no quieren saber nada de tí. Sólo por el hecho* de que tú estás separado.

¡Me cago en la hostia!* No sé como tu padre puede tener tanto morro*. ¿Tú no me dijiste que él tuvo una amante durante un par de años? Y ahora no quieren entender que nosotros vayamos a vivir juntos, porque eso está fuera de su puñetera moral*.

Vale, no mezclemos las cosas*... Los asuntos de mi padre son aparte*. Tú...

¿Cómo no me voy a meter en esas cosas, si es él quien está dando por culo*? No se puede estar llamando a la moral por un lado y por otro hacer lo que le da la gana. Ahora eso sí, que nadie se entere*. Plantéaselo delante de tu madre* y ya verás la cara que pone*.

Eso son cosas de ellos. Y yo no me pienso meter en eso*.

Bueno, ¡¡a mí me importa un carajo* la vida erótica de tu viejo!! Pero lo que no puede ser, es que los padres controlen toda la vida de sus hijos. Que si el novio, que si los estudios, que si la casa donde vive...

¡Me cago en la hostia! ⟨!⟩
 jetzt schlägt's aber dreizehn
tener morro
 sich was rausnehmen
su puñetera moral
 seine Scheißmoral
dar por culo
 Terror machen
plantéaselo delante de tu madre
 sprich es an, wenn deine Mutter dabei ist
la cara que pone
 die Flappe, die er zieht
a mí me importa un carajo ⟨!⟩
 das ist mir so scheißegal

Familia o amigos

¡Vente a vivir conmigo y que se traguen la bola⋆!

Para tí es nuy fácil, porque ves los toros desde la barrera⋆. Yo no me puedo ir de esa manera. Tendré que esperar hasta que la atmósfera se descontamine☆ un poco. Y lo que yo todavía no tengo muy claro☆ es tu hija.

¿Qué es lo que pasa con Verónica?

Todavía no me has dicho si vendrá a vivir con nosotros.

Esto es una historia que tengo que ponerme de acuerdo☆ con su madre. Y si acaso☆, sólo serían los fines de semana.

Y yo, ¿no tengo ninguna vela en este entierro☆? No me marcho de casa☆ para llevar una vida igual que mis viejos...

Bueno, no se trata de eso. Pero hay una realidad que no se puede negar☆. No me vayas a pedir que me quite a la niña de encima☆. Y al fin y al cabo os lleváis de puta madre⋆.

Hablando de otra cosa. Tú tienes tu cuarto ya a tope☆. ¿Yo dónde voy a poner mis cosas?

Mujer, yo no creo que sea ningún problema. Pero lo que no estoy dispuesto, es a tirar☆ los muebles para poner otros, porque a tí se te antoje☆.

Mira, yo necesito configurar⋆ mi espacio. Y no adaptarme al tuyo...

Que no se os ocurra pensar que la vida en pareja es coser y cantar☆. Los problemas no sólo están en el hogar☆ familiar. Al contrario. Una vez que te has ido, es cuando empiezan y no terminan hasta que no terminan las relaciones.

tragarse la bola
in den sauren Apfel beißen
ver los toros desde la barrera
dich juckt das nicht
llevarse de puta madre
recht gut miteinander auskommen
configurar
gestalten

Di

¡Hola Tere!

Perdona que lleve tanto tiempo sin dar señales de vida*. Pero resulta que estoy tan liada* con mi problemilla que voy de cabeza*. Sólo ahora, que se ha resuelto todo*, me han vuelto las ganas de escribir. No te puedes imaginar lo que ha pasado aquí de un tiempo a esta parte*. Mi vida ha cambiado de cabo a rabo*. Pero será mejor que te lo cuente paso por paso*.

Tú sabes que mi relación con Ramón no iba muy bien que digamos*. Pero siempre quedaba la esperanza de que mejoraría. Pero la cosa iba de mal en peor*. El siempre estaba con la escopeta cargada* y yo de verdad estaba harta* de tanto mal genio* y no sabía que hacer. Lo peor era que no había manera* de hablar con él. Esta situación no la aguantaba más tiempo y cuando le planteé el problema* admitió* que era verdad y me propuso* que intentáramos pasar las vacaciones separados. A ver si en un mes se nos aclaraban las ideas*. A mí me pareció que era una buena solución y me fui con los niños a Alicante. El dijo que prefería estar tranquilo y que se iría al cortijo* de Joaquín.

dar señales de vida
  von sich hören lassen
estoy tan liada
  verstrickt sein
voy de cabeza
  große Probleme haben
un tiempo a esta parte
  seit einiger Zeit
estaba con la escopeta cargada
  bereit sein, Krach anzufangen
estar harta
  es leid haben
mal genio
  üble Laune
le planteé el problema
  ich brachte das Problem aufs Tapet
si se nos aclaraban las ideas
  ob wir klare Gedanken bekommen würden

Familia o amigos   91

vorcio

me olí la tostada
ich ahnte Schlimmes
lo mal que me lo pasé ese mes
wie schlecht es mir den Monat gegangen ist
poner buena cara
gute Miene machen
la procesión iba por dentro
ich ließ mir meinen Kummer nicht anmerken
estar liado
eine Affäre haben
no decir ni pío
keinen Pieps sagen
sus rarezas
seine Anwandlungen
servirle de segundo plato
nur die zweite Geige spielen
cortarse la coleta
das Handtuch schmeißen

Y mira que casualidad✲: el segundo día en un restaurante de la playa, ¿con quién dirías que me encontré? Pues precisamente✲ con Joaquín que había ido a pasar el fin de semana. Me preguntó por Ramón y yo le dije: tú lo sabrás mejor que yo. Al ver su cara de sorpresa me olí la tostada✲. Total✲ que no estuvo allí y cuando volví a casa iba decidida a todo✲. Ya te puedes imaginar lo mal que me lo pasé ese mes★ teniendo que poner buena cara★ delante de los niños todo el día. Pero la procesión iba por dentro★. El tío apareció como si tal cosa✲. Cuando se acostaron los niños le dije que por favor pusiera las cartas sobre la mesa★. Y me lo confesó todo. Resulta que lleva más de un año liado★ con una niña de veinticuatro años. ¿No te parece ridículo? El va a cumplir pronto los cuarenta y ocho. Para mí ha sido un golpe muy duro pero no dudo ni por un momento en pedir el divorcio✲. Menos mal que una ya se puede divorciar en este país.

Los niños no quieren saber nada de esto. Cada vez que sale el tema✲, escuchan pero no dicen ni pío★. Y yo ahora estoy más tranquila y veo las cosas de otra manera. La semana pasada Ramón se fue a vivir con la otra. Ya veremos cuanto dura su nueva vida. No creo yo que le aguante mucho tiempo sus rarezas★. Pero que a lo que desde luego no estoy dispuesta✲ es a servirle de segundo plato★. Yo con esto ya me corto la coleta★. Y no quiero saber nada más de ningún tío✲.

Menos mal que no tengo que coger a Ramón con las manos en la masa✲. Pediremos el divorcio de mutuo acuerdo✲ y así dicen que el asunto se arregla en un año. La verdad es que tengo que reconocer que toda la historia podía haber sido peor. Muchas lo tienen más duro*. El problema es que ahora no tengo ni oficio ni beneficio☆. Y no sé cuánto me quedará para los niños. Por el momento me pasa* setenta mil más el alquiler de la casa. Pero a la larga☆, no creo que podamos vivir con eso. Así que me tendré que buscar algo.

Francamente☆ me hace mucha ilusión☆. Cuando puedas, pásate por la casa que ahora está más tranquila. Vente un fin de semana y así podremos hablar más.

Un abrazo...

Irene

muchas lo tienen más duro
viele (Frauen) haben es schwerer
pasar
hier: geben

Jóvenes de hoy

Una cosa la tienen en común* los adolescentes☆ de todos los tiempos: son criticados por los mayores☆. Lo que varía☆ es el contenido☆ de esas críticas. Hoy día los viejos dicen que los jóvenes son «más vagos*, más consumistas, más sueltos*, pero menos responsables y menos interesados por hacer cosas distintas nuevas*...» Los adultos en su tiempo☆ tuvieron que luchar para conseguir☆ algo. Les parece que los jóvenes lo tienen más fácil y por eso critican: «ahora tienen tanto donde elegir☆ que valoran☆ las cosas menos». Vamos a ver donde pueden elegir. A los 16 años pueden elegir entre seguir los estudios o ir

tener en común
gemeinsam haben
vago
faul
suelto
locker, lässig, gleichgültig
menos interesados por hacer cosas distintas, nuevas
weniger interessiert daran, unterschiedliche, neue Dinge zu machen

Familia o amigos   **93**

a trabajar. Pero ¿quién encuentra trabajo? Si consiguen mil quinientas pelas pueden elegir entre cuatro discos que están de moda. Y si tienen trescientas pelas pueden elegir entre irse de bares* y tomarse tres cervezas o pagarse la entrada a la discoteca y tirarse toda la noche* con una sola. Muchas más decisiones no tienen que tomar*.

Pero los chicos sí que pueden elegir más que las chicas, simplemente porque manejan más dinero*. Las chicas siguen mucho más atadas a sus casas*, no las dejan salirse del tiesto*. Emplean casi diez veces más de su tiempo libre en el trabajo doméstico. No tienen tanta libertad para ir por ahí de noche* o los fines de semana. Por todo eso salen más baratas a sus padres. Los chicos tienen el doble de dinero según unas estadísticas oficiales.

¿Qué es el machismo? A esa pregunta contestan las chicas: «que los chicos tienen mucha cara*» y los chicos: «¿por qué no van a la mili* ellas?». Hay cosas en que no se diferencian* tanto: en el tiempo de ver la televisión – hora y media al día –, en el callejeo* y en sus intereses por moda y música.

Los adolescentes de hoy parecen más conservadores que la generación precedente. La gran mayoría pasa de política*, tienen más voluntad por vivir el mundo que por cambiarlo. Lo conservadores que son, se ve en una considerable tercera parte que está en

tirarse toda la noche
  die ganze Nacht damit verbringen
manejar dinero
  Geld zur Verfügung haben
atado a su casa
  an sein Zuhause gebunden
salirse del tiesto
  flügge werden
que los chicos tienen mucha cara
  daß die Jungs sich viel rausnehmen
el callejeo
  Bummel
pasar de política
  gleichgültig gegenüber Politik sein

94 **Zusammenleben**

contra de* las relaciones sexuales prematrimoniales. Y el ochenta por ciento de los que llegan a casarse, pasan por la vicaría*. Casarse de blanco* ha vuelto a estar de moda. Y casarse con la primera pareja★ también.

Lo que extraña* es la falta de información en cuanto a métodos anticonceptivos*. Los padres siguen con los tabúes en temas de sexualidad. Pero los niños se enteran por los medios de comunicación. Se están llevando a cabo* campañas de información para prevenir* el embarazo juvenil★. Todavía es bastante frecuente* que niñas de quince o dieciséis años queden embarazadas*.

Lo que sí disminuye* cada vez más es la diferencia entre los ambientes rural y urbano★, porque tienen a su alcance* las mismas culturas. Los jóvenes rurales, tanto si piensan seguir estudiando como si tienen que buscar trabajo, han de deplazarse* a sus correspondientes capitales. De modo que se independizan* mucho más de sus familias. Parece que está de moda el confort y la comodidad de la casa de los padres. Ahora no hay ninguna prisa* por irse de casa. Allí están en la gloria*. Una buena parte de la juventud tiene el futuro muy negro★. Se estima que el treinta por ciento va camino* de convertirse* en adultos marginados. «Buscarse la vida*» es la expresión mágica entre todos estos jóvenes. Y unos la encuentran más que otros.

la primera pareja
der erste Partner
el embarazo juvenil
die Schwangerschaft von Jugendlichen
los ambientes rural y urbano
der ländliche und der städtische Lebensraum
se independizan
sie werden selbständig
tener el futuro muy negro
trübe Zukunftsaussichten haben

Kneipen-Wirtschaft

Los bares

Einarmige Banditen in der Kneipe und der Traum vom Glück, Angeber am Tresen, der beschwerliche Alltag der Kellner und Umgangsformen am Beispiel der Kneipe

Von Gemütlichkeit zu sprechen, wenn es um die Bares geht – das fällt keinem ein. Das Wort Gemütlichkeit ist ja auch eine unübersetzbare deutsche Erfindung. Die älteren Kneipen sind einfach, kalt und verfügen nur über das notwendigste Inventar: Tresen rechts bis Tresen links und, was nicht niet- und nagelfest ist, dahinter. Die neuen, postmodernen Kneipen sind auch einfach und kalt, verfügen aber über durchgestyltes Mobiliar. Die meisten Bares sind Mischungen aus Caféhaus und Trinkhalle – wer kultiviert sein Frühstück zelebrieren möchte, der sucht oft vergeblich nach Tischen und Stühlen, von Quark, Müsli und Cornflakes ganz zu schweigen.

Paco, ein Freund und der zweite Kommunist in seinem Dorf, ist keine Ausnahme, wenn er feststellt: «¿*Desayuno? Un vaso de agua del grifo y ya está*» – Frühstück? Ein Glas Leitungswasser und fertig. Nun, dafür zelebriert er eben seine allabendlichen Rotweine am Tresen. Im Winter gehört er zu den Hartnäckigen, die selbst nachts um zwei beharrlich und standhaft weiterzechen, selbst wenn der Wirt schon seit einneinhalb Stunden gähnt und endlich ins Bett will. Zwei Kunden, die für 460 Peseten zusammen noch zwei Stunden durchhalten – wie das der Wirt aushält, versteht kein Betriebswirtschaftler.

Eine Kneipe aufmachen, das grenzt heute an Selbstmord. Im Landesschnitt kommen nämlich nur 150 bis 200 Einwohner auf eine Bar. Da müssen sich die neuen Wirte schon etwas Besonderes einfallen lassen: zeitgeistige Einrichtung oder *tapas para chuparse los dedos* – die kleinen Ibero-Snacks zum Finger schlecken. Wessen Kneipe nicht gerade zentral gegenüber vom Corte Inglés gelegen ist, der kann in der Regel keine großen Sprünge machen mit dem, was er aus seinem Laden rausholt.

Natürlich sind die Spanier immer noch Weltmeister der «Kneip-Kur». Das fängt beim bescheidenen Frühstück an. Vor allem in den

Städten nehmen die Bürogänger ihren *café con leche* in der Kneipe schnell und im Stehen zu sich. Manche Tresen sind auf den großen Ansturm schon vorbereitet mit einem Fließband an Mini-Gedecken: Tasse, Untertasse, Löffel und Zuckertütchen. Zwischen halb neun und halb zehn geht es dann rund, ein Kaffee nach dem anderen, es scheppert und klirrt und schreit: «*Pepe, ¡Otros dos con leche!* – noch zwei mit Milch!»

Wenn es wieder ruhiger wird, dann trudeln diejenigen ein, die ausschlafen können, weil sie Rente kriegen oder keinen Lohn. In den großen Städten treffen sich jetzt die alten Herren in den alten Caféhäusern. Davon gibt es noch einige, bei denen sich in den letzten fünfzig Jahren nur die Kellner und die Preise geändert haben. Geblieben sind: Marmortische, Stühle, große, trübe Spiegel an der Wand, damit es nicht gar so düster ist drinnen, und das Gebäck aus der hauseigenen Backstube. Der Kellner ist ein respektgebietender, ehrwürdiger Señor, der, wenn er gerade mal für einen Augenblick nichts zu tun hat, an seinem gepflegten Schnurrbart zwirbelt.

Das Angenehme am Caféhaus ist, daß dort meist kein Fernseher dudelt. Nicht so in den Kneipen der Wohnviertel. In einer 50 000-Einwohner-Stadt kann man die Bares ohne Fernseher an einer Hand abzählen. Mit dem Wirtschaftswunder kamen die Fernseher in die Familien, dann blieben die Leute zu Hause, dann stellte der Wirt eine Glotze für diejenigen hin, die noch keine hatten, und dann hatten sie alle eine und der Wirt schaffte das erste Video an. Ab dann gab es Kriegsfilme und Pornos zum Bier. Inzwischen hat fast jeder ein Video, und die Wirte klagen wie eh und je über die ausbleibende Kundschaft.

Wenn abends um elf ein sechsjähriger Knirps in die Kneipe kommt und eine Familienflasche Cola kauft, dann sitzt der Papa zu Hause vor der Glotze und möchte noch einen *Cubata*, einen Cuba-Libre. In der Scene werden die scharfen Sachen kaum noch getrunken, da steht man auf Bier oder Mineralwasser. Sternhagelvoll trauen sich weniger Spanier auf die Straße als die Landsleute bei uns. Vielleicht kommt hier noch ein Rest iberischen Stolzes zum Tragen. Aber Alkoholiker gibt es trotzdem zuhauf. Wer lange Strecken mit dem Auto oder Bus fährt und in aller Herrgottsfrühe in die Kneipe geht, um sich mit einem *café con leche* in Gang zu bringen, der kann sie massenhaft sehen, die versteckten Säufer. Sie putzen morgens um sechs locker einen dreifachen Kognak oder Anis runter, fahren sich mit dem Ärmel über den Mund und schnauben wie wilde Hengste: der Pegelstand stimmt wieder. Sie sind es, die ordentlich zum Absatz der nationalen, krisengeschüttelten Spirituosenwirtschaft beitragen.

Die Kneipengespräche wiederholen sich wie die Biere oder Weine. Fußball am Wochenende, Sensationen aus dem Fernsehen jeden Tag und sonst noch Alltag oder der Traum vom finanziellen Glück. *Si me tocara el gordo...* – Wenn ich einen Haupttreffer im Lotto hätte... das ist immer noch ein Dauerrenner der Theken-Konversation. Und wenn es wieder nicht geklappt hat, dann werden eben mal schnell zwanzig duros in den einarmigen Banditen geschoben: *A ver si tengo suerte* – mal sehen, ob ich Glück habe.

Ilusión y engaño

el engaño
Betrug
dar paso a
Platz machen
für
las máquinas tragaperras
Spielautomaten
tirar su dinero
sein Geld rausschmeißen
los pajaritos
der Ententanz
resistir la tentación
der Versuchung widerstehen
pegar una patada
einen Fußtritt versetzen

Las máquinas de discos han desaparecido de los bares para dar paso* a los televisores y las máquinas tragaperras*. Bueno, que cada uno tire su dinero* como quiera, pero lo que sí es molesto☆ es esa musiquilla electrónica que puede ser *Para Elisa* de Beethoven o la horterada☆ de la canción de *Los Pajaritos**. Cuando más tranquilo y a gusto está el bar, sueltan su desagradable melodía para recordar a la gente que no están allí de adorno.

Quieren comer y no precisamente bocadillos o tapas sino perras, duros, libras… o cualquier otra moneda que parece que estorba en el bolsillo. No hay quien admita que suele gastar más de lo que debiera. Todo el mundo dice que sólo echa los cinco duros que le sobran del tabaco. Pero cuando uno gana unas monedas no hay quien resista la tentación* de volverlas a echar y tentar la suerte.

Después de media hora de nervios, esperanza y dos mil pesetas se van con la gana de pegarle una patada* a la máquina y de dejarla hecha polvo☆. Pero claro, la máquina no tiene la culpa. Este juego es un negocio para el dueño del bar que se lleva el cuarenta por ciento de las ganancias. Y es la pequeña ilusión que acompaña la cerveza de cada día. Parece que algunos se han enviciado* más que otros y tienen su cita diaria con la máquina.

Este vicio no conoce fronteras sociales, edad o sexo – desde el abuelo pensionista hasta el niño montado en una silla porque, claro, con sus cinco añitos no alcanza la ranura*. La ley prohibe el juego a los menores de dieciséis años. Sin embargo muchos padres llevan la superstición* en su cara de que el niño inocente, que disfruta pulsando los botones*, le traerá la suerte.

A las maris* también les encanta este momento de suspense*. Sueltan las bolsas de la compra en el suelo y le dan al juego*. Se les nota* que tienen un poco de vergüenza y no quieren ver las miradas críticas de los hombres de la barra*. En el bar de al lado de su casa no se atreverían a entrar solas, no estando sus maridos. ¿Pero es que no tienen derecho también a ese pedacito* de ilusión y engaño que a veces es como la sal y la pimienta en la comida?

la ranura
Schlitz
la superstición
Aberglaube
pulsar los botones
Knöpfe drükken
las maris ⟨ ⟩
die Hausfrauen
darle al juego
ran ans Spiel
la barra
Tresen

Cita con pasteles

llamar la atención
 auffallen
hacer la gracia
 sich erkenntlich zeigen
los partidos del domingo
 Fußballspiele am Sonntag
los cupones
 Lotterielose
descansar en paz
 in Frieden ruhen
pegar el oído
 hinhören
ponerse en plan detective
 auf Detektiv machen

A mucha gente le llama la atención* la clientela de los bares: raramente se ven mujeres – parecen dominio del varón*. A exepción del* domingo cuando el patriarca hace la gracia* de invitar a su familia. Durante la semana esos lugares son sagrados* para los hombres: su copita, su tapa, su dominó, su quiniela* y sus discusiones sobre los partidos del domingo*.

Los cafés no son así. Allí las mujeres han conquistado* su sitio para sus cosas: su cafelito, sus pasteles, sus cupones* y sus conversaciones sobre los maridos – vivos o descansando en paz* – sobre las compras, la casa, los niños o los nietos y lo caro que está todo*.

Vamos a pegar el oído* a la mesa de al lado. Pero tenemos que tener cuidado de que no se den cuenta. Lo mejor es ponerse en plan detective* y coger un periódico. Escuchamos a dos señoras, clientes de la casa, las dos muy aficionadas* a la confitería.

Una: *Entonces me asomé a la terraza y le dije:*

las sábanas
 Bettücher
me trae frita ⟨ ⟩
 sie macht mich fertig
chorreando
 triefend
encima se pone farruca ⟨ ⟩
 obendrauf wird sie noch frech

«¿Tanto trabajo le cuesta avisarme* que quite mis sábanas*?» Es que se lo he dicho mil veces, y siempre hace lo mismo. Me trae frita*. Ve que tengo mi ropa casi seca y tiende* la suya chorreando*. Y encima se pone farruca*.

Otra: Yo, me pasaba lo mismo cuando vivíamos en el piso. Gracias a Dios que nos compramos la casa esta. No es que sea gran cosa, es un chalé adosado*, pero por lo menos no tenemos que aguantar a nadie.

Verdad hija. Mis hijos y yo llevamos años detrás de Manolo para que compre una casa nueva. Pero no hay quien le mueva. Como ha nacido ahí le da pena dejarla. Y yo estoy hasta la coronilla* de ese piso tan viejo y de unas vecinas tan mal educadas...

Y cambiando el tema, ¿te has enterado que por fin se va a casar la hija de Puri? Ya era hora, por poco se queda para vestir santos*. Debe tener sus treinta y cinco años por lo menos.

¿Qué dices? Si treinta y cinco tiene mi mayor y ella le lleva por lo menos cuatro años.

¿Tú conoces al novio? La madre va diciendo por ahí que el chico trabaja en el ministerio de justicia. Y sí que es verdad, pero yo me he enterado* por el cuñado de mi hija que está sustituyendo* al conserje que se ha dado de baja*. Yo no sé porqué la gente tiene que ser tan fanfarrona*.

Mira, el otro día en el médico* me encontré con Rosario, ¿sabes quien te digo? Mi vecina de antes. Iba muy tiesa luciendo* sus pulseras y cordones* de oro y presumiendo* del dinero de su marido. Pero más vale que tuviera más gusto vistiendo, porque iba horrorosa*. Llevaba un vestido de cuadros que le sentaba como un tiro*, vamos, una cosa tan fea..., eso no me lo pongo ni para fregar* ni cuarto de baño.

Pues yo no me explico de donde sacan tanto dinero trabajando en el ayuntamiento.

Pero tú no sabes qué...

Vale ya, estas maris* son todas iguales: la misma envidia*, el mismo cotilleo*, las mismas críticas, la misma fanfarronería*, pero eso sí, con muchos pasteles.

yo estoy hasta la coronilla ⟨ ⟩
  ich habe es satt
por poco se queda para vestir santos
  sie wäre beinahe Jungfer geblieben
fanfarrón
  angeberisch
iba muy tiesa luciendo
  sie war sehr stolz
iba horrorosa
  sie sah schrecklich aus
el cotilleo
  Klatsch

Los bares 105

El camarero se mete

el camarero se mete
der Kellner
mischt sich ein
el turno de mediodía
Mittagsschicht
llevo viniendo aquí cuarenta años
seit vierzig
Jahren komme
ich hierher
el niñato
Bübchen
el carroza 〈 〉
der Alte
sulfurarse 〈 〉
auf die Palme
gehen
estar con la antena puesta
seine Antenne
ausgefahren
haben, lauschen

¿Sabes lo que me pasó el otro día? Me tocaba el turno de mediodía* y estaba sirviendo el plato del día a dos viejas que todos los jueves vienen a comer aquí, cuando se abre la puerta y aparece corriendo un chaval* de unos setenta años, diciéndome que iba al servicio. Le paro y le digo:

«¿Usted qué ha pedido?»

Entonces el otro me contesta:

«Llevo viniendo aquí cuarenta años* y he conocido a tres dueños distintos. Y tú, niñato*, ¡a callar! Ahora voy a hacer un servicio*.»

Al tío ese no lo había visto en mi vida y ya llevo trabajando aquí más de ocho años. Y claro, no puede ser que entre cualquiera a echar su meada* o quien sabe si a pincharse*. Y yo cumplo con mi deber*. Le digo al carroza*:

«Oiga, que no puede ser, nuestro servicio está reservado a la clientela.»

El viejo se sulfura* y me grita:

«¡Qué usted no se entera! ¡Qué soy un viejo cliente!»

Las dos viejas estaban con la antena puesta* y se mete* una:

«¡Anda Jordi, deja entrar a ese caballero! Aunque nada más que* por sus años.»

No me quedó más remedio* que dejarlo pasar. Nada, que al final la otra vieja le invita a sentarse con ellas para una copita de anís. Y se la tuve que servir. Terminada la comida les llevo la cuenta y me dice la tía que no quería pagar la copa de anís. El viejo no lleva suelto* y no quiere cambiar su billete de cinco mil. Entonces se enfada la tía y dice:

«Oiga, usted es un sinvergüenza, y sepa usted, no se puede pasar al servicio sin dejarle algo a la casa.»*

Pero faltaría más*. El viejo, en un arranque de honor*, saca su tarjeta, se la tira* y sale diciéndole que le manden la cuenta de la copita a casa. ¿Sabes lo que ponía en la tarjeta? Próspero del Rey, Director General de la Caixa de Pensions de Catalunya... Y se mete un andaluz que estaba comiendo en otro mesa:

«¡Ozú, qué tacaño!»*

llevar suelto
Kleingeld haben
pero faltaría más
das hatte noch gefehlt
se la tira
knallt sie ihr hin
¡ozú, qué tacaño!
uiii, was ein Geizknüppel

Descanso del personal

Oiga, ¿le puedo hacer una pregunta?

Sí...

Bueno, es que me han dicho que usted anda buscando un camarero para el verano...

La verdad es que no me lo he planteado todavía. Es posible que para los meses más fuertes me haga falta* alguien para la barra*. Pero, de todos modos*, lo tendría que consultar con* mi mujer.*

¿No estuvo trabajando aquí un chico que se ha ido a Mallorca a los hoteles?

Claro, el maño, ¿lo conoces?*

Sí, es un primo hermano de mi cuñado.

no me lo he planteado todavía
ich hab mir das Problem noch nicht gestellt
el maño
Spitzname für Aragonier

Los bares **107**

Entonces es él quien te manda a preguntar, ¿verdad?

Pues sí, me dijo que aquí se está muy bien, que usted le trataba muy correctamente y que no tuvo problemas en todo el verano.

Vaya hombre, me alegro. Pero no hace falta que me hagas la pelota★. Dime, ¿has trabajado alguna vez en un bar?

Sí, estuve el año pasado en un restaurante en la costa.

¿Y qué es lo que hacías allí?

Pues un poquito de todo, preparando comida, sirviendo las mesas y en la barra también estuve muchas veces.

Bueno, pásate por aquí☆ la semana que viene y ya te diré algo.

Me gustaría hacerle una pregunta. ¿Cuánto pagaría usted?

Hmmm, no te preocupes☆, si acaso☆... ya nos pondríamos de acuerdo☆.

Ah, otra cosa. ¿Cuál sería el día de descanso?

Nuestro joven no conoce bien el trasfondo☆ de estos negocios familiares. Esta gente no para de☆ trabajar en todo el año. Y mucho menos en los meses «más fuertes», como dice el patrón☆. Si por fin al chico le sale este curro, lo más seguro es que empezarán los problemas. Su novia le exigirá☆:

«Mira, estoy harta☆ ya de estar encerrada★ todas las noches mientras tú estás en este maldito tugurio★. O lo dejas o rompemos★.»

Pero hasta que ella le arme la bronca★ el pobre

hacer la pelota ⟨ ⟩
sich anbiedern
estar encerrado
zu Hause hokken
el maldito tugurio ⟨ ⟩
der verdammte Laden
o lo dejas o rompemos
entweder du schmeißt den Job oder wir trennen uns
armar la bronca ⟨ ⟩
Zoff machen
recoger
zusammenräumen

108 **Kneipen-Wirtschaft**

tiene que aguantarse✻ unos pocos meses. A las once tiene que aparecer ya por el bar. A las doce y media es cuando le tocan tres horas de✻ no parar ni para echar un cigarrito✻. Una vez que la gente se ha ido a comer o a echar la siesta✻, él tiene que recoger★ y fregar★.

De cinco a siete tiene dos horas de descanso, pero es como si no las tuviera✻. Vive un poquito lejos y se le iría el tiempo en✻ ir y venir. Así que no merece la pena✻ y el tío se da una vuelta✻ para matar el tiempo✻. Con lo cual vuelve cantidad de cansado★.

Por la tarde es cuando empieza la bulla★ otra vez. Y no para hasta la una y pico✻ cuando se va la mayoría de la gente. Eso, si no hay algún coñazo★ con el codo en el mostrador★ diciendo tonterías que nadie tiene ganas de escuchar. El jefe no quiere perder a sus parroquianos✻ y no se puede hacer nada para echar a★ ese pesado★. Se empieza a poner las sillas en las mesas y a barrer★, a rellenar el frigorífico para el día siguiente, a hacer la caja✻, pero no hay forma de que el tío se dé por aludido★. Al contrario, lo toma como una muestra de confianza★ de la casa y sigue contando su rollo★.

Cuando ha dejado listo lo que generalmente deja para la mañana del otro día, no se le ocurre otra cosa que★ invitarlo a otro sitio para quitárselo de encima★. De modo que, antes de las tres, no vuelve a su casa y poquito a poco se va dando cuenta de que su novia no está equivocada del todo. Antes de dormirse se propone hacer algo para cambiar de curro★, pero por la mañana se ven las cosas de otra manera. Y además, ¿de dónde va a sacar el tiempo para buscarse otra cosa si no hay descanso del personal?

fregar
  spülen, putzen
cantidad de cansado ⟨ ⟩
  todmüde
la bulla ⟨ ⟩
  Hektik
el coñazo ⟨!⟩
  Nervensäge
con el codo en el mostrador
  mit dem Ellbogen auf dem Tresen
echar a alguien
  jemanden rausschmeißen
el pesado
  die Nervensäge
barrer
  kehren
no hay forma de que el tío se dé por aludido
  um nichts in der Welt fühlt sich der Kerl angesprochen
la muestra de confianza
  Vertrauensbeweis
el rollo ⟨ ⟩
  Kram
no se le ocurre otra cosa que
  es fällt ihm nichts anderes ein als
para quitárselo de encima
  um ihn loszuwerden
cambiar de curro ⟨ ⟩
  sich einen anderen Job suchen

Los bares   **109**

Bar tienda

Después de tres agotadoras* horas de carretera por la Sierra de Ronda nos paramos a reponernos*. Entramos en el único bar del pueblo. Sirve igualmente de supermercado y oficina de teléfonos. Aquí está el imperio del pluriempleo familiar*: Paco lleva el bar, mientras Lola, su mujer, atiende a la clientela de los comestibles y a las llamadas telefónicas. Como no ha llegado todavía el teléfono automático, le toca a Lola manejar los cables*. La gente del pueblo la llaman «la Virgen de la comunicación». Ese apodo* se lo puso un maestro a la madre de Lola hace más de treinta años.

Pedimos a Paco dos chatos de vino* de la comarca. Aprovechamos que Paco parece de buen humor (aunque acaba de regañar* al niño) para charlar un poco con él.

¿Lleva mucho tiempo trabajando aquí?

¡Ayy! esto lo montaron* mis suegros al terminar la guerra con lo que sacaron del estraperlo.

¿El estraperlo, no será una quiniela de por aquí*?

(se ríe)

Me cago en la má*. ¡Qué descaminados andan ustedes!* Por ahí no va*. Esto en su tiempo era lo que sacábamos a los ingleses de Gibraltar que tenían

reponerse
sich erholen
el pluriempleo
die Vielbeschäftigung (wenn einer verschiedene Jobs hat)
manejar los cables
die Kabel bedienen
regañar
schimpfen
me cago en la má ⟨!⟩
ich halt's im Kopp nicht aus (wörtlich: ich scheiß auf die Mutter)
¡Qué descaminados andan ustedes!
da sind Sie aber auf dem Holzweg

110 **Kneipen-Wirtschaft**

teléfono

de todo y nos lo vendían al por mayor✲. Como la gente de aquí eran unos muertos de hambre★, pero con muchos billetes, lo compraban todo a cualquier precio. ¿Se enteran ustedes.

¡Qué abuso★! ¿Y la policía hacía la vista gorda★ al contrabando✲?

¡Qué va! Muchos terminaron en el calabozo✲. Pero mi suegro se las sabía todas★.

Sí, las cosas de la guerra.

A los dieciocho años me casé con mi señora y desde entonces estoy aquí. Ya ven ustedes.

¿Y da para vivir✲?

No, esto está muy perdido✲. Y nada más que viene gente de paso✲. Aquí en el pueblo no se quiere quedar nadie. Y además con cinco chiquillos★...

Entonces, ¿cómo se las apaña?✲

Tiramos pa'lante✲ entre el bar, la tienda y las cuatro chapuzas★ que hago en el pueblo. Ya ven ustedes... Pero esto está distraído✲, porque todos los compadres✲ vienen por la tarde para jugar al dominó. Lo malo es que no consumen mucho y a veces me piden que so lo apunte✲.

No se preocupe, nosotros le vamos a pagar al contado★. ¿Nos llena otra vez?

¡Para eso estamos!

la gente de aquí eran unos muertos de hambre
 die Leute hatten nichts zum Kauen
¡Qué abuso!
 was für ein Ding
la policía hacía la vista gorda
 die Polizei stellte sich dumm
terminaron en el calabozo
 sie kamen dann in den Knast
se las sabía todas
 er war auf der Hut
los chiquillos
 die Gören
las chapuzas
 Gelegenheitsarbeiten
pagar al contado
 bar zahlen

Los bares   111

Hora: las dos de la tarde de un día de agosto

Lugar: el café de Chinitas en Madrid

Personajes: José (Pepote) Mata Cabeza, de profesión proprietario de un taller de reparaciones de automóviles y Guillermo Cebollero Conejo, auxiliar administativo de la fábrica de cervezas Cruzcampo.

Las paredes del café estan tapizadas* de fotos de toreros y otras celebridades✩, que un día pasaron por ahí. Algunos llevan las correspondientes fechas y firmas. Unas pocas, dedicatorias* al dueño. Hay como veinte personas en la barra. Además de un grupo de turistas tomando sangría, vemos alguna pareja en los veladores* del fondo. Mata Cabeza y Cebollero Conejo entran y luchan para conquistar✩ su sitio en la barra.

M.C.: He tenido que cerrar porque si no, no me dejan. (Se dirije al camarero) Paco, ¡ponnos dos tanques*!, y pago yo. No me imaginaba que iba a tener tanto trabajo en agosto.

C.C.: ... y que ibas a ganar tanta pasta✩.

Tú siempre con la palabra pasta en la boca. Lo tuyo es: Poco, pero seguro y para siempre. ¡Ayy!, estos funcionarios todo el día amargados✩, pero sin mover el culo*...

Vaaale, pero bien que he hincado los codos tres años para aprobar✩...*

Eso ni es trabajar ni nada. Vente conmigo y verás lo que es trabajar para sacar pasta*. Cuando tú quieras, te hago gerente✩ de mi empresa. Ya sabes que a mí los números no se me dan*.

---

tapizado
 tapeziert
las dedicatorias
 Widmungen
los veladores
 Kneipentischchen
¡ponnos dos tanques!
 mach uns zwei große Bier
sin mover el culo ⟨ ⟩
 ohne den Arsch zu bewegen
pero bien que he hincado los codos
 ich habe aber ganz schön schuften müssen
sacar pasta ⟨ ⟩
 Kohle machen
a mí los números no se me dan
 ich kann mit Zahlen nichts anfangen

112 Kneipen-Wirtschaft

Soy más valiente que tú...

Ni a mí tampoco. A mí lo que se me dan son los números con las tías.

(Ríe a carcajadas☆ y da unos cuantos palmotazos☆ en la espalda de su colega) Jaa, jaa... a propósito☆, el otro día me viene una guiri toda alterada★, con la ventanilla hecha pedazos★. Le habían dado un semaforazo★ pasada la M 30★. Ya te puedes imaginar...

No ¿cóma era, holandesa?

Yo que sé, sería de por ahí... No la entendía mucho, pero estaba que quitaba el hipo☆. Sí, decía que era de Amsterdán.

Oye, ¿pero no te tiraste☆ un año en Alemania y te hicieron capataz★?

Hombre, ¿es que no te enseñaron en el colegio que el alemán y el holandés son como las sevillanas y el chotis★? Bueno, a lo que íbamos☆. La tía estaba buenísima★. Resulta que la habían dejado con lo puesto★. Y como era la hora que era, la invité a comer. Claro, con el café y la copilla me la metí en el bolsillo★.

Estás quedándote conmigo☆. Tienes más morro que un cochino★.

¡Qué no te lo crees! Pues ya no te cuento más.

Sí, hombre, ¡venga ya!

---

una guiri toda alterada ⟨ ⟩
  eine total aufgeregte Ausländerin

la ventanilla hecha pedazos
  kaputtes Autofenster

el semaforazo
  Kleinüberfall an der Ampel aufs Auto

pasada la M 30
  hinter der M 30, Umgehungsstraße in Madrid

el capataz
  Werkmeister, Vorarbeiter

el chotis
  Tanz aus Kastillien

la tía estaba buenísima ⟨ ⟩
  die Alte war bärenstark

la habían dejado con lo puesto
  sie hatten sie bis aufs Hemd ausgeraubt

me la metí en el bolsillo ⟨ ⟩
  hier: da hab ich sie aufs Kreuz gelegt

tienes más morro que un cochino ⟨ ⟩
  du gehst aber ran

Los bares

nos pusimos cie-gos 〈〉
  wir haben die Wutz rausge-lassen
unas tetas 〈!〉
  Titten
que eres un matón
  du bist ein Draufgänger
estás mas visto que el tebeo
  deine Story kommt mir sehr bekannt vor

Pues nada, que comimos, que bebimos, que follamos✫. Nos pusimos ciegos★, vamos…

¿Cuánto te costó la broma✫?

Pff, seis mil pelas, pero sí que mereció la pena. Tenía unas tetas★ así de grandes.

Mata, que eres un matón★. Ese rollo me lo conozco ya✫. Hace dos meses era una francesa y estás más visto que el tebeo★…

Copitas y tapas

es más lento que un desfile de cojos
  er ist lahm wie ein Zug von Hinkenden
un garito 〈〉
  ein Schuppen
y hala
  und auf geht's
un tercio
  ein Bier (Drit-telliter)
soltar la retahila
  die Liste run-terbeten
la pavía
  panierte Fisch-chen frittiert

«¡Y el tío este que no viene! Es más lento que un desfile de cojos★. Los de aquella mesa llegaron después de nosotros y ya los han atendido. Avísame cuando lo veas. Ya te dije que aquí tardan mucho en servir✫. Claro, como hay que ir a donde va todo el mundo… Se corre la voz✫ de que fulanito✫ ha abierto un garito★ nuevo, y hala★, a tomar una copa ahí, a ver que tal es.»

Por fin se acerca uno que lo mismo podría pedirte fuego, y resulta que es el camarero.

¡Hola!, ¿qué va a ser?

Teresa, ¿tú qué vas a tomar? A mí me traes un tercio★.

Y añade la mujer: Yo, un bitter sin alcohol.

¿Y de aperitivo queréis algo? Tenemos… (antes de soltar la retahila★ el camarero coge aire✫) *carne con tomate, pavía, unas gambitas a la plancha, al pilpil,*

114 Kneipen-Wirtschaft

bacalao, espinacas, calamares a la romana, rabo de toro, tortilla, ensaladilla rusa, lomo al ajillo, pijotas*, adobo, aliño*, pez espada, remolacha*, patatas bravas*, aceitunas y anchoas.

Como el pobre tiene que repetirlo doscientas veces al día, por lo menos, lo suelta como una letanía* y nadie se entera de la mitad de las cosas. Con lo cual* tiene que empezar de nuevo, y al final terminan pidiéndole* lo último.

Siempre que se habla de España salen los tópicos* de los toros y el flamenco. Pero la gente se olvida de lo más importante: las tapas. Nuestro camarero las llama «aperitivo» porque suena más fino. Y hablando de fino llegamos al origen de la palabra. Según dicen, en Jerez había siempre muchas moscas en las bodegas. Y para que no cayeran dentro del catavino*, se tapaba con una rebanadita* de pan. Se acompañaba con una aceituna, un taquito de jamón* o de queso y así nació la tapa. Se sabe perfectamente que hay que comer cuando se bebe si no quieres pillarte una tajada* en media hora. Sobre todo con vino fino.

No se toman las tapas sólo en el sur. Los mostradores en el norte están cargados* con un buen surtido de pinchos*. Es todo un* autoservicio. Cuando te toca la dolorosa*, pregunta el camarero: ¿Cuántos pinchos han sido?

las pijotas
 kleine Seehechte
el aliño
 angemachtes, kaltes Gemüse
la remolacha
 die rote Rübe
las patatas bravas
 eine Art Bratkartoffeln
la letanía
 Litanei
el catavino
 das Sherryglas
una rebanadita
 eine Scheibe
un taquito de jamón
 ein Würfel Schinken
un buen surtido de pinchos
 eine schöne Auswahl an Spießchen
cuando te toca la dolorosa
 wenn es ans Bezahlen geht

A pesar de la crisis todo el mundo queda para ir de copas*. Se citan en un bar de salida y allí empieza el «vía crucis», con una paradita* en cada estación para reponer fuerzas. Cada uno de estos sitios tiene su especialidad: En un sitio se toman caracoles, en otro bonito, en otro berberechos* o callos*, o lo que dé el día*.

Las tapas sólo se toman con cerveza o vino. A nadie se le ocurriría* pedir un cubata* con una conchilla de almejas*. A menos que quiera que lo tomen por turista*.

Se ha puesto muy de moda el tinto de verano – una especie de sangría descafeinada, de color rosado como el partido en el gobierno. Es simplemente el tinto con casera de toda la vida. Pero en vaso largo, con unos cubitos de hielo y un trozo de limón para hacerlo más sofisticado* y cobrarlo más caro. Hace unos años, en los chiringuitos de la playa*, se sentaba la familia completa, sacaba la fiambrera* con la tortilla y no pedía nada más que una botella de tinto y otra de casera. Los niños tomaban la casera manchada* con unas gotas* de vino. Y el padre al revés. Eso es lo que consumían en todo el día en la playa.

Hoy sigue siendo la bebida en boga*. Y últimamente mucho más por la campaña de publicidad de casera. Estos espots* todos terminan igual: Alguna reunión importante, alguna situación extrema o algún restaurante donde no falta de nada. Alguien pregunta: «¿Hay casera? Pues si no hay casera nos vamos.»

---

los berberechos
  Herzmuscheln
los callos
  die Kutteln
la conchilla de almejas
  Muschel
la fiambrera
  Proviantkorb,
  Blechbüchse,
  iberischer
  Henkelmann
manchado
  hier: gespritzt

Tú y usted

El mostrador* es una barrera en contra del autoservicio o del abuso de confianza*. En la oficina impide* que el solicitante* ponga el sello en el impreso* que le haga falta. Y en el bar evita que los parroquianos* se vuelvan a llenar ellos su copita de coñac.

En el lenguaje no influye igual* puesto que en las oficinas es raro escuchar un tú de un lado al otro del mostrador. Mientras que en el bar se suele tutear al camarero*. A menos que haya superado los treinta y cinco años. Cuando ha entrado en esa zona gris entre los 35 y 45 años no tenemos muy claro* como tratarlo. A los viejos todos les tenemos respeto. Y hasta el último punk le pide: «Oiga, ¿me pone una cerveza?»

Al revés la cosa cambia. El camarero joven en los bares normales sólo se atreve a tutear a sus coetáneaos*. En un sitio pijo* siempre utilizará el «usted» y no importa la edad.

El lenguaje no es nada estable y donde más rápido se nota es en televisión. Parece que locutores* y artistas son amigos de toda la vida. En las charlas y entrevistas es obligado el «tú». Es un truco para establecer un ambiente más familiar. A los políticos se les trata de otro modo. Aunque un amigo íntimo le haga una entrevista a Felipe*, delante de la cámara le trata de usted. Esto desde que se puso corbata* y se mudó a la Moncloa*.

Y hablando de la flor y nata* del país, es de su-

el abuso de confianza
Vertrauensmißbrauch
en la oficina impide
auf dem Amt verhindert es
el solicitante
Antragsteller
el impreso
Formular
no influye igual
schlägt sich nicht so nieder
se suele tutear al camarero
der Kellner wird gewöhnlich geduzt
un sitio pijo ⟨ ⟩
eine Schnöselkneipe
Felipe…
sozialistischer spanischer Ministerpräsident
se mudó a la Moncloa
er zog in den Präsidentenpalast um

Los bares **117**

poner*, y confesamos* que no lo hemos comprobado*, que entre ellos predomina* el tú, aunque no se
conozcan. Así presumen* de conocer a «Jaime» o a
«Gunilla». (Quien no conozca a estos personajes que
lea la prensa del corazón)

Con la movida o los yuppies pasa como con cualquier círculo cerrado.

En la escuela, al maestro, en la mayoría de los casos, hay que tratarlo de usted. Sólo los «progres*»
permiten que los estudiantes les hablen como les dé la
gana*. Algunos están tan acostumbrados al jerár-
quico usted que no les sale el tú en plan de compañero*. Al revés no es lo mismo. El maestro por lo general le habla de tú al alumno. Sólo unos muy conservadores se dirigen a los treceañeros utilizando la
forma de cortesía*. Lógico, porque así guardan la distancia* e impiden que los alumnos «se pasen* y abu-
sen de la confianza».

Y para terminar hablemos un poco de la familia. El
cambio de lenguaje se puede notar dentro de algunas
familias. Se dan casos* en los que los nietos tutean a
sus abuelos mientras sus padres siguen hablándoles de
usted. Y no sólo a los suegros* sino a los mismos padres. Entre los gitanos sucede algo curioso*. Los jóvenes despues de tutearse de toda la vida, a la hora de
«hacerse compadres*» tienen la obligación de cambiar la forma de hablarse: «¿Compadre, no tiene
usted un cigarillo para mí?

**no les sale el tú
en plan de com-
pañero**
sie kriegen das
freundschaft-
liche Du nicht
raus

118   **Kneipen-Wirtschaft**

wegt sich was La Movida

Über Stars der Bewegung, ein Interview mit dem Vater und das Lebensgefühl der Anhänger. Über die neue Rockmusik und ansonsten eine Charakterologie dreier Prototypen des neuen Spaniens

Genau ist nicht mehr auszumachen, wer den Begriff erfand: La Movida. Seit Anfang der achtziger Jahre ist er in aller Munde – der Beweis dafür, daß sich seit Francos Tod wieder etwas bewegt. La Movida ist auch eine der inflationärsten neuspanischen Wortschöpfungen. Wenn irgendwo eine Kneipe *a tope*, proppevoll ist, dann trifft sich dort die lokale Movida. Sich bewegen, *moverse*, steht also auch für ausgehen, trinken, plaudern, sich möglichst exaltiert herausputzen und «in» fühlen. Jeder will dazu gehören, alle wollen sie modern sein, und keiner wagt, sich abzuklinken von dem Zug, den Leitfiguren wie der Filmemacher Almodóvar, die Rock-Sängerin Alaska oder der Designer Mariscal hinter sich herziehen.

Vermutlich war es ein Journalist, der dieser kulturellen Bewegung den Namen Movida gab. Endlich bewegte sich etwas in Madrid. Denn Madrid *es la cuna*, ist die Wiege derjenigen, von denen man sagte: *gente que estaba haciendo cosas nuevas* – Leute, die was Neues machten. Und diese Leute machten Madrid zu dem, was es heute ist: die In-Stadt Spaniens schlechthin, die Barcelona längst den Rang abgelaufen hat. Irgendwo kurz vor dem Paradies wird es angesiedelt: *de Madrid al cielo* – von Madrid in den Himmel. Wenn es um das spektakuläre Nachtleben geht, liegt das Zentrum der Bewegung kurz vor einer lustvollen Hölle: *Madrid me mata* – Madrid schafft mich. Ein regelrechter, weltstädtischer Lokalpatriotismus hat sich breitgemacht. Fast jeder identifiziert sich mit dem offiziellen Slogan der Stadtverwaltung: *Madrid, claro que sí* – Madrid, was sonst.

In den anderen Teilen Spaniens nimmt sich die Movida provinzieller aus. In Sevilla wird eine ordentliche Portion andalusische Folklore beigemengt, in Valencia und Bilbao schielt man immer mit einem Auge nach Madrid, und in Barcelona hat man mit Spanien gar nicht so viel am Hut, ist eher nach Europa hin orientiert.

Die ersten Vertreter der Movida waren Ex-Hippies, für die sich die Flower-Power zu Tode gelaufen hatte. Musiker, dann auch Maler, Filmemacher und Designer hatten nicht mehr die Trennung von *cultura* und *contracultura* im Kopf, sie wollten wohl einfach Luft holen nach Franco, die Ekstase des geistigen Wiederaufbaus nutzen und etwas schaffen. Vielleicht war es auch eine direkte Antwort auf die Bewegung der *pasotas*, der frustrierten Meckerbolzen und No-Future-Null-Bock-Typen, deren lässig-lockere Sprüche in den allgemeinen Sprachgebrauch eingegangen sind. Ein übriges tat dann noch die Sponti-Propaganda: Witz, Spaß und Lust räumten auf mit der Larmoyanz der Achtundsechziger.

Was heute zur Creme der Movida gehört, hat den Sprung ins große Geschäft geschafft und mischt mit, wenn es um Verkaufszahlen geht. Die Erfolgreichen schweigen sich aber aus über Stress, Praß auf Arbeit oder Überstunden. Bohème gehört nämlich zum Image des Bewegten, das Motto heißt entsprechend: *¿Diseñas o trabajas?* – designst du oder gehst du arbeiten? In Spanien ist Design vor allem etwas für Betuchte, Ausdruck einer ästhetischen Haltung und einer toleranten Scheckkarte. Die Vorherrschaft des Visuellen bestimmt das Leben wie in anderen Ländern auch.

Verschiedene soziale Gruppen sind an den Normen ihres Outfits zu erkennen. Styling ist wichtig, der Zeitgeist drückt sich in der Garderobe aus. Man gibt sich international und spricht vom *boom del look*. Die Textilbranche feiert Hochkonjunktur, und die bodybuildenden Mineralwassertrinker übernehmen die Führung. *La persona que va muy guapa, más vale* – wer schön rumläuft, der ist mehr wert. Die Freizeit wird entdeckt und ausgebeutet.

La Movida, da paßt alles rein, alles ist erlaubt, nichts eckt an. Entsprechend bringt die Bewegung sich selbst auf den Begriff: *Todo vale*, alles gilt.

La Mar

el flechazo
blitzschnelles Erobern
el nombre de pila
Taufname
un día se harta
eines Tages wird es ihr zuviel
todo vale
alles gilt
la peineta
Aufsteckkamm
la espada con claveles
Degen mit Nelken
el rascacielos
Hochhaus
la olla a presión
der Dampfkochtopf
los cántaros de leche
Milchkanne
los aviones cazadores
Jagdbomber
el punto clave
i-Tüpfelchen

Ha sido un flechazo*. La chica se lanza* y en un abrir y cerrar de ojos* se hace protagonista* de la así llamada* movida sevillana. «Así llamada» porque nadie sabe exactamente donde está y quién pertenece a ella. Vamos a ver como la Martirio se ha convertido en una estrella*.

Su nombre de pila* es Maribel y hasta no hace mucho llevaba una vida más bien normal. Marido, niños, algún trabajo por ahí, algún curso en la facultad y alguna actuación* con un grupo folk. Pero un día se harta* y decide cambiar. Cambia de imagen*. Explota* con virtuosismo el leitmotiv de la movida: *Todo vale**. Se pone peinetas* que parecen verdaderas obras de arte: espada con claveles*, rascacielos* de colores eléctricos, olla a presión* o cualquier cosa que sirva de mensaje*. Los pendientes* que lleva pueden ser cántaros de leche*, aviones cazadores* o un plato de espaguetis.

Desde que Maribel se convirtió, ya no puede prescindir* de sus gafas de sol, el punto clave* de su look: «Mira, a mí me encanta estar con gafas. Las gafas funcionan precisamente porque, al taparme los ojos,

Es bewegt sich was

tirio

mis ojos se multiplican con la imaginación de la gente. Tengo la mirada que cada cual quiere, que cada cual imagina. Y luego, estéticamente es un choque muy grande entre los claveles y las peinetas. Por ahora llevaré gafas.» Pues, ya sabemos, todo vale. Toda explicación vale.

Su papel* es el de la tonadillera* moderna. Es una de las muchísimas intérpretes de la canción española. Lo que la distingue* de las demás es la música de rock de fondo* y la pinta*extravagante luciendo* esas cositas de diseño. Pero nada de amores románticos, de celos insoportables* o fidelidad eterna. La Martirio rompe con los tópicos* de sus colegas tradicionales. La canción que más arrastró* a toda la nación canta la vida de una maría*: «Estoy mala, mala, mala de acostarme*, no tengo ganas de náa, necesito una pastilla para ponerme a funcionar...» Esas historias de cada día encantan a la gente, a las mismas maris*, a los maricas*, a los posmodernos y a los carrozas* del 68.

El nombre de artista «Martirio» que se ha echado* tiene que ver* con su vida pasada: «De pronto todo fue perdiendo sen-

la tonadillera
 Coupletsängerin
acostarse
 sich schlafen legen (auch mit dem Mann)
las mismas maris
 die Hausfrauen selbst

La movida **123**

desvalido
  hilflos, verlassen
me estaba rompiendo por dentro
  ich zerbrach innerlich
me morí
  ich starb
subí
  ich kam hoch
te pongas como te pongas
  das kannste drehen wie du willst
tener la barriga como un lago en remanso
  den Bauch wie einen stillen See haben

tido para mí, todo lo que hacía. No me gustaba nada. A mi alrededor* nada había cambiado. Estaba cambiando yo, sufriendo mucho. Me encontraba desvalida*, sola, llena de frío por dentro. Y todo lo cuestionaba*. Empecé a preguntarme el porqué, el cómo, si yo era o no era alguien, si todo era un engaño*. Y alucinaba*. El miedo me paralizaba*. Casi no me atrevía a pensar. Yo quería hacer algo, pero no sabía que. Me estaba rompiendo por dentro*. Y yo ahí me morí*. Y me morí durante cuatro años. Hasta que me di cuenta de que estaba viviendo una historia que no era mía. De pronto*, igual que había caído*, subí*. Y me dije: «Yo soy Maribel Quiñones, te pongas como te pongas*, aunque tengas que vivir mil muertes; ya no me da miedo sufrir. Y yo soy más fuerte que una roca por todo lo que sé ya...»

El alma no es para ella ese equilibrio* entre coco* y corazón, la felicidad es «tener las tripas* en orden y saber mirar directamente a los ojos de la gente, sin miedo, sin problemas. La felicidad, para mí, es tener la barriga como un lago en remanso*, todo lleno de reposo*.»

Bueno, ¿qué más podemos añadir*? Pues que sepa mirar sin gafas a los ojos de la gente y que no tenga mucho reposo en su carrera de artista.

El Almodóvar

Cada movimiento* tiene sus musas*. Sus mascarones* que encabezan* al culto, a la idea, al comportamiento. «Yo, Dios no me siento», dice Almodóvar, el director del cine de la movida, y sigue «y me encantaría, porque es lo que más ilusión* podría hacerme». Pero no le hace falta llegar más lejos, con veinte años llegó de provincias e hizo los Madriles* como otros hicieron las Américas. Hoy es el director más conocido del nuevo cine español. Se le puede llamar nieto de Buñuel o hijo de Saura, teniendo en cuenta* que no sigue los pasos de aquellos, sino que hace lo que le da la gana*. Y lo hace controlando «cada vez más y mejor el lenguaje cinematográfico». Es consciente de que* el público se vaya de la risa al llanto* con frecuencia. Quizás es uno de los secretos del cine español: la vecindad* de humor y seriedad.

Almodóvar cree que «está consiguiendo cosas como domador* de los sentimientos del espectador». Le gusta esto, le parece fantástico. Se le podría llamar un pregonero* de una sociedad más liberada. Se dedica constantemente a destapar tabúes* que siguen existiendo en la actualidad: Pasiones, perversiones, relaciones homosexuales. Y mezcla estas actitudes con mitos intocables*, como pueden ser la corrida de

el mascarón
Abbild, Galionsfigur
hizo los Madriles
er machte sein Glück in Madrid
el llanto
das Weinen
el domador
Dompteur
el pregonero
öffentlicher Ausrufer

La movida **125**

andar con tapujos
  heimlich tun
el guión
  Drehbuch
un feroz alegato
  ein wildes Plädoyer
encantadora fea
  bezaubernd häßlich
huracanado
  orkanartig
soltar
  loseisen
la realización
  Verfilmung

toros o el culto religioso. Resulta sincero✫ cuando dice de su película *La Ley del Deseo*: «No he querido andar con tapujos✶. No sólo hay muchas escenas de cama sino que se habla y se dicen las cosas con toda claridad, como en la vida real.»

Quizás su éxito está también es lo escandaloso y provocador de los guiones✶. Mucha gente al haber visto una película de Almodóvar sale del cine y dice: «Bueno, un poquito fuerte✫, pero no te creas que va muy descaminado✫.» Almodóvar reclama✫ de su trabajo que esté abierto: «Si hablo de la carne y de la cama no puede evitar ni la carne ni la cama. Y además, tampoco las reacciones que eso provoca en los individuos que lo hacen. Y no importa quien lo haga.»

Su séptima película, *Mujeres al Borde de un Ataque de Nervios* es «un feroz alegato✶ contra el teléfono y el contestador✫.» Lo que le ayuda al maestro es la colaboración de una genial Carmen Maura, de una «testiga de Jehová» cachondísima✫, Chús Lampreave, de una encantadora fea✶, Rosi de Palma y de una huracanada✶ malagueña, María Barranco.

Hacer cine es caro, Almodóvar lo nota en las contribuciones✫ de quien gasta dinero para esto. *La Ley del Deseo* costó cien millones de pesetas. El ministerio de cultura soltó✶ cuarenta, el de industria dió un préstamo✫ de veinte. ¿Y televisión española? «Prefirió no aportar✶ dinero para la realización✶ porque el argumento les parecía demasiado fuerte.»

Como se gasta el dinero

España se ha recuperado* mucho. Ya no camina* con ese retraso enorme detrás del tren del progreso europeo. No hay duda de que una cara de sus muchas medallas* es el consumismo. Los hipermercados* están a tope*, las revistas traen* más publicidad que artículos, se ven cantidad de coches nuevos por las calles y la moda de diseño* es lo que cuaja* entre la juventud. Y claro, donde se consume debe haber pasta. La tarjeta de crédito* no se la conceden* a los parados*. ¡Faltaría más!*

Vamos a ver como alguna gente entre veintiocho y treinta y muchos gastan el dinero que ganan. Son gente de muy diversas ocupaciones: hombres y mujeres desde los desempleados ilustrados*, hasta la generación de los penúltimos funcionarios. Son neo-bohemios, yuppies, after-hippies o simplemente profesionales. Les gusta hacer alguna escapada* al bar de enfrente o de viaje por ahí, tal vez con mochila, porro y litrona*. Por el momento se quedan más en España, aunque el extranjero está ganando mucho atractivo*. Lo que no les llama mucho la atención son los viajes organizados. *¡Qué se muevan así los catetos*!*

Su casa no les interesa demasiado. Los muebles no juegan un papel muy importante. Sólo los yuppies

recuperado
  aufgeholt
el hipermercado
  Großmarkt
estar a tope
  voll bis oben
  hin sein
cuajar
  greifen
los desempleados ilustrados
  das akademische Proletariat
hacer alguna escapada
  einen Abstecher machen
mochila, porro y litrona
  Rucksack, Joint und große Bierflasche
qué se muevan así los catetos
  sollen doch die Bauern so verreisen

se han enviciado* del sillón de diseño. La mayor parte del presupuesto* se va en actividades de ocio* y en moda. Las copas* parece lo más imprescindible* para todos. Y sabemos que España es el país que más bares tiene por cabeza. Se gasta bastante en cine a pesar de que tienen que cerrar cada vez más salas*. La cultura establecida – óperas, conciertos, ballets etc. – está prácticamente reducida a Madrid y Barcelona. En otro sitio resulta difícil satisfacer estas necesidades* espirituales.

Se gasta más dinero en vídeos que en discos, pero sin embargo se lee poco. Algunos libros llegan a tardar meses y meses en la mesilla de al lado de la cama. Tampoco se gasta mucho en cursillos*. Algo de idiomas y punto*. Casi similar al ahorro que sólo aparece en gente, muy poca, que cuenta con salarios fijos* y profesionales más convencionales. Bastante dinero se va en vicios*: tabaco, alcohol etc. Hay también los que dedican algún dinerillo* al consumo de drogas, pero se muestran remisos* a la hora de declarar estos gastos.

Normalmente se trata de almorzar en casa. Cuando no es posible no queda otro remedio que comer fuera. En cantinas, en el bar de la esquina o en self-service*. Tampoco faltan los que dan un salto* a casa de los papás donde está garantizada la pitanza*. Bueno, hay de todo. Vamos a ver como algunos reparten* sus ingresos por ahí, y digan ellos como gastan lo que tienen.

---

los cursillos
  Fortbildungs-
  kurse
**dedican algún
dinerillo**
  etwas Geld
  ausgeben
**se muestran re-
misos**
  zögern
el self-service
  Selbstbedie-
  nungsrestau-
  rant
la pitanza
  das tägliche
  Essen

JOSE MARQUEZ,
33, MAQUETADOR, SEVILLA.

Mi aspiración es ganar más dinero para poder gastar más. ¡Viva el consumo!: con decir que se me va casi la mitad en salir de discos y bares, etcétera.

mi aspiración
  mein Bestreben
me gasto mucha pasta
  ich geb einen Haufen Geld aus
el dinero vuela
  das Geld geht weg
más que nada
  vor allem
no ingreso todos los meses lo mismo
  ich habe nicht jeden Monat gleichviel
me gasto una fortuna
  ich gebe ein Vermögen aus

JUNCAL RIVERO,
MANIQUI, MISS ESPAÑA, MADRID.

Como vivo fuera de casa, mis gastos son más que nada de supervivencia. Me gasto mucho en ropa, pero como no salgo de noche, salvo lo imprescindible por mi profesión, ahorro dinero. Me gusta cuidarme y dormir mucho, que es barato.

FRANCISCO BUYO,
27, FUTBOLISTA (PORTERO DEL SEVILLA).

Yo, como muchos sevillanos, me gasto mucha pasta tapeando por las noches, dentro de lo que cabe. Hay meses que se va más y otro menos. Lo peor son las vacaciones y Navidad, el dinero vuela y no se sabe cómo ni por qué.

CHUS BURES,
29, DISEÑADOR DE OBJETOS Y JOYAS, MADRID.

No ingreso todos los meses lo mismo, pero en taxis y tabaco me gasto una fortuna. Me encantaría tener todas las joyas del mundo y me gusta comprarles ropa a mis amigos diseñadores.

AMPARO LAZO,
25, LIBRERA, SEVILLA.

Como vivo con mis padres, no me gasto la pasta en esas cosas como comer, alquileres y así. Eso sí, invierto muchísimo en hoteles durante las vacaciones y una considerable cantidad en ropa, aunque la compro en grandes almacenes. El resto, en cine, taxis, deportes, tabaco.

pasear
  wandern
tengo debilidad
  ich habe eine Schwäche
arranco un pellizquito del suelo
  ich zwacke ein Fitzelchen ab

IÑAKI TAMAYO,
26, ORDENANZA, BILBAO.

Mis vicios son baratos, pasear por el monte, y me traslado en bicicleta. Vivo con un amigo, como en casa, no voy mucho de tiendas. Y gracias a todo eso puedo viajar de vez en cuando al extranjero.

JOSE LUIZ FERNANDEZ,
26, INDUSTRIAL (CLINICA VETERINARIA), VIGO.

Tengo debilidad por la ropa de diseño y me cuesta un ojo de la cara. Además se me va otro tanto en discotecas, qué quieres: me gustan. El coche es otro de los gastos fijos. Muchos meses consigo superarlos gracias a las tarjetas.

TERESA CARMONA GARCIA,
21, LIMPIEZA A DOMICILIO, SEVILLA.

Todos los meses arranco un pellizquito del suelo para gastármelo en las vacaciones. El presupuesto me da para poco más. Vivo con mis padres, pero les ayudo con más de la mitad de los ingresos. Los transportes también me arruinan.

PEDRO DE PRADO,
24, TRABAJA EN LO QUE SALGA. MADRID.

Lo mío es viajar, viajar y viajar y nada más que viajar. Siempre tengo que estar buscándome la vida ¡por desgracia! Espero que esto cambie.

LORENZO MILA,
25, ESTUDIANTE DE PERIODISMO EN PRACTICAS, BARCELONA.

Yo me gasto la pasta en vivir la vida como yo quiero. O sea, en motos, pesca y vacaciones. En mobiliario y ropa de diseño, en el coche, en salir con los amigos. Y puedo permitirme el lujo de ahorrar.

FRANCISCO NULA,
26, REPRESENTANTE, MADRID.

Mi presupuesto se esfuma definitivamente en invitar a las chicas. Me divierte salir por ahí a tomar copas, si puede ser acompañado, y eso machaca las existencias de cualquiera.

AGUSTIN ESPEJO,
27, ARTESANO, SEVILLA.

Me gasto bastante dinero en candados. Sí, qué pasa, en candados, los colecciono. Además, entre bares y discotecas se me va la tercera parte de lo que gano. En resumen, me lo gasto todo y no gano nada.

ELEN GAZTAMBIDE,
31, PROMOCION Y PRENSA, MADRID.

Me entusiasman los viajes al extranjero, pero desgraciadamente llevo tres años pasando los veranos en Madrid. El alquiler se me lleva la mitad justa de lo que gano Además, me gusta disfrutar de una cierta calidad de vida.

EMILIO PASARON,
29, EMPRESARIO, VIGO.

No os lo váis a creer pero me gasto un pastón jugando al póker. ¿Será vicio? Y no veas lo que me cuestan las copas, el tabaco y las diversiones varias. Para eso está la pasta, ¿no? Pues a gastar.

mi presupuesto se esfuma
  mein Geld verflüchtigt sich
los candados
  Schlösser (zum Schließen)
el alquiler se me lleva la mitad
  für die Miete geht die Hälfte drauf
me gusta disfrutar de una cierta calidad de vida
  ich genieße eine gewisse Lebensqualität
para esto está la pasta
  dafür ist die Kohle da

Tierno Galván y

el catedrático
Professor
el mascarón de proa
Galionsfigur
¡no os meéis en la calle!
pinkelt nicht auf die Straße

¿Qué tiene que ver un catedrático* humanista y culto con una niña tonta, cantante mediocre, provocadora, con un look extravagante y rebuscado*? Los dos son personajes destacados* del inicio de la conocida movida madrileña. Si se ve este fenómeno como un barco, a él le toca el papel del capitán y a ella el de mascarón de proa*. Mucho más no tienen en común. Como vamos a ver en una entrevista que ella le hizo a Don Enrique, él no comparte el interés* por la ropa interior* ni por ningún exhibicionismo. Ella no comparte sus intereses por la cultura humanista, literatura y filosofía, porque si no, le haría otras preguntas.

Traemos un extracto de una de las últimas entrevistas del popular profesor. Cuando se murió en el 1986, salieron un millón de madrileños a la calle para despedir a quien se considera uno de los responsables del cambio cultural en la capital española. Se hizo famoso también por sus bandos*. Con ellos se pronunció como alcalde y como escritor. Lo que le encanta a la gente en esos bandos es el uso del castellano del siglo diecisiete para mensajes tan cotidianos como puede ser «¡por favor, no os meéis en la calle*!» Bueno, vamos ya con la entrevista*.

Alaska: *Se dice que es usted mucho más humanista que político, ¿eso le agrada?**

E. Tierno Galván: Eso me agrada, me agrada. Es una afirmación*, además, que se ajusta bastante a la verdad*. Soy más humanista que político.

Alaska

¿Esto quizás le podría llevar, en un momento dado, a dejar la política para dedicarse a pensamientos y a actividades mucho más unidas a lo social que a lo intrínsecamente* político?

Ya es difícil, ya es difícil. He contraído una deuda* con el pueblo madrileño, una deuda que aún falta un año para liquidar. Y por otra parte, he contraído una deuda conmigo mismo para dejar Madrid lo mejor arreglado que pueda*, para lo que necesito otros cuatro años.

Su imagen es terriblemente popular, creo que entre los socialistas es usted el único que no sólo ha conservado su imagen, sino que la ha mejorado maravillosamente. ¿Le provoca esto más satisfacción que otras cosas más terrenales*?

Sí, sí... es, desde luego, una satisfacción, algo que gratifica. Yo le diría a usted que es muy compensador el sentirse querido, por el pueblo y en general. A mí me parece una compensación magnífica*, y es una de las razones por las que no dejaré el ayuntamiento, caso de que me voten*.

¿Cree usted que el mito sobre Madrid tiene una base real, que hay algo de cierto sobre ese rumor* que cuenta que Madrid es ahora la capital del mundo?

Hay algo mítico, y el mito está en torno* a la libertad. Madrid era una ciudad dormida, y yo diría que una ciudad sin libertad no es ciudad. Una ciudad donde durante la posguerra* y hasta los años 60 prácticamente no se podía uno sentar en la tertulia* de un café sin encontrarse con un señor al lado intentando

intrínsecamente
 wesentlich
lo mejor arreglado que pueda
 so gut wie möglich in Ordnung gebracht
una compensación magnífica
 ein wunderbarer Ausgleich
caso de que me voten
 falls ich gewählt werde

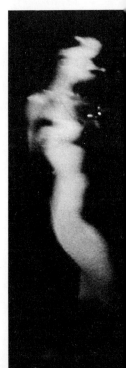

hemos contribuído poderosamente
  wir haben gewaltig dazu beigetragen
se le va acabando la imaginación
  ihr geht die Phantasie aus
en el sastre de siempre
  immer beim gleichen Schneider
¿es adicto al vídeo?
  sind Sie dem Video verfallen?

averiguar* lo que se decía... eso es la muerte de la ciudad. Señales de la falta de libertad en la manifestación del pensamiento...

¿Se considera usted un pionero de la juventud y de la movida?

Bueno... hicimos mucho porque la gente estaba sin orientación, sin orden, sin sentido. Y nosotros les dimos orden, les dimos orientación, les dimos sentido porque organizamos grandes fiestas. En este aspecto* hemos contribuído poderosamente*.

A Alaska se le va acabando la imaginación* y aprovechando la confianza ya adquirida* con el profesor se atreve a tontear*:

¿Compra usted mismo su ropa?

Sí, en el sastre de siempre* y con el corte* de siempre.

¿Le interesa la moda?

Sí, es un fenómeno interesante como fenómeno y con el afán* de descubrir qué hay detrás de la moda. Aparte de la infraestructura comercial, ¿qué hay detrás, halago*, exhibición, un procedimiento* para ver modelos con los que nos gustaría identificarnos?... Es difícil.

¿Tiene alguna preferencia en su ropa interior?
Ninguna.
¿Le gusta bailar?
Algo. He sabido bailar, no bien, pero he bailado.
¿Sabe utilizar un ordenador? *
Sí.
¿Es adicto al vídeo? *

Adicto no, pero a veces lo vemos mi mujer y yo.

¿Sus películas favoritas?

He visto «Casablanca» dos veces. Es una película con un cierto tono romántico. «Lo que el viento se llevó*» tiene el interés de la epopeya* que refiere, y me gusta también Charlot*, por ejemplo, cuando hace «El Dictador». Y como actores, Greta Garbo y Clark Gable.

¿Tiene algún anuncio predilecto?*

Ni me fijo*, me desconciertan*.

¿Sabe cocinar?

No.

¿En cuanto a las bebidas?

En eso sí, soy un poco más exigente*. Me gustan ciertos vinos. Procuro alejarme* de algunos vinos que ahora se hacen, que destrozan la garganta y el paladar*. Y procuro* comprar vinos muy refinados.

Le voy a dar tres tipos de mujer: Grace Jones, Dolly Parton o Angela Molina.

Yo me inclinaría por* Angela Molina.

Ahora tres tipos de hombres: Clint Eastwood, Woody Allen o Rock Hudson.

Woody Allen, sin dudarlo*.

¿En qué prefiere ver a las mujeres cuando están en la playa, en bikini, en bañador o en top-less?*

En bikini.

*Para terminar, Don Enrique, le voy a dar tres cosas a elegir: Madrid, su puesto de Alcalde o una mujer a la que quisiera? ¿Con cuál se quedaría?**

Yo me quedaría con la mujer a la que quiero en primer lugar. Después me quedaría en Madrid viviendo, y lo más lejano es el puesto de alcalde.

Lo que el viento se llevó
Vom Winde verweht
Charlot
Charlie Chaplin
destrozar la garganta y el paladar
Kehle und Gaumen zerstören
en bañador o en top-less
im Badeanzug oder Ohen-ohne

Rock español

Muchos grupos de gente joven hacen música hoy día. Y la mayoría de ellos jamás ha pisado una clase de solfeo★. Basta con★ un par de guitarras eléctricas, una batería y muchas ganas de enrollarse★. Empiezan tocando en la cochera★ que les ha dejado el abuelo y con un poquito de suerte tienen sus primeras actuaciones★ en clubs, bares, fiestas populares o en colegios mayores★. Y los que consiguen entrar en contacto con alguna compañia independiente★, hacen una maqueta★, graban un single e intentan la difícil escalada★ del éxito.

En cada ciudad, en cada pueblo hay grupos de Rock (por englobar★ bajo un solo título la cantidad de sonidos que hay ahora). Algunos tienen nombres tan cachondos★ como: LA POLLA RECORD★, SEMEN UP★, PARALISIS PERMANENTE, ALASKA Y LOS PEGAMOIDES, LA DAMA SE ESCONDE O UN PINGÜINO EN UN ASCENSOR. Son grupos que, como mucho★, llevan ocho años tocando y vinieron a romper con los moldes★ existentes en España y con el monopolio de la música anglosajona. No quiere decir que ésta no se venda tanto. Se sigue oyendo, sobre todo en las discotecas y en emisoras de radio. España disfruta con una música propia. El cuarenta por ciento del mercado está en manos de grupos nacionales.

Por fortuna el rock y el pop peninsular tienen también salida★ en Latinoamérica. De otra manera no podría sostener los elevados costes★. Sin embargo comparándolos con otros países, no lo son tanto. El

pisar una clase de solfeo
zum Musikunterricht gehen
ganas de enrollarse
Lust, loszulegen
las actuaciones
Auftritte
la compañia independiente
Schallplattenfirma
la maqueta
Demoband
LA POLLA RECORD
Rekord-Schwanz
SEMEN UP
Samen-Up
tener salida
sich verkaufen

presupuesto medio de grabación* de un disco de un artista español es de diez millones de pesetas. Mientras que en E.E.U.U. es de cincuenta. El de grandes estrellas como Michael Jackson pasa de los cien millones.

Este rock o pop-rock o flamenco-pop, o como se llame, se escucha más en pubs y bares modernos que en discotecas. La música de los cientos de grupos que existen actualmente no tiene mucho que ver con el rock puro. La fiebre de rock radical ha remitido* bastante. Funcionó en epoca electoral*, porque muchos partidos políticos utilizaron ciertos grupos por la cantidad de gente que arrastraba.

En el rock nacional no hay muchos grupos que hayan durado mucho tiempo con dignidad*. Quizás Miguel Ríos fue el único gran rockero que llenó hace unos años todas las plazas de toros y campos de fútbol con su «Rock de una noche de verano». Ahora se dedica*, como bastantes otros cantantes cuarentones*, a promocionar* y producir otros grupos jóvenes. Para que acudan 50 o 100 mil aficionados a un concierto tienen que venir de fuera gente como Sting o U 2.

Actualmente grupos como ILEGALES, RADIO FUTURA, RAMONCIN, GABINETE CALIGARI, LOQUILLO hacen buena música rock. A esa nueva generación de músicos no les queda nada de revolucionarios, de contraculturales ni de «abiertos al mundo de los estupefacientes*». Son niños bien educados que luchan por mantener su sitio en el panorama musical.

En general es gente muy joven, autodidactas en su

el presupuesto medio de grabación
die durchschnittlichen Kosten pro Aufnahme
con dignidad
mit Würde, sich selbst treu
promocionar
Promotion machen
abiertos al mundo de los estupefacientes
der Welt der Drogen gegenüber geöffnet

mayoría, que dicen no grabar «colocados*», aunque algunos admiten* que han probado alguna droga. Naturalmente defienden una actitud ante la vida y tienen sus quejas que quedan patentes* en sus canciones. Pero niegan pertenecer a algún partido político. Eso sí, «hay partidos para los que no tocarían nunca», como dice uno de los componentes de EL ULTIMO DE LA FILA, uno de los grupos con más impacto* últimamente. Ellos dicen que hacen flamenco-rock o flamenco-pop, aunque reconocen que «si un señor que cante flamenco oye que lo que nosotros hacemos es flamenco-pop, nos parte la boca*».

Bueno, no hay quien se aclare en esa ensalada de etiquetas y denominaciones. Citemos a uno de los chiflados* de LOS TOREROS MUERTOS: «La peña* se toma el rock como algo de redimir*. Y el pop como una tontería. Y no es verdad. El pop es arte mismamente*. Lo sociedad es más pop que heavy.»

quedar patente
klar zu sehen sein
chiflado
verrückt
la peña
die Scene
redimir
ablösen, ersetzen
es arte mismamente
es ist genauso Kunst

Los Toreros muertos

Mi agüita amarilla

Y creo que he bebido más de 40 cervezas hoy
y creo que tendré que expulsarlas* fuera de mí
y subo al wáter* que hay arriba en el bar
y la empiezo a mear* y me echo a reír ja ja ja jaaaa
y sale de mí una agüita amarilla, cálida* y tibia*

Y baja por una tubería*, pasa por debajo de tu casa
y pasa por debajo de tu familia
y pasa por debajo de tu lugar de trabajo
mi agüita amarilla
mi agüita amarilla

Y llega a un río
la bebe el pastor
la beben las vaquinas*
riega* los campos
mi agüita amarilla
mi agüita amarilla
Y baja al mar
y juega con los pececillos*
y juega con los calamares

expulsar
  ausspülen
el wáter
  Klo
las vaquinas
  Kälber
los pececillos
  Fischchen

Panor

y juega con las merluzas*
y con las merluzas que tú te comes
mi agüita amarilla, mi agüita amarilla

El sol calienta mi agüita amarilla
la pone a cien grados
la manda para arriba
viaja por el cielo
llega a tu ciudad y empieza a diluviar☆

Moja☆ las calles, moja a tu padre
tu madre lava lava que (no se entiende
lo escuchamos 20 veces) mi agüita amarilla
moja el patio del colegio
moja el ayuntamiento
mi agüita amarilla, mi agüita amarilla

Y me pongo a pensar donde irá, donde irá,
se esparcirá* por el mundo
pondrá verde la selva y lo que más me alegra
es que mi agüita amarilla será un líquido del mundo
mi agüita amarilla, mi agüita amarilla

la merluza
Seehecht
esparcir
verbreiten

ama de los modernos

el milagro económico
 Wirtschaftswunder
la flor y nata
 die Creme de la Creme

La Europa, el progreso, el posfranquismo, el milagro económico*, el cambio de valores* – todo eso significa que España está en movimiento, que después de cuarenta años de aislamiento* peninsular se ha hecho el trasbordo* al tren de la modernidad. No hace falta nada más que ducharse con sus niños para sentirse moderno y distinto de su generación precedente. Lo que sigue* es el complejo de no estar en la primera línea. Los famosos de la movida se aplican* a salir en la PRIMERA LINEA – la revista de los que quieren pertenecer a la movida. Cada uno tiene su forma de situarse en la flor y nata* de la sociedad. Hemos escogido algunos grupos que tienen todos una cosa en común: la gente habla de ellos.

Los Posmodernos

Cualquiera que se siente más allá de la revolución sexual se considera* moderno. Ser joven, tener ideas nuevas, vestirse según la moda actual y leer la LUNA DE MADRID – todo eso no tiene mucho mérito*. Hay que adelantar* a los demás, dejarlos atrás y ser *posmodernos*. Hay que meterse* en el mundo del arte y diseño. Y hay que tener éxito. Entonces sí, cuenta uno entre los arribistas* de la movida y tiene derecho a llamarse posmoderno.

no tiene mucho mérito
 da ist nicht viel dabei
las arribistas
 Aufsteiger

La movida 141

currar
  schuften
trepar
  aufsteigen
imprescindible
  unerläßlich
lograr el efecto
  den Effekt hinkriegen
el papel de lija
  Schmirgelpapier
las tijeritas
  Scherchen
la canastilla de costura
  Nähkörbchen
alborotado
  zerzaust
desaliñado
  ungeordnet
enfermizo
  kränklich
repugnado
  angeekelt
atusarse
  glattkämmen

A los que tienen que currar* a lo normal les queda el *look*. Se dan un aire* de posmodernos y ya trepan* al Olimpo. Pero tan fácil no es. Hay que estudiar a fondo* el arreglo* que te levanta por encima de todos. Son imprescindibles* unas gafas muy negras de sol estilo años 50.

Los tíos tienen que llevar barba de tres días, ni uno más ni uno menos. Ya hay en el mercado afeitadoras* que logran el efecto* de que tu cara parezca papel de lija*. Si no encuentras tal herramienta*, saca las tijeritas* de la canastilla de costura* y ponte a practicar*. Vístete con ropa arrugada* y lleva el pelo alborotado* entre limpio y desaliñado*. Y ahora viene lo más difícil: la expresión de tu cara. Tiene que ser entre aburrida y enfermiza*, pálida y repugnada*, como la de uno que acaba de llegar de un largo vuelo trasatlántico. O mejor todavía, como la de uno a quien le ha tocado a bocajarro* una noche de pasión* y todavía no le ha dado tiempo de atusarse* el pelo.

Las tías llevan medias negras, rotas y agujereadas* – ya hay toda una industria que fabrica ropa punk. Se ponen unos pendientes* grandes – en cuanto a eso está en vigor* el conocido lema* *todo vale*. Así que no tengáis miedo de poneros unas ordinarias pinzas* que se quitan de cuerda de la ropa*. El efecto será un éxito seguro:

¿Pitita, dónde compraste estos pendientes?

Mira, no se lo digas a nadie, es la última* en King's Road.

Y que no se olvide*: Todo vale, así que no se intente ser original, no se puede. Tal vez ayude acordarse de la tradición e ir a los toros, escuchar a Mozart y Boleros, comprar muebles de los años sesenta...

el lema
 Parole
los pantalones de pinzas
 Bundfaltenhosen

Los EDV

Elegantes de Verdad llaman unos a esta élite de España – para otros son simplemente los Mario Conde. Este banquero cuarentón* es el nuevo símbolo del superman español.

Los toreros ya no caminan tanto por las fantasías de los aspirantes* al triunfo. Los toreros nacen en un ambiente y tienen que luchar parar trepar*. Los Mario Conde provienen de clase más acomodada* y ya en la cuna* maman* el éxito. Y no se mezclan con los demás, se quedan entre ellos: cuando son bautizados*, cuando se casan, cuando van de vacaciones y cuando se entierran*. Son niños bien*, educados en

el cuarentón
 Vierzigjähriger
los aspirantes
 Anwärter
la cuna
 die Wiege
mamar
 mit der Muttermilch aufsaugen
niños bien
 besserer Leut's Kinder

La movida   143

tiene que ver
das hat zu tun
los pantalones de pinzas
Bundfalten-hosen
la gomina
Brillantine
el adulterio
Ehebruch
los ligues
Affären
el indicador
der Gradmes-ser
un barrio cualquiera
irgendein Viertel
recibir
zu Hause emp-fangen, einla-den
la tarea de anfitriona
die Aufgabe der Gastgebe-rin
plagar
heimsuchen
el servicio
Bedienungs-personal
la vela
Segeln

colegios privados. Se han tirado* algún tiempo en el extranjero y por eso hablan idiomas. Además poseen* algún título que tiene que ver* con la economía empresarial*, de preferencia* han estudiado en E.E. U.U.

Se distinguen* de los demás por su apariencia*. El aspecto* es importante, pero no hablarían de moda. Son conservadores por los cuatro costados* y decentes en el vestir. Por eso llevan pantalones de pinzas★, camisas clásicas hechas a medida* con las propias iniciales en el bolsillo* y chaquetas estilo inglés. El pelo lo llevan corto y con gomina★. Se les ve el anillo de casado*, – fino pero abvio* – les importa más la tradición que la traición* o el adulterio★. No se les conocen* aventuras o ligues★ por ahí.

Son hogareños*. Su casa es el indicador★ de su posición social. No vivirían en un barrio cualquiera★ – tiene que ser uno de los más caros, urbano y residencial. Reciben★ con frecuencia y así matan dos pájaros de un tiro*: se autorepresentan luciendo* su ambiente y dan espacio* a sus esposas para que apliquen* todo lo que han aprendido cuanda ejercen la difícil tarea de anfitriona★.

Son hogareños también en la elección del lugar de veraneo. Lo eligen con cuidado*: Benidorm – ¡horroroso*! Prefieren Sotogrande, El Puerto de Santa María o alguna isla todavía no muy plagada★ de turismo vulgar.

Tienen servicio★, por lo general extranjeras de Filipinas o de Portugal. Practican deportes como esquí o vela★, jugaban al golf, pero lo han dejado por falta de tiempo y porque «se está popularizando y los clubs de golf ya están invadidos». La caza es donde se relacionan* con el mundo que les hace falta*. Los coches que tienen son de importación: alemanes, ingleses o italianos.

Es un detalle, muy de ellos, como se dirigen a sus familiares: Alfonso, hermano... María, cuñada... Pedrito, hijo... Son los que mantienen* la tradición de besar la mano a las casadas.

Los sociatas

Todos los que están a la derecha o a la izquierda del PSOE los llaman sociatas*. Son algunos de los protagonistas* de la nueva clase dirigente. Han salido de la cultura de puño y rosa* y han llegado al poder. Sus profesiones: abogado, funcionario, político. Son poderosos* e influyentes*, tienen despacho*, coche oficial* y asistenta, que les llama por su nombre de pila*. Sus hijos no frecuentan* colegios religiosos, van a colegios públicos o privados bilingües*, porque ellos viven con la pena del inglés.

Han abandonado el piso en el centro por un chalé adosado* en una urbanización periférica*. Allí no reciben*. Y si acaso*, lo hacen a mediodía, ocupándose de la barbacoa* ellos mismos. Prefieren salir para cenar, les encantan los restaurantes de primera*

el sociata
  abschätzig:
  PSOE-Mitglie-
  der
puño y rosa
  Faust und
  Rose
el coche oficial
  Dienstwagen
bilingüe
  zweisprachig
el chalé adosado
  Reihenhaus
la urbanización
periférica
  Siedlung am
  Stadtrand
si acaso
  falls wirklich

La movida **145**

y les encanta cuando los sacan* en una revista del corazón* comiendo con una «amiga». Muchas veces están casados con sus compañeras de entonces*. Si llevan anillo de casado☆, tiene que ser ancho y llamativo☆. Les da miedo parecer horteras*, por eso compran trajes de marca: Cartier, Loewe o Adolfo Domínguez. Los fines de semana llevan chaquetas de cuero☆ con corbata. Algunos optan por los zapatos con cadenita dorada* en medio – se les nota a los trepistas* que luchan por el buen gusto y no siempre salen ganando☆. Han tirado a la basura☆ los uniformes de proges☆, o sea lo ropa de pana*, las camisas de cuadros☆ etc. El pelo lo llevan con un poco de melenita* por detrás y sin fijador*.

Para el sociata es importante conocer periodistas y les gusta presumir☆ de tener algún amigo de la jet-set. Les gustaría veranear☆ en Marbella o en Ibiza, pero no quieren dar demasiado el cante☆ y no se atreven☆ del todo.

El deporte no les llama demasiado la atención☆. En la playa hay quien se dedica al windsurf. Algunos juegan al tenis porque «queda bien☆». Para mantener a raya la tripa☆ quedan con un amigo* en algún centro de squash. Esto les sirve de pretexto☆ para luego salir a tomar un uisqui* y estar dispuesto «a lo que venga*», o sea, no ven porqué rechazar alguna aventura*. Los ligues☆ son imprescindibles☆ para esta nueva clase que nos gobierna.

sacar
heràusbringen, erwähnen
la revista de corazón
Regenbogenblatt
las compañera de entonces
Gefährtin von früher
hortera
spießig
la cadenita dorada
Goldkettchen
las trepistas
Aufsteiger
la pana
Kord
la melenita
Haarschopf
el fijador
Haarfestiger
quedar con un amigo
sich mit einem Freund verabreden
el uisqui
Whisky
dispuesto a lo que venga
zu allem bereit
no ven por qué rechazar alguna aventura
er hat keinen Grund, irgendein Abenteuer nicht einzugehen

Folklore La cultura de la gente

Zusammenkünfte als Folklore (von Fotoalben und dem Herunterputzen der Gastgeberin...), Fußball, Monolog des Kampfstieres, politisierte Folkfans in Pamplona, Flamenco in Andalusien und Sardana

España se pone flamenca – Spanien macht auf Flamenco, so ist ein ausführlicher Bericht in der Sonntagsbeilage von *El País* überschrieben. Gemeint ist der Boom der Sevillanas, die inzwischen auch die Diskotheken außerhalb Andalusiens erobert haben. Das Selbstbewußtsein der Andalusier, die sich nicht selten als *tercermundistas*, als Drittweltler bezeichnen, hängt dann am höchsten, wenn die Frauen ihr *traje de gitana*, das Zigeunerkleid mit 26 Volants anhaben und die Männer hohe Stiefel, Stresemann-Hosen, Bolero-Jäckchen und schwarze Kreissägen. Dann wird auf den Festen Arm in Arm stolziert und die gebündelte *gracia*, die Mischung aus Anmut, Charme und Witz zur Schau gestellt. Höhepunkte im Jahr sind die *Feria de Sevilla* nach Ostern und die Pfingst-Millionen-Wallfahrt durch den Coto-Doñana in das Kaff *El Rocío*. Unumstritten sind diese Feierlichkeiten nicht. Manch einer, der seine folkloristischen Wurzeln durchaus nicht verbergen will, lehnt die große Wallfahrt ab. Der Rummel wird nämlich auch von der konservativen Oberschicht zur Selbstdarstellung genutzt. Bei der Feria in Sevilla sind die *casetas*, eine Art Festzelte, privat, und nur mit guten Beziehungen findet der Außenstehende Zugang zu den Kultstätten angeblicher andalusischer Ausgelassenheit und Feierfreude.

Das Image Spaniens wird weitgehend über Andalusien definiert; von dort kommen Flamenco und Corrida. Das ist exotischer als die keltischen Dudelsäcke des Nordens und somit Kulturexport-Dauerrenner Nummer eins. Aber längst müssen die *flamencos* und *toreros* auf ihrem

148 **Folklore**

Weg nach oben über Madrid. Hier sind die Plattenstudios, die wichtigen Impresarios und *La Venta*, die Arena, die unerläßlich ist für den *matador*, der nach Unsterblichkeit trachtet. *Tomar la alternativa*, so heißt der erste Auftritt in *La Venta*, der Höhepunkt im Stierkämpfer-Leben, der nur wenigen vorbehaltene Zugang in die Creme der Zunft. *La Venta*, der Olymp der Tauromachie, ist besonders unter den ärmeren Aficionados nicht unumstritten. Die Eintrittspreise driften ins Astronomische, wer sich die Dauerkarte für den Stierkampf-Marathon zum Madrider Fest *San Isidro* leisten kann, der erkauft sich gleichzeitig ein Anrecht auf Plätze für den Rest der Saison. Und wenn später populäre Stars kommen, dann müssen weniger betuchte Fans auch schon mal draußen bleiben, weil alle Plätze weg sind. So wird der Stierkampf elitär, und mancher wandert ins Fußballstadion ab. Ohne Identifikation mit leibhaftigen Helden läuft halt nichts. Die vorchristliche Vielgötterei lebt nicht nur im Marienkult und durch allerlei heilige Nothelfer, sondern eben auch in der Verehrung der aktuellen Stars, gleich, ob sie dem Stier oder dem Ball hinterherlaufen.

In der Zeit nach Franco war die Linke fast einmütig Gegner des Stierkampfes. Heute ist der Besuch der Arena nur noch unter Tierschützern anstößig. Vor zehn Jahren sagten junge Proletarier noch: «Los Toros – das ist für die Konservativen. Wir gehen lieber auf den Fußballplatz.» Diese Zeiten sind vorbei, in der ersten Juliwoche trifft sich in der Plaza von Pamplona ein hochpolitisiertes Publikum, das der ebenfalls anwesenden *Guardia Civil* nicht verheimlicht, wie sehr es sie verachtet.

Die Toreros erreichen aber bei weitem nicht die Einschaltquoten ihrer Fußball-Kollegen. Die spanischen Fußballfans sind schließlich die getreusten in ganz Europa. Clubs wie der F.C. Barcelona, der mit über 100 000 Mitgliedern zu den reichsten der Welt zählt, können sich nach Belieben bedienen an der Spieler-Börse.

Die *quiniela*, das Fußball-Lotto, verzeichnet jährlich nur Einnahmen von umgerechnet 420 Millionen Mark, minimal im Vergleich zum Beispiel zu den Spielautomaten mit fast 20 Milliarden. Das Glücksspiel ist Teil der nationalen Folklore, der Traum vom großen Geld ist ein Endlos-Clip in den Köpfen der Armen. Auch der Mittelstand ist dem plötzlichen Reichtum nicht abgeneigt, zum Drang nach Wohlstand gesellt sich die Sucht anzugeben.

Was früher regionale Folklore war, rangiert heute unter ferner liefen, ist verdrängt in ein Eintagsfliegen-Dasein. Die Jukeboxen mit spanischem Liedgut sind verschwunden oder anglo-amerikanisch aufbereitet. Die *folklóricos* dürfen einmal im Jahr ran, wenn im Dorf oder in der Stadt die große *fiesta* stattfindet. Dann werden bunte Kostüme angelegt und die E-Gitarren gegen Tamburine ausgetauscht. Die traditionelle Folklore liegt auf der Intensivstation und wird künstlich beatmet. Ausdruck einer kollektiven Wesensart ist sie schon lange nicht mehr.

El Rocío

los gays
die Schwulen
por todo lo alto
hundertpro-
zentig
**tocar el cielo
arrebato**
der herrliche
Himmel läutet
quasi zum Ab-
marsch
**las carretas y los
charrés**
bedeckte und
offene Karren,
die von Och-
sen oder Trak-
toren gezogen
werden
los peregrinos
Pilger
la presentación
hier: das Vor-
fahren der gan-
zen Bruder-
schaft vor der
Eremitage
los cohetes
Feuerwerks-
Raketen
**una centenaria
encina**
hundertjährige
Steineiche
**la vuelta a ca-
ballo**
Ausritt
el tamboril
Trommel
una polvareda
Staubwolke
ansiado
lang ersehnt

Famosos y famosas, señoritos y la gente del pueblo, gays* y machistas por todo lo alto*, curas y ateos☆, de izquierdas y de derechas, todos se pusieron en camino☆ en cuanto el cielo tocó arrebato* y salió en el horizonte la luna creciente de Mayo. Es el símbolo, la señal para dejarlo todo – la oficina, la cosecha y el cabaret – y ponerse en marcha a celebrar el general encuentro del largo final de la séptima semana después de la semana santa: El Rocío.

El Rocío es el punto de encuentro de todas estas y muchas más especies de la raza humana. El Rocío en cifras: Un millón de personas, doscientos mil vehículos, miles de carretas y charrés*, decenas de miles de caballos y hasta peregrinos*. Doce millones de pesetas se gastan las hermandades en el evento☆. Y alquilar una casa para dos o tres días cuesta entre quinientas y ochocientas mil pesetas.

Este año ochenta y dos hermandades se pusieron en camino como Dios les dió a entender. El caso es☆ estar en la aldea el sábado para la presentación*. El camino ha sido el más hermoso para cada cual. La salida del pueblo, los cohetes*, una parada☆ para el baile y la copa, incluso una misa bajo una centenaria encina*, vuelta a caballo*, un amanecer con sones de tamboril*, una sed, un calor o una polvareda* que apenas son obstáculo☆. Y al final, la visión ansiada* de la aldea.

La cultura de la gente **151**

la hermandad
die Bruder-
schaft
la Raya Real
die große
Schneise
durch den
Coto Doñana
me cuelgo la me-
dalla
ich häng' mir
das Medaillon
(mit der Maria)
um
los almonteños
die Jungs aus
Almonte, die
die Figur der
Jungfrau tra-
gen dürfen

Para todos ha sido hermoso menos para Miguel Ji-
ménez, un albañil* de treinta y cinco años de Villa-
manrique, la hermandad* más antigua, que murió
aplastado* por un remolque* el viernes por la tarde
en la Raya Real*. Desde entonces su hermandad fue
en silencio.

Pero la fiesta sigue y suena la sevillana del año, la
del coro de Triana:

Todos los días del año,
yo soy feliz con mi gente
pero cuando llega Mayo
me va cambiando el ambiente.

Me pongo mi sombrero
me cuelgo la medalla*
y me gusta tragar* el polvo
que va dejando la Raya.

El lunes vuelve la calma. Se cantan las últimas sevillanas, se toman las últimas copas, se hace la última visita
a la ermita y ya están todos en camino de vuelta. Hasta
el año que viene, entonces se repetirá la misma historia. Muchos harán el camino y los almonteños* vol-
verán a sacar a la virgen a la calle para que vea este
mundo. Nada habrá cambiado para entonces.

Flamenco: el día después

¿Dónde estuviste anoche que no te vi?

¿Dónde voy a estar?* En el festival.

Tío, no te pierdes ni una*. ¿Cómo estuvo aquello?»

Paa..., como siempre. Pa' empezar nos costó a mi mujer y a mí dos mil ochocientas pelas* la juerga* na 'más pa 'entrá*. Y luego cada cerveza a treinta duros*, primo. Aquello no empezó hasta las doce y media porque, ya sabes, los artistas son como la RENFE, nunca en la vida llegan a su hora*.

Bueno, pero eso ya se sabe. Aunque los artistas llegaran a tiempo* tampoco podrían empezar a la hora prevista* porque la gente aquí no es muy formal* que digamos*.

Sí, pero tampoco hay que pasarse*. Yo estoy harto ya* de tirarme* media noche esperando en cada festival. Y luego, lo que faltaba pa'l duro*, se fue la luz*. Siempre tiene que pasar lo mismo en la feria.

Claro, como los cacharritos tiran tanto*, tiene que haber apagones*.

Y por fin, después de media hora de charla* de un presentador más pesao que la má* – el tío se enrollaba como una persiana* – salió el primer cantaor. Y no te puedes imaginar lo mal que se escuchaba. El equipo sonaba fatal*, los altavoces eran del año de la pera*.

¿dónde voy a estar?
> wo werd' ich gewesen sein?

tío, no te pierdes ni una
> Mann, du läßt dir aber auch nichts entgehen

na 'más pa 'entrá
> nur um reinzukommen, das heißt die Eintrittskarte

tampoco hay que pasarse
> man braucht auch nicht zu übertreiben

lo que faltaba pa'l duro
> was noch gefehlt hat

se fue la luz
> der Strom ging aus

los cacharritos tiran tanto
> die Maschinen auf der Kirmes verbrauchen soviel Strom

el apagón
> Stromausfall

un presentador más pesao que la má ⟨ ⟩
> ein grauenhafter Conférencier

el tío se enrollaba como una persiana ⟨ ⟩
> der Kerl redete ohne Punkt und Komma

La cultura de la gente **153**

¡Anda ya! no sería pa'tanto✲. ¡Qué eres más exagerao✲..!

¿Exagerao, primo? Tuvimos que aguantar a cinco payos con tanto malaje★... ni uno sabía cantar por bulerías★.

Ya estamos con la historia de moros y cristianos. Ahora resulta que el único que sabía cantar era el gitano, ¿no?

Pa'rreventá, primo✲. Cantó unas bulerías que quitaban el sentío✲. Era demasiao pa'l cuerpo✲, y eso que el guitarrista no acompañaba mucho.

Por descontado que sería payo★.

Es que no lo llevan en la sangre★. Y eso no tiene remedio✲. Eso no lo cambia ni Dios✲.

¡Me cago en la má!★ Siempre tenemos que terminar con lo mismo. Dime un guitarrista que toque mejor que Paco de Lucía. Es que no lo hay, ni payo ni gitano. Déjate ya de tonterías y no me tires de la lengua✲. El que es bueno, es bueno, ya sea payo o gitano.

Tú, ¡qué vas a decir! ¿Qué sabéis los payos lo que es el arte?

Mira, vete a freír espárragos✲, estoy hasta los huevos de tu rollo✲...

el equipo sonaba fatal
die Anlage klang scheußlich
payos con tanto malaje
furchtbare Nichtzigeuner
cantar por bulerías
Bulerías (rhythmisch schnelles Flamencostück) singen
pa'rreventá, primo ⟨ ⟩
wahnsinnig, Mann
por descontado que sería payo
klar war der kein Zigeuner
es que no lo llevan en la sangre
die haben es halt nicht im Blut
¡me cago en la má! ⟨!⟩
ich halt's im Kopp nicht aus! (wörtlich: ich scheiß auf die Mutter)

154 Folklore

Los Sanfermines

atarse un pañuelo
sich ein Tuch umbinden
el pacharán
Likör aus Navarra
por descontado
natürlich
los encierros
Stierhatz
la comparsa de cabezudos
Umzug mit Schwellköpfen
la picaresca
Schlitzohren
los atracos a viandantes
Anschläge auf Fußgänger

No importa si eres navarro, extremeño, italiano o americano. Si los primeros días de julio atas un pañuelo* rojo a tu cuello, corres por las calles de Pamplona y bebes pacharán*, durante unas horas serás uno más de las miles de personas que cada año forman parte de☆ una de las fiestas más internacionales de España: Los Sanfermines.

Toda Pamplona vibra, sin descanso y como loca, con una desbordante alegría☆ desde el medio día del seis de julio hasta bien entrada la noche del catorce. Durante esta semana no hay ni día ni noche. No hay banqueros☆ o amas de casa*, no hay jóvenes o viejos. Hay fiesta, sólo fiesta. Y los actos oficiales☆, por descontado*: encierros*, corridas, fuegos artificiales☆, una procesión y comparsa de cabezudos*. Y delincuencia☆, porque buena parte de la picaresca* hispana aprovecha el descontrol y éxtasis de la fiesta. Entonces abundan los asaltos☆ a pisos, desvalijamientos☆, robos de vehículos y atracos a viandantes*.

Casi ninguno de los seiscientos bares de Pamplona cierra por la noche. Se cena y se recena sin llevar la cuenta☆, ni del bolsillo ni del estómago. Y corren el vino, el cava☆ y este licor navarreño, ni dulce ni seco, ni coñá ni anís: el pacharán.

Y el sudor de la noche une a camaradas de toda la vida y a amantes eventuales. Durante los Sanfermines parece que los idiomas no existen. Puedes estar tomando chocolate con churros con un inglés, italiano o

La cultura de la gente   **155**

ruso y entenderlos perfectamente. O compartir tu enésima* copa de pacharán con un japonés, que lo único que comprende es que la fiesta le entusiasma* y que ese licor de la tierra es a partir de ahora su bebida favorita.

Todo eso empezó hace siglos con una feria de ganado*. Luego, cuando los entonces poderosos obispos* españoles prohibieron la corrida entre 1754 y 1758, los pamploneses consiguieron el privilegio de excepción. La fiesta se hizo internacional teniendo como relaciones públicas* al yanqui* Hemingway. Este consumado conocedor* del rito taurino* vino nueve veces e inmortalizó* los Sanfermines en «Fiesta». Junto a la plaza de toros le erigieron* un monumento, un busto de piedra y bronce, al escritor americano.

La corrida en la plaza de Pamplona no tiene nada que ver con las de otros sitios. Las peñas*, los paganos* religiosos politizados del culto a San Fermín ocupan tumultuosamente el tendido de sol* y acompañan la lidia* con sus gritos y cantos. Y como la televisión está presente en todas partes, se les ocurrió a los chavales cachondos* ponerse en pie, alzar el brazo* derecho como los fachas* y cantar el himno de Eurovisión. Y no hay quien pueda quitar esta costumbre divertida y molesta, nacida de una trompa* colectiva. Claro, a los taurinos* puristas no les gusta el

los entonces poderosos obispos
die damals mächtigen Bischöfe
el rito taurino
der Ritus des Stierkampfs
las peñas
die Fan-Clubs
pagano
heidnisch
la lidia
der Stierkampf
los taurinos
die Stierkampfkenner

espectáculo. Dicen que nadie atiende a lo que ocurre en la arena y que, por tanto*, es total la falta de respeto hacia toro y torero en su difícil y artístico trance. Y a los conservadores y tradicionales no les puede gustar que la juventud desencadenada* les tome el pelo* tanto a la autoridad. Abundan los espejos en el tendido de sol; los jóvenes aprovechan sus sitios más baratos para aguarles* la fiesta a los guardias civiles sentados enfrente.

El mayor atractivo* de la fiesta son los encierros. Quizás en el inconsciente colectivo de Pamplona son como un rito iniciático*, la prueba de fuego que confirma el acceso del varón* a la edad adulta, el triunfo sobre el miedo que canoniza la masculinidad. Sin embargo, ya no es mero* dominio de hombres. Hay mujeres que burlan la vigilancia* del machista sentido protector* y se cuelan* en la carrera a ellos reservada. La masificación creciente del encierro es un problema grave que preocupa a la gente de Pamplona y al que no se encuentra solución. La abundancia de corredores* aumenta las situaciones peligrosas. Pero desde el primer accidente mortal en 1924 sólo han muerto doce de los millones de atrevidos y osados* corredores. A veces parece increíble cuando alguien, que ha sufrido una cogida grave*, anuncia con voz de moribundo* desde la cama del hospital: «Guárdame el pañuelo y las alpargatas*, el año que viene me tienen que servir otra vez.»

el rito iniciático
   Einweihungsritus
el acceso del varón
   der Einstieg des Mannes
burlar la vigilancia
   die Beaufsichtigung täuschen
una cogida grave
   ein schwerer Hornstoß vom Stier

¡Eso es penalti hijoputa!

Quedan pocos bares sin televisor*. Pero los días de partido de fútbol* no hay uno que no tenga alguno aunque sea en blanco y negro. El dueño lo pone para asegurarse que llegan sus parroquianos*. Y eso porque no hay quien se pierda* un encuentro de la primera división*. Claro, los aficionados* prefieren estar juntos para mirar y comentar. Vamos a prestar oído* a las voces del comentarista de televisión y de un grupo de entendidos*:

«*Balón para gordillo que avanza por la banda izquierda en profundidad*. Centra* hacia el área* donde se encuentra Michel que cabecea*... y detiene el portero* vasco.* (Sigue el comentarista más calmado) *Ataca el Bilbao. Andrinúa organiza el juego*, intenta cortar* Camacho pero Andrinúa le dribla. No así a Gallego que se hace con el esférico*, aunque con dificultad. Retrasa* para Buyo.*

Todos los comentarios son iguales, que si centra, que si retrasa, que si ha hecho falta*. Lo que cambia son los comentarios de los espectadores: *Claro, cada uno tiene su equipo favorito. Tiene que jugar la selección nacional* para que todos estén unidos como una piña*.*

el penalti	Elfmeter
el partido de fútbol	Fußballspiel
los parroquianos	Stammgäste
un encuentro de la primera división	ein Spiel der Oberliga
los aficionados	die Fans
los entendidos	die Kenner
avanza por la banda izquierda en profundidad	er dringt auf der linken Seite tief vor
centrar	flanken
el área	Strafraum
cabecear	köpfen
detiene el portero	der Tormann hält
organizar el juego	das Spiel aufbauen
cortar	dazwischengehen, klären
se hace con el esférico	er übernimmt den Ball
retrasar	zurückspielen
ha hecho falta	er hat gefoult

La cultura de la gente

regatear
dribbeln
la pelota
Ball
frente al Betis
gegen Betis
(Sevilla)
los directivos
die Funktio-
näre
la taquilla
hier: der Ver-
kauf von Ein-
trittskarten
los fichajes
Spieler-
verträge
los hinchas
die Fußball-
rowdys

Jo… ¿has visto eso? Este Butragueño es la hostia✶. ¡Cómo regatea✶! No hay quien le quite la pelota✶.

¡Pero qué dices! El otro día frente al Betis✶ no dió pie con bola✶.

Una tarde mala la tiene cualquiera. Por algo será que le pagan tantos millones.

Claro, por algo será. No sólo regatea a los contrarios✶, sino también a los directivos✶ del club. Así que algunos salen sin saber donde poner los kilos conseguidos. Otros están condenados a ser los últimos de la fila. Pero estando en la primera división, seguro que no se mueren de hambre. Se sabe que algunos clubs españoles son los más ricos del mundo. Eso no se debe sólo a la taquilla✶, sino a la publicidad y a la especulación con fichajes✶ de jugadores. Todo este tinglado funciona gracias a la pasión que el fútbol despierta entre los aficionados. Los domingos podemos ver familias paseando por los parques, la mujer con dos niños de la mano y el padre con un transistor en la oreja para no perderse las incidencias✶ del partido.

La quiniela✶ mueve unos treinta mil millones de pesetas al año, producto de las apuestas✶ de los aficionados, quienes con un premio✶ podrían ver resueltos muchos deseos.

Hay un factor que aún no está a nivel europeo: los hinchas✶. Todavía no está muy metida✶ la extrema derecha entre los grupos jóvenes de hinchas. Los gamberros✶ más conocidos son los «Ultrasur» del San-

160 **Folklore**

tiago Bernabéu. Cuando pierde el Madrid no hay quien frene al personal*. Afortunadamente no son tan violentos como sus colegas ingleses. Pero a veces los enfrentamientos* con los hinchas rivales son inevitables*. Y los autobuses se convierten en campo de batalla*. Ya se sabe que la juventud carece* de perspectivas de futuro. Pero todo no es frustración, hay un gremio* que se frota las manos*: los cristaleros*.

**los enfrenta-
mientos**
  Auseinander-
  setzungen
un gremio
  eine Zunft
los cristaleros
  die Glaser

Costumbres de hoy

La cultura de la gente la vemos en los escaparates* de los fotógrafos: La sonrisa* de la novia en la boda porque es el día más hermoso de su vida, la cara llorosa* del bebé en el bautizo* porque es el día más hermoso del cura* que ha pescado* otro socio para el hostiaclub* y la cara feliz de la niña en la comunión, no por su bonito vestido blanco sino por la cantidad de regalos que le esperan.

las costumbres
  Gebräuche
el bautizo
  Taufe
el cura
  Pfarrer
el hostiaclub ⟨ ⟩
  Hostienclub,
  Kirche

Estamos hablando de las fiestas familiares. Según el presupuesto familiar* se celebra en casa, en alguna sala arreglada* o en un local especializado en «Tapas variadas, Bodas, Bautizos y Comuniones». En cualquier caso le cuesta un disparate* a los padres siempre. Claro, no puede ser menos que en la comu-

La cultura de la gente **161**

uisqui
  irisch-schottisches, stark alkoholisches Getränk
aparentar
  etwas vorgeben
los protagonistas
  Hauptdarsteller
quitarse de en medio
  sich aus dem Staub machen
la teta
  Brust, Titte
todo está saliendo
  alles läuft
las cuarentonas
  die vierzigjährigen Frauen
lucir su modelo nuevo
  sein neues Kleid vorführen

nión de fulanita✶ que pusieron tres cajas de uisqui✶ y una tarta de seis pisos, entre otras muchas cosas. Estas fiestas sirven para aparentar✶ y darse aires de grandeza✶. Son como el escenario✶ del padre fanfarrón✶. Porque en realidad los que tendrían que ser los protagonistas✶ de la fiesta, muchas veces no ponen cara de disfrutar tanto como tendría que ser:

Los novios lo que más desean es quitarse de en medio✶ lo antes posible. Al bebé le bastaría con una buena teta✶ y pasa de tanto barullo✶. La niña lo que quiere es jugar en la calle, pero no la dejan porque se podría manchar✶ el vestido y todavía no ha llegado el fotógrafo, que tiene tres comuniones seguidas✶ esa misma tarde. Los padres sí que están en su salsa✶ porque ha venido mucha gente y todo está saliendo✶ «a las mil maravillas».

La gente está contenta. Han pagado dos mil pelas✶ por el regalo y ahora parece que están en un bar poniéndose las botas✶ y sin pagar nada. Y como los padres, los dos niños y la prima que se han traído se van hartos de tanta comida✶, por las dos mil pesetas del regalo les sale barata la fiesta. Además las cuarentonas✶ tienen la opurtunidad de lucir su modelo nuevo✶ y de demostrar lo jóvenes que son con los kilos de gel

que se han puesto en el pelo para parecer✶ más frescas y apetitosas.

Lo que nunca falta es la oportunidad de que las criticonas✶ disfruten vistiendo de limpio a la anfitriona✶ y tirándose faroles✶:

Pues no es por nada, pero la boda de mi Rosario fue algo fuera de serie✶. Con decirte✶ que el banquete lo sirvió la Mallorquina, con eso te lo digo todo. Si lo hubieras visto...

Rafael y yo estuvimos la semana pasada en el bautizo del niño de su jefe y allí no faltaba de nada. Había unos medallones de langosta en una salsa que vete a saber que llevaba✶... Se me hacía la boca agua✶. Y luego pusieron un solomillo tan tierno✶ que estaba para chuparse los dedos✶.

Podrían seguir así toda la noche criticando la ropa, los pelos, la comida, los familiares que han venido de fuera o presumiendo de✶ las fiestas donde han estado invitados últimamente.

Otro actor en ese teatro y que además es el que más partido le saca al asunto✶, es el fotógrafo. Aparece por allí un cuarto de hora, tira tres carretes✶ y se lleva✶ cincuenta mil pelas. Es que la cultura tiene su precio, ¿verdad?

las criticonas
 Nörglerinnen
tirarse faroles
 protzen
vete a saber que llevaba
 was weiß ich, was da drin war
un solomillo tan tierno
 ein so zartes Filet
tirar tres carretes
 drei Filme verschießen
se lleva
 hier: kassiert

Los toros

jolines
  verdammt
¿por qué me habrá tenido que tocar precisamente a mí?
  warum bin ausgerechnet ich dran?
la jaula
  der Käfig, die Steige
las amapolas
  Klatschmohn
el establo
  Stall
me pincha con la vara
  der sticht mich mit der Lanze
¡menudo sádico!
  was für ein Sadist!

Jolines*, ¿por qué me habrá tenido que tocar precisamente a mí?* ¿Por qué será que me apartan* de mis colegas? Pero, ¿qué se han creído que soy yo para meterme en esta jaula*? ¿Es que me parezco a un pájaro? A ver, donde me llevan. Con lo a gusto que estaba yo comiendo amapolas* y hierbas medicinales. Esto me huele a engaño*. A los colegas del establo* los llevan a los ocho meses al matadero*. Y a nosotros nos dejan tranquilos cinco años para luego terminar igual. Y el trasto* este, ¡cómo se mueve! Ya podían haber abierto una ventana. Aquí no hay quien respire. Bueno parece que estamos llegando. A ver donde me meten ahora. Vaya hombre*, por lo menos hay sol. ¡Qué alegría, ahí hay un par de colegas. ¿De dónde los habrán traído a ellos? ¿Pero este sitio qué es, sin hierba ni nada? ¡Ahh, se me están encendiendo las lamparillas*! Esto será lo que llaman una plaza de toros. ¿Aquí tengo que morir yo? ¿Cuándo me llegará la hora de la verdad? Jolines, allí hay uno que me pincha con la vara*. ¡Menudo sádico!* ¿Qué querrá éste ahora? Hasta el último momento me van a estar dando la lata*. ¡Por fin, una puerta abierta! Ahí parece que hay sitio para correr. Voy a estirar las patas* un poquito. ¡Jolines, qué arena más limpia! ¿Por qué no hay hierba? A ver si encuentro algo para comer. ¡Ufff, cuántas personas hay! Pero si están todos sentados en un círculo mirándome. Me temo que esto va a acabar como el rosario de la Aurora*. Y ese tío, ¿cómo se atreve a ponerse ahí en medio★. ¡Qué ridículo está, parece un payaso☆! Será un sastre con esa tela★ que lleva en las manos. Parece que me llama. ¿No querrá hacerme un traje a mí? ¡Cómo le dé una cornada★ se va a enterar de lo que vale un peine☆! ¿Pero qué hace, por qué está moviendo continuamente la tela y no la alcanzo☆? Mira, ahí viene un caballo. ¡Qué abrigo lleva! Tendrá más frío que una canasta de gatitos☆. Voy a acercarme☆ a ver si me dice por donde se sale de aquí. Estoy harto ya☆... ¡Ayyyy! Esto ya se pasa de castaño oscuro☆. ¿Por qué me pincha el culogordo★ ese que está sentado en el caballo? Por Dios, ¡cómo duele esto! Ya sé porque lleva este abrigo. Menos mal que ya me deja en paz. ¡Qué gente más rara! Protestan y pitan★. No será porque le he dado al caballo★. Y ahora empiezan a tocar música de baile. A ver si baja para bailar conmigo una de estas bellas damas con flores en el pelo. ¿Y ese payaso, qué prisa tiene☆? ¿Por qué corre tanto? Y además va con

ponerse ahí en medio
　sich da mittenhineinstellen
esa tela
　dieser Stoff
una cornada
　ein Stoß mit den Hörnern
el culogordo
　Fettarsch
pitar
　pfeifen
le he dado al caballo
　ich hab's dem Pferd gegeben

los palillos
Stöckchen
el tambor
Trommel
el cabrón
Hurenbock
el morro
Buckel
será bestia
was für ein
Biest
¡qué coñazo! ⟨!⟩
verdammt!
ya estoy hasta
los huevos ⟨!⟩
ich hab den Ka-
nal voll
qué vueltas está
dando
was fuchtelt
der da rum

los palillos⋆ en la mano y sin tambor⋆. ¿Se habrá esca-
pado de la orquesta? Pero viene hacia mí. Me va a
saltar encima. ¡Ayyyy, el cabrón⋆ ese me ha clavado
los palillos en el morro⋆! Será bestia⋆. ¿Qué le habré
hecho yo? Allí viene otro payaso. Este está equivocado si cree que me los va a clavar otra vez.
¡Ayyyy…! Y ahora otro. ¡Qué coñazo!⋆ ¿No me de-
jarán en paz? A ver si a éste lo cojo de verdad. ¡Cómo
corre el tío! ¡Me cago en la hostia⋆, se me ha esca-
pado! Menos mal, así ya no me fastidia⋆. A ver si encuentro la puerta para salir. Y ahora la música otra
vez. A ver que sorpresa me traen ahora. ¡Hombre, a
ese lo he visto antes. Será el jefe de los payasos. Y
ahora trae otra tela más chica. Pues, que tenga cuidado, que ya me están cabreando⋆. ¡Qué se quite de
en medio⋆, si no me lo cargo⋆, porque ya estoy hasta
los huevos⋆! ¡Pero el tío qué vueltas está dando⋆ con
esa bandera! Me está mareando⋆. Claro, con toda la
sangre que estoy perdiendo… Bueno, estoy harto ya.
¡Que siga bailando él sólo si quiere, yo me voy de
aquí. Y sigue dándome la lata el tío. ¿Pero qué es lo
que saca debajo de la tela? ¡Coño⋆, pero si es un pin-
cho⋆! Me parece que ya me ha llegado mi hora. De
aquí salgo con los pies por delante⋆…

Kabel, Knopf und Druckerschwärze

Los media

Vom Kinogang, Kabelvideo, freien Radios und der richtigen Zeitschrift für jeweils Intellektoide, Königfans und Postmoderne

Es ist immer dasselbe: Man klingelt bei jemandem, wird reingebeten, setzt sich aufs Sofa, die Glotze läuft, und niemand kommt auf die Idee, das Ding abzustellen. Oder man trifft sich mit einem, um etwas zu besprechen, geht in die erstbeste Kneipe, setzt sich und kann kaum reden, weil der Fernseher so laut plärrt. Fernsehen gehört eben zum Alltag wie das Weißbrot zum Essen. Ohne Geräuschkulisse hält der moderne Spanier es nicht mehr aus. Die Plage wird noch zunehmen, das Fernsehen befindet sich im Umbruch zur kommerziellen Ära. Seit Ende der achtziger Jahre kommen zu den drei Programmen im ganzen Land dauernd neue private und kommerzielle Sender dazu. Und immer mehr wird der Streit in den Familien darüber zunehmen, welches Programm denn nun laufen soll.

Bisher war das staatliche spanische Fernsehen TVE Regierungsfernsehen. Der letzte Intendant unter Franco, Adolfo Suárez, schaffte es bis zum Ministerpräsidenten. Unter den Sozialisten wurde natürlich ein Parteimitglied Chef des Fernsehens. Die Verzahnung von politischer Macht und Einfluß auf die Medien hat Kontinuität und wird akzeptiert – kaum einer fordert ein unabhängiges Fernsehen. Das mag mit den privaten Sendern kommen. Einstweilen pendelt TVE zwischen denkwürdigen Eigenproduktionen und Dallas-Denver-Schwarzwaldklinik.

Das Videofieber grassiert seit langem. Zu Anfang gab es besondere Video pubs, scheinluxuriöse Kneipen, in denen man mit Sofa und Softpornos auf Kundenfang ging. Inzwischen hat sich über ein Viertel der

Haushalte ein Videogerät angeschafft. Vor allem am Wochenende können die Fans nicht genug kriegen und legen vor allem nachts eine Cassette nach der anderen ein. Faul sind sie, die Videofreunde, der Weg zur *videoteca* ist ihnen zu weit. Also haben schlaue Köpfe sich den *video comunitario* ausgedacht: Kabelvideo auf Stadtteilebene, Ersatz für fehlende Fernsehprogramme. Vier Filme am Tag für fast jeden Geschmack, Freitag nachts auch mal was fürs Liebesleben. Bisher ist die Rechtslage allerdings noch ungewiß: Vielleicht müssen die Betreiber der *video comunitarios* ihre Kabel wieder einrollen, wenn das Land flächendeckend verkabelt wird. Einstweilen gibt es für 1500 Peseten im Monat alles von Rambo über Kung-Fu bis Star War.

Das Radio hat den Bruch mit dem staatlichen Monopol hinter sich. RNE, *Radio Nacional de España*, erreicht mit Ach und Krach zehn Prozent aller Radiohörer.

Den Rest teilen dreihundert private Rundfunkstationen unter sich auf. *Cadena SER, Cope* und *Antena 3* sind die größten Anstalten. Sie können sich Heere von beruflich abgesicherten Mitarbeitern und profilierte Journalisten leisten. Die Zeiten der Piratensender sind vorbei; ohne Werbung kein Geld, ohne Geld keine qualifizierte Arbeit, ohne gut gemachte Programme keine Einschaltquoten. Dabei hatte die Freie-Radio-Bewegung Anfang der Achtziger mit so viel Elan begonnen: Für ein paar Tausender wurde die technische Einrichtung erworben und los ging es. Die Lizenzen waren noch nicht verteilt, man wollte nicht jahrelang abwarten, und so sendeten die kleinen Sender manchmal direkt aus den Rathäusern. Das Engagement der jungen Idealisten war willkommen. Heute ist der Kuchen aufgeteilt, politische Sender sind kaum noch übrig, und die Zuhörerschaft schrumpft langsam. Der Anspruch an die Klangqualität steigt – *Onda Media* (OM), Mittelwelle, will kaum noch jemand hören, dafür wird immer mehr *Frecuencia Modulada* (FM), UKW, eingeschaltet. Allein in Madrid und Umgebung gibt es siebzig verschiedene Sender mit einem kaum überschaubaren Programmangebot.

El País ist die Tageszeitung mit der höchsten Auflage. Die Sonntagsausgabe mit der Beilage kommt auf immerhin fast eine Million Exemplare. Aus der 1976 gegründeten ehemaligen Oppositionszeitung ist ein Blatt geworden, das, zum Leidwesen der Intellektuellen, der sozialistischen Regierung keine dicken Knüppel zwischen die Beine werfen würde. Für viele ist *El País* trotzdem eine der besten europäischen Zeitungen, in Spanien leider ohne ernstzunehmende Konkurrenz. Der Verlag hat inzwischen einen großen Einfluß: Er betreibt einen eigenen Radiosender, unterhält Monatszeitschriften, und wer einmal Chefredakteur bei *El País* war, der wird auch schon mal Intendant einer großen Rundfunkanstalt. *ABC*, das Organ der Monarchisten und anderer Konservativen, ist die zweitstärkste Tageszeitung, gefolgt von der in Barcelona herausgegebenen, kaum weniger konservativen *Vanguardia*.

Der Markt der Gazetten ist aufgeteilt, nicht so der der Wochen- und Monatszeitschriften. Dauernd werden neue Magazine lanciert und ältere, erfolglose wieder eingestellt. Eine Handvoll Konzerne kontrolliert die Presselandschaft, in der Tele- und Regenbogenblätter am einträglichsten sind. *La prensa del corazón*, die «Herzenspresse», ermöglicht der kleinen Frau teilzuhaben am aufregenden Leben der europäischen Prinzessinnen und Serienheldinnen. Nachrichtenmagazine wie *Tiempo, Cambio 16* oder *Globo* rangieren, was Absatzzahlen betrifft, nur unter ferner liefen.

Und weil jeder, der etwas auf sich hält, verrückt nach *diseño* ist, florieren auch die Zeitschriften für Zeitgeist. Einige sind journalistisch beachtenswert, wie *Sur Exprés* und *Ajoblanco*, andere sind eher Sensationsblätter mit aufgemotztem Layout, wie *Primera Línea*. Teuer sind sie alle und werden entsprechend wie kleine Status-Symbole herumgezeigt oder gut sichtbar auf dem Wohnzimmertisch plaziert.

Al borde de un ataque de nervios

¿Tienes El País por ahí?, a ver que película ponen. Voy a aprovechar que estoy en Madrid para ir al cine. Porque vete a saber hasta cuando no veo una película buena.

No te creas que hay gran cosa.

Tú no sabes como está el panorama por el pueblo. Los cines que había, los han tenido que cerrar, porque todo el mundo tiene vídeo.

Aquí pasa lo mismo. Los teatros más bonitos los están haciendo discotecas y no van a quedar nada más que cuatro o cinco multicines.

Pero por lo menos puedes ver buenas películas.

Sí, pero a mí no me gustan. Parece que estás viendo la televisión. El otro día vi «Ese oscuro objeto del deseo» de Buñel en el Avenida.

Pero esa es del año de la pera☆. Yo me acuerdo que fui con un amigo a verla y nos quedamos a dos velas★. A mí lo que me gusta es el cine moderno.

Pues tampoco hay un surtido☆ tan grande. Está el Almodóvar y se acabó. Lo que estan haciendo tíos como Saura, Camus, Garci, Berlanga, Arranda, Uribe... para mí no es ningún cine moderno.

A mí lo que me importa es ver cine de calidad, que me diga algo.

Yo estoy ya harto☆ de tantas películas con mensaje★. Lo que tengo ganas es de reírme y pasarme un buen rato☆.

¿Entonces para qué vas al cine? Para eso quédate en casa y ve la televisión.

nos quedamos a dos velas
  wir haben nichts geschnallt
el mensaje
  die Message

También es verdad. Total más tarde o más temprano las van a pasar todas por la tele★. Me ahorro seiscientas pelas☆ y el rollo de tener que hacer cola★ para sacar la entrada.

¿Pero no tienes El País por ahí? Si quieres quedarte en casa, por mí no lo hagas.

No, no, voy contigo. Vamos a ver lo que hay. En el Minicines ponen El Dorado y Robocop.

El Dorado es la de Saura, ¿no? Esa me han dicho que no merece la pena☆.

En la Luna 2 está el Lute★ II.

Esa no será mala. Yo he visto la primera parte y me ha gustado bastante.

Sí, pero el Imanol Arias no está muy bien que digamos☆. ¿Ese vasco cómo va hacer el papel★ de un gitano?.

Pues la Victoria Abril tampoco es gitana y lo hace de puta madre☆. Pero no pasa nada, si quieres vamos a otra.

En el Princesa ponen Pasodoble. Esta sí que tiene que ser divertida.

Ahh, no, por favor. Esa la estrenaron★ la semana pasada y fui a verla y me quedé roque★.

¿No te apetece ver El Ultimo Emperador?

Pues no sé, porque me ha dicho Puri que es muy lenta y que hubo trozos en que se aburrió como una ostra★.

Como no vayamos a ver la última del Almodóvar, no creo que nos pongamos de acuerdo☆.

¿«Mujeres al borde de un ataque de nervios★», dices? Bueno, vale☆, la he visto ya pero no me importa verla dos veces.

---

pasar por la tele
im Fernsehen bringen
hacer cola
Schlange stehen
el Lute
Straßenräuber, der im Knast sein Leben aufschrieb und Rechtsanwalt wurde
el papel
Rolle
estrenar
erstaufführen
me quedé roque
ich bin eingeschlafen
aburrirse como una ostra
sich zu Tode langweilen
al borde de un ataque de nervios
am Rande eines Nervenanfalles

Los media **173**

Prensa de modernos

no le importaba nada a la gente
  bedeutete den Leuten nichts
el colchón
  Matratze
los cojines
  Kissen
la estantería
  Regal
la mesa del tresillo
  Couchtisch
el adorno imprescindible
  unverzichtbares Schmuckstück
el bodegón
  Stilleben
la baja tirada
  niedrige Auflage

¡Cómo van cambiando las casas! Antes la decoración no le importaba nada a al gente*. Al contrario – uno ya se sentía como el pez en el agua* con un colchón* en el rincón cubierto con una manta marroquí, cuatro cojines*, una estantería* provisional y tres posters en la pared. Ahora nadie se atreve a recibir en casa si no puede presumir* de un sofá de Mariscal, una pintura original de Miguel Barceló o cualquier objeto de diseño.

Lo que seguro no falta es una de esas revistas nuevas en la mesa del tresillo*. Es un adorno imprescindible* como puede ser un cactus indonesio o un bonsai. Da mucho más prestigio* que una flecha africana venenosa* en la pared o un bodegón* original. Estas revistas expresan todo una filosofía de vida. Los editores las definen como hechas «por profesionales para profesionales». El que la tiene demuestra sus inquietudes* actuales, su nivel estético e intelectual y su estatus. Debido al precio alto y la baja tirada* el lector se puede considerar elitista*. Esas revistas cuentan*

todas con un director artístico y otro de diseño. Hay que reconcer que algunas están hechas con una confección* y un tratamiento gráfico esmerados*.

El Sur Exprés por ejemplo es una revista de arte y cultura para gente intelectual harta* ya de tantos años de política. Te puede traer entrevistas, novelas actuales, fotos artísticas o algún artículo sobre tendencias musicales. La perspectiva va mucho más allá de las fronteras nacionales – la vanguardia* busca su estímulo y guía en Europa y Niuyor (N.Y.).

Un surtido más amplio* ofrece el *Ajoblanco*. Como se hace en Barcelona y parece que todo el diseño sea catalán, no falta en esta revista algún artículo sobre los últimos muebles o vestidos que han lanzado al mercado* gente como Agatha Ruiz de la Prada, Manuel Piña o Antonio Alvarado. El estilo de *Ajoblanco* es más ligero y por eso su tirada es mayor. Por otra parte* es más crítico en cuanto a* temas sociales. No hay número que no trate algún aspecto marginal de la sociedad como puede ser el barrio chino* de Barcelona, los chicos de alquiler o los singles, o sea los soli-

la confección
 Machart
el tratamiento gráfico esmerado
 sorgfältige graphische Gestaltung
el surtido más amplio
 breite Auswahl
lanzar al mercado
 auf den Markt werfen
el barrio chino
 Nuttenviertel

Mario Conde
  Bankier, der Vorbild ist für konservative Aufsteiger
emprender la aventura
  das Abenteuer wagen
enfrentarse a los gigantes
  sich gegen die Riesen stellen
Grupo Z
  große Zeitungsgruppe
lo sensacionalista
  Sensationsmache
los catetos ⟨ ⟩
  Bauern (Landbewohner)
Hola
  Nummer 1 der Regenbogenpresse mit allen Bauchschmerzen der europäischen Königshäuser
Marca
  spanische Version des «Kicker»

tarios urbanos. Los profesionales tipo Mario Conde✶ seguro que no comprarían este mensual, puesto que está muy claro de que postura ideológica✶ son los redactores. Efectivamente, hasta el ochenta y uno había sido una publicación «libertaria, contracultural y ecológica». Se cerró y se volvió a reeditar✶ en el ochenta y siete. La misma gente de entonces emprendió la aventura✶ de enfrentarse a los gigantes✶ de la información como es por ejemplo el monopolista «Grupo Z»✶.

Este grupo edita otras dos revistas mensuales: *man* que según sus promotores✶ sale dirigido✶ al yuppi español y *Primera Línea*. En ésta domina lo sensacionalista✶ sin que falte algún toque morboso✶ o sexual. Con el apoyo poderoso del Grupo Z tiene más salida.

Queda la *Luna de Madrid*, la revista por excelencia de la movida – un buen cóctel de moda, música, diseño y dibujo.

A excepción de la *Primera Línea* todas estas publicaciones son difíciles de conseguir en muchos pueblos. Claro, los catetos✶ siguen con sus costumbres de comprar el *Hola*✶ y el *Marca*✶.

El País: monopolio de la opinión

Cada fin de semana se repite lo mismo. Se llena el país de un ejército* de presuntos* intelectuales. Son muy fáciles de desenmascarar* porque todos llevan el mismo uniforme: un conocido periódico con su correspondiente suplemento*. Los que vuelvan a leer el titular* comprenderán inmediatamente que vamos a hablar de *El País*. No es el periódico de cada día el que tiene la tirada más alta* sino su semanario, que casi llega a un millón de ejemplares. Es el eterno número uno en la aburrida lista de bestsellers de revistas.

¿Quiénes son los que hasta gastan dinero* para someterse a un lavado de cerebro*? Los intelectuales, conscientes del lamentable paisaje periodístico en el franquismo, lo compraban como apoyo* a una prensa de oposición. Y ahora siguen comprándolo aunque parece a veces el órgano oficial del gobierno socialista. Por esto mismo es obligatorio para cualquier sociata* llevarlo en su cartera*, de forma que cuando la abre para sacar algún papel importante, se vea como prueba de su talante* progresista.

Pero no sólo los socialdemócratas se apuntan* a este comecocos* semanal. También los comunistas y anarquistas, aunque se cabrean* más por la falta de alternativa.

Aquí no termina la gama*. Como en el semanario siempre trae una buena ración de moda y diseño,

presunto
mutmaßlich
desenmascarar
enttarnen
con su corres-
pondiente su-
plemento
mit der ent-
sprechenden
Beilage
el titular
Überschrift
la tirada más alta
höchste Auf-
lage
los que hasta
gastan dinero
die, die sogar
Geld ausgeben
cabrearse
sich aufregen
la gama
Skala

también le son fieles los posmodernos. Bueno, basta ya con la lista. Ningún izquierdoso٭ puede prescindir de esta monopolista publicación.

La mayoría de esta gente no trabaja los sábados, así que aprovechan cualquier salida de casa para ir al kiosco. Se puede ver encima de la barra del bar mientras se toman el vermú, debajo del brazo, en la arena de la playa o en el autobús. Por algo será si tanta gente deja, aunque sea por un rato, lo que tenga entre manos para ojearlo٭. Primero se miran las fotos y luego unos se lanzan al horóscopo, otras a la enésima receta٭ de cocina y otros al suplemento del estilo٭. Los cachivaches٭ que se anuncian son para otro grupo de lectores. Son los nuevos ricos que buscan ideas en que gastar un capital٭ para comprar chuminadas٭.

El secreto del éxito es que ofrece una tapita variada٭ para cada cual. Pero todos se quedan con hambre porque rara vez trae un plato fuerte٭. De ciento veinte páginas es difícil que a cada uno le interese más de seis u ocho. Gracias a Dios cuenta *El País* con algunos buenos escritores que de tarde en tarde٭ nos sorprenden con reportajes que merecen la pena guardarse٭. Es ahí donde suele terminar – amontonado٭ al lado de la cama, en el cuarto de baño o en la mesa del televisor. Ah, hemos olvidado aquellos que lo compran solo por el programa de televisión.

la enésima receta
 x-tes Rezept
el suplemento del estilo
 Modebeilage
los cachivaches
 Krimskrams
de tarde en tarde
 hin und wieder

El vídeo comunitario

Hace un par de años era frecuente* ver películas de vídeo en muchos bares. Entonces era la novedad que atraía* a la clientela. Se podía ver de todo, desde el último muermo* hasta *Lo que el viento se llevó*. El problema era que estaba prohibido echar vídeos en locales públicos. Los más listos se apañaban* con el siguiente truco: tenían un botón* debajo del mostrador* para cambiar de canal rápidamente y uno de los críos* montaba guardia* en la puerta y avisaba* cuando la pareja* se acercaba. España empezaba a respirar nuevos aires de liberación sexual. Por lo tanto* no podían faltar las películas porno. Quienes estaban liberándose eran los hombres. Cuando entraba alguna mujer en el local, había que darle al botón rápidamente.

Como todo cambia, cambian los tiempos también. Hoy en día el vídeo es tan imprescindible* en una casa como un frigorífico o una lavadora. Lo que pasa es que la gente es más vaga que la chaqueta de un peón caminero* y le cuesta mucho ir cada dos días a cambiar la película. Por esto se apuntan* al vídeo comunitario que se lo arregla* todo. Hasta el programa le traen a casa cada quince días. No es ningún teleprograma sino

el vídeo comuni-
tario
  Gemein-
  schaftsvideo
el último
muermo
  der letzte
  Heuler
el botón
  Knopf
montar guardia
  Wache
  schieben
la pareja ⟨ ⟩
  die Bullen (das
  Paar der Guar-
  dia Civil)
ser más vago
que la chaqueta
de un peón cami-
nero
  saufaul sein
se lo arregla
  regelt alles

Los media **179**

una simple fotocopia que te dice las horas, los títulos y los directores de cada película.

El surtido☆ no es muy variado. Un par de películas de dibujos animados para los niños, alguna romántica sentimental* donde echar unas lagrimitas* y sobre todo mucha violencia: mucha guerra, mucho Kung Fu, mucho Rambo y mucho esvasenege (Schwarzenegger). Pero ahí no para la programación. El sábado por la noche – aprovechando que ya no hay ropa tendida* – una pequeña colaboración a la vida amorosa de la pareja, como regalo de la empresa: *Sábado sabadete, ropita limpia y un polvete*... Los más despabilados☆ ya habrán deducido☆ a que nos referimos.

Algunas de estas empresas proyectan tantas películas al día que ya parece un tercer o cuarto canal de televisión. Efectivamente hay competencia. Cuando hay fútbol en una cadena, alguna serie americana en la otra y una película en el vídeo comunitario es cuando empieza el conflicto en la familia: Que mamá no está dispuesta a dar su brazo a torcer☆ y perderse el 58 capítulo de Falcon Crest o de Dinastía, que papá tiene que ver por cojones☆ la final de la copa, y que María José tiene que ver la película en el vídeo para comentarla mañana en la clase de formación humanística. Pero estas peleas tienen arreglo*, se compra un televisor portátil* y ya está.

una romántica sentimental
  Schnulze
echar unas lagrimitas
  ein bißchen flennen
no hay ropa tendida
  man muß keine Rücksicht nehmen auf jemanden, der nicht dabei sein sollte (hier auf die Kinder)
estas peleas tienen arreglo
  diese Streitereien lassen sich beheben
la portátil
  tragbarer Fernseher

180   **Kabel, Knopf und Druckerschwärze**

Al fin y al cabo* el vídeo comunitario no es una mala inversión*. Por mil pelas al mes te ahorras comprarte un aparato de vídeo. Además no se gasta el dinero en alquilar las películas. Los vídeo-clubs sí que lo tienen duro. Tienen que luchar contra la competencia de otra tienda y por otra parte contra el vídeo comunitario. Así es que no es de extrañar* que las mismas películas que valían 250 pesetas, ahora las puedas sacar* casi por diez duros. Y encima por cada dos te dejan otra gratis. Como hay quien se lleva ocho películas sólo para el fin de semana llega el momento en que se conoce toda la oferta de las tiendas del barrio.

Se piensa que la competencia genera la calidad. No es así. Lo que hay que tragarse* en los vídeos comunitarios es tan aburrido y mediocre* que pasamos rotundamente*.

tragarse
  sich reinziehen
pasamos rotundamente ⟨ ⟩
  wir haben keinen Bock darauf

Los media

La prensa del corazón

la prensa del corazón
Regenbogenpresse
el noviazgo
der Brautstand, das Verlobtsein
el corte de pelo
Haarschnitt
el escape
Flucht
no perderse ni un detalle
auch nicht das kleinste Detail versäumen

Estas publicaciones se llaman así porque hablan de bodas, noviazgos*, ligues* y otras relaciones sentimentales y afectan* más al corazón que al coco* de las lectoras. Al parecer* mucho le debe interesar a la gente la vida de los famosos y ricos de este mundo, sus muebles, piscinas y cortes de pelo*, cuando se venden millones de ejemplares cada semana. Para las maris* estas revistas son un escape* a la monotonía de cada día. Hay quien se compra cuatro o

cinco al mismo tiempo para no perderse ni un detalle★ de sus ídolos. Y además de eso fomentan★ la conversación con la vecina:

¿Te has comprado ya el último Hola★?

No, pero lo he leído en la peluquería. Dice que la Estefanía quería salir en la gira★ de Michael Jackson pero él le ha dado calabazas★ diciendo que no le hacía falta. ¿Cómo va a salir cantando con una superestrella★ una niña que no sabe donde tiene la cara★? ¿Qué se habrá creído★ la tonta esa que ni siquiera es capaz de encontrar marido.

A mí tampoco me cae bien★. La hermana se ve que es más buena gente★. Lo del divorcio le puede

Hola
 Nummer 1 der Regenbogenpresse, erscheint wöchentlich
la gira
 Tournee
dar calabazas
 einen Korb geben
no sabe donde tiene la cara
 ist struppeldumm
consciente
 bewußt
¡qué se habrá creído!
 für was hält die sich eigentlich
un pájaro de cuentas
 ein schräger Vogel

Los media **183**

pasar a cualquiera, además el Junot es un pájaro de cuentas*.

Ahora va a publicar sus memorias. Mira lo que dice el tío en esta entrevista que le hicieron aquí: «Nadie podrá decir que no ha sido real mi felicidad con Carolina, o que no han sido reales mis lágrimas.»

A ese no lo aguanto*. No me puedo explicar como el Jaime de Mora* lo invita a sus fiestas, chica.

Pero, ¿no lo sabes tú? El Hola le paga para que invite a todos sus amiguetes* y poder sacarles fotos*. Estos, entre las exclusivas* y las memorias se pegan una vida de película*.

Pero parece que nunca están contentos. Como la Pantoja* que siempre está llorando. Se cree que es la única que se ha quedado viuda en el mundo.

Sí, parece una mosquita muerta*, pero bien que le quitó el novio a la hija de Lola Flores*.

Yo no trago a esa tía. Menudo rollo* se trae con lo del Paquirrín* sacándolo* en todas las actuaciones y soltando cuatro lagrimitas*...

Ella sabrá el dinero que saca con ese teatro. Con decirte* que al niño le acaba de regalar para su cumpleaños una casa en El Rocío*.

Y hablando del Rocío. ¿No leíste las últimas declaraciones de Rocío Jurado*? Dice que por España sería capaz de todo menos de desnudarse*.

En eso estoy de acuerdo. Yo no me desnudaría para una revista ni por todo el oro del mundo.

¡Vamos, anda! Yo, cobrando cuatro kilos*, no me lo pensaría ni dos veces. ¿No me digas que tú no lo harías? Torres más altas han caído*.

Jaime de Mora y Aragón
adliger Tausendsassa, Anlaufstelle des Jet-Set in Marbella, Bruder der belgischen Königin

sus amiguetes
seine Freunde (abwertend)

pegarse una vida de película
wie in Hollywood leben

la Pantoja
Sängerin, Witwe des Toreros Paquirri

Lola Flores
Sängerin

menudo rollo ⟨ ⟩
was für ein Ding

el Paquirrín
Sohn der Pantoja

sacándolo
hier: auf die Bühne holen

El Rocío
Dorf der andalusischen Provinz Huelva, Ziel der großen Pfingstprozession

Rocío Jurado
Sängerin

desnudarse
sich nackt ausziehen

cobrar cuatro kilos ⟨ ⟩
vier Millionen (ca. 60000 Mark) kassieren

Radio libre

estoy metido
 ich mache da mit
es pirata
 ist illegal
la cerraron
 es wurde zugemacht
las entrevistas
 die Interviews
Loco de la Colina
 bekannter Nachtsendungsmoderator
el locutor
 Moderator
el espacio
 Programm
ponerse los auriculares
 sich die Kopfhörer aufsetzen

Juan, escucha, ¿qué te iba a preguntar? Estoy metido* ahora en la nueva radio que han puesto al lado de la plaza de San Fernando, ¿sabes lo que te digo?* Como tú eres médico se me ha ocurrido* que podías hacer un programa de salud.

Esa radio, ¿quién la lleva, es pirata?*

¿Te refieres a la Radio Sueño Verde?, esa sí era pirata. Pero la cerraron* porque una noche entraron y les robaron todo el equipo. Esta que te digo es municipal*, la Radio Rana. Allí tengo un programa de entrevistas* por la noche, estilo Loco de la Colina*...

Ja, ja, jaa... tú de locutor*, no me lo puedo imaginar.

Lo que pasa es que estamos buscando alguien para un espacio* los domingos por la mañana.

Entonces, ¿qué es lo que tendría que hacer?

Mira, eso es muy fácil. Tú llegas a las diez, te sientas en el sillón del estudio, te pones los auriculares* y empiezan a llamar todas las maris*. Entonces les dices si tienen que tomar manzanilla*, aspirina, miel con limón o las mandas al ambulatorio*.

Pero eso, ¿qué sentido tiene por la radio? Hay que ver a la gente para diagnosticar...

Lo que nos importa es que sueltes algún truco* de medicina natural.

Y si no llaman, ¿qué hago yo todo el tiempo delante del micrófono?

No te preocupes, que siempre hay un chico que pone música.

Los media   185

Pues no sé... y si algún domingo no puedo, ¿qué pasa?

en plan serio
 ernsthaft

¿hacéis publicidad?
 bringt ihr Werbung?

¿qué más da? ⟨ ⟩
 was ist schon dabei?

algo tienen que cobrar
 die müssen was verdienen

más adelante
 später

echar un vistazo
 mal reinschauen

esto me llevaría tiempo
 das würde mich Zeit kosten

montar una radio
 ein Radio betreiben

Lo queremos poner en plan serio★, pero si de verdad no puedes un domingo, mandas algún colega enrollado✩.

¿Hacéis publicidad★?

Claro, un poquito sí, son cinco minutillos por hora. Y al fin y al cabo★, ¿qué más da?★ Con lo que nos da el ayuntamiento no tenemos ni para empezar. Y no es que queramos ponernos ricos con esto. Pero los técnicos que se tiran allí horas y horas✩, algo tienen que cobrar★, ¿verdad? Y también hace falta comprar discos, casetes, material para las entrevistas, periódicos...

¿Y me pagaríais algo?

Hombre, de momento no cobra nadie. Es posible que más adelante★... Pásate por allí✩ esta tarde y echas un vistazo★. Es muy divertido, ya lo verás. Y además hay muy buen ambiente✩.

Mira, esto me llevaría tiempo★. A mí me gusta hacer las cosas bien, y además con la cantidad de horas que me tiro en el hospital... lo que me faltaba era complicarme más la vida. Y seguro que más de un domingo me toca guardia✩.

Problemas de tiempo tenemos todos. Lo que pasa es que queremos montar una radio★ mejor que las comerciales que, ya sabes tú, se multiplican como los conejos✩.

186 **Kabel, Knopf und Druckerschwärze**

Para hacer una cosa bien hecha hay que trabajar con profesionaes.

Hombre, nosotros somos aficionados*, pero nadie nace sabiendo.

Bueno, me lo pensaré, pero me parece que no me voy a comprometer*. Si queréis, algún día me acerco* y me hacéis una entrevista. Pero, entiéndeme, no me quiero echar otra carga encima*...

comprometer
verpflichten
algún día me acerco
ich komm mal vorbei
no me quiero echar otra carga encima
ich will mir nicht noch mehr aufhalsen

Los media

Landlebe.

La vida rural

Das Kreuz des Alltags in der Pampa, aussterbende Tagelöhner, Kinder in verlassenen Dörfern und die so beschränkten Möglichkeiten der Freizeitgestaltung

Wer auf dem Land wohnt, der hat das Nachsehen. Wenn im Zeitalter der *comunicación* die Rede auf das Landleben kommt, dann fällt bald der Begriff *incomunicación*, was soviel wie «Abgeschnittensein» bedeutet. Nicht abgeschnitten durch Schneefall oder Erdrutsch, sondern weil auf den kleinen Dörfern längst nicht alles selbstverständlich ist, woran die Städter keinen Gedanken mehr verschwenden. Da ist das zweite Fernsehprogramm kaum zu sehen, weil der Empfang so schlecht ist; da kommen keine Zeitungen oder allenfalls die miesesten Revolverblätter; die wenigen Geschäfte verkaufen nur Haltbares in Gläsern, Dosen oder Plastikverpackungen; nur ein- oder zweimal pro Woche bringt ein Lieferwagen frisches Gemüse, wenn überhaupt, und alles ist so teuer, daß die Städter dem fliegenden Händler die Salatköpfe um die Ohren schmeißen würden; Busse in die Stadt gehen selten und dann zu so ungünstigen Zeiten, daß jede Erledigung *en la capital*, in der Provinzhauptstadt, zum Zwei-Tages-Ausflug wird.

Auch die Kinder auf dem Land haben das Nachsehen: In vielen Dörfern gibt es, wenn überhaupt, nur Zwergschulen, an Freizeitangebote in Sportvereinen, Musikkapellen oder Jugendgruppen ist gar nicht zu denken. Und da die jungen Erwachsenen meist wegziehen, bleibt eine überalterte Einwohnerschaft – und den Kindern fehlt es an gleichaltrigen Spielkameraden. Die über zehntausend Zwergschulen in ganz Spanien wollte man nach und nach alle schließen, so daß die Kinder täglich lange Busfahrten über schlechte Straßen in Kauf nehmen mußten oder die Woche über sogar von zu Hause wegblieben. Inzwischen schickt man die Lehrer wieder auf die Dörfer und rettet diese damit vor dem endgültigen Auseinanderfallen. Das Thema ist aktuell geworden – seit einiger Zeit findet jährlich ein Kongreß der *pueblos abandonados*, der verlassen Dörfer, statt. Das Sozialleben ist aus den Fugen geraten, die Krise hält an und zieht immer mehr Menschen in die Betonränder der Städte, wo sich vielleicht eher ein Auskommen finden läßt. Die Landflucht ist ein Spiel ohne Gewinner: Die Dörfer bluten aus und an den Städten wuchern unkontrollierbare Geschwulste.

Die Flucht geht aber nicht nur in eine Richtung. Vor allem junge Städter sehnen sich nach guter Luft, Ruhe und Gesundheit; sie verwirklichen sich den Traum vom Leben auf dem Land. Die Zeit der Landkommunen ist gleichwohl vorbei, die Ideale von alternativen Formen des Zusammenlebens und alternativen Produktionsmethoden haben sich abgeschliffen – die stadtmüden Neubauern sind realistischer geworden. Sie lassen sich vom Staat unterstützen und schließen sich in Cooperativen oder Vertriebsgemeinschaften zusammen. Und sie reden eine neue Sprache: Ausdrücke wie *mis tierras y mi ganado,* mein Grund und mein Vieh, sind ersetzt durch *mi negocio*, mein Geschäft. Denn wer bestehen will, muß sich um die Gesetze des Marktes kümmern.

Einfach ist die Stadtflucht keineswegs. Verschiedene Welten prallen aufeinander, die Neubauern treffen auf Skepsis und Zurückhaltung der Alteingesessenen. Außenseiter sind sie beide, denn Spaniens wirtschaftlicher Umbruch zur Industriegesellschaft ist vollzogen. Selbst im traditionell bäuerlichen Südspanien bestreiten allenfalls noch fünfzehn Prozent der Menschen ihre Existenz von Landwirtschaft oder Fischfang. Die *jornaleros*, die besitzlosen Tagelöhner, werden immer weniger, emigrieren in den Norden, finden andere Tätigkeiten oder geraten in die Statistiken der Arbeitslosigkeit. Ende der siebziger Jahre trat die Landarbeitergewerkschaft SOC (*Sindicato de Obreros del Campo*) noch furchteinflößend auf den Plan und verbreitete mit ihrem anarcho-syndikalistischen Credo den Geruch von Umwälzung. Heute kommt die SOC gerade noch auf 5000 Mitglieder. Marinaleda, das 2500-Seelen-Dorf zwischen Málaga und Sevilla und Schauplatz eines kollektiven Aufbegehrens, ist längst der legendären Vergangenheit anheimgefallen.

el jornalero
Tagelöhner
**pero el choco-
late puedes pa-
sar sin él**
die Schoko-
lade brauchst
du aber nicht
se compra fiado
es wird auf
Pump gekauft
**la gente se
apaña**
man wursch-
telt sich durch
**se lleva ha-
blando ya más de
cincuenta años**
seit über
fünfzig
Jahren wird
gesprochen

Jornaleros y emigración

Me da medio kilo de garbanzos*, una bolsa de lentejas y media libra de chocolate*.

Bueno, te doy los garbanzos y las lentejas, pero el chocolate puedes pasar sin él ...

¿Qué es lo que pasa en la tienda de un pueblo cualquiera? ¿Cómo se atreve la tendera* a negarle el chocolate a la pobre clienta? El problema es que en esta tienda se compra fiado*, hasta que llegue la cosecha de la aceituna o la vendimia y se saque* algún dinerillo. Mientras tanto la gente se apaña* con el subsidio del desempleo*. Pero la limosna estatal de treinta mil pesetas al mes, no llega* para lo más necesario. Y cuando por fin llega el momento de cobrar*, se va todo en pagar las deudas*. Y la familia se queda otra vez sin blanca*.

Esta historia no es ninguna excepción – donde hay jornaleros falta dinero. Y donde más jornaleros hay es en el sur de la península entre Extremadura y Murcia. Sólo en Andalucía hay unos doscientos mil, mientras 229 familias poseen el veinticinco por ciento de la tierra.

Se lleva hablando ya más de cincuenta años* de la

reforma agraria☆, pero al PSOE★ en el poder le faltan cojones★ para coger el toro por los cuernos☆ y enfrentarse☆ a los terratenientes☆. Y cuando los jornaleros ocupan tierras mal explotadas☆, y empiezan a trabajarla, es cuando salen como los indios de la película los guardia civiles traídos de todas partes para defender a culatazos★ la «propriedad privada». En vez de servir de cooperativa agrícola, esa tierra seguirá siendo escenario☆ de caza un par de veces al año, cuando el dueño baja con unos amigos de Madrid a divertirse. Para cubrirse las espaldas☆, para que nadie diga que el PSOE no ha hecho nada, han expropiado☆ un par de fincas☆ en las que el abandono★ era tan obvio que no había forma de saltarse a la torera☆ su propia y descafeinada☆ ley de reforma agraria.

Lo que agrava el problema es la mecanización que se está llevando a cabo. Se estima que a lo largo de esta «modernización» se quedarán sin trabajo la mitad de los campesinos afectados☆. La postura☆ de los latifundistas☆ la resume uno así: «¿Pero qué es peor, quitar el cincuenta por ciento de mano de obra del olivar o quitar el olivar?»

Donde trabajan estas máquinas queda una gran parte de la cosecha sin recoger★. Es costumbre y necesidad entre los pobres «rebuscar★». Se rebusca de todo: Patatas, aceitunas, garbanzos, pipas★... para consumirlo si es poca cantidad, o para venderlo en la puerta del mercado o en la carretera. El problema es

PSOE (Partido Socialista Obrero Español)
spanische SPD
le faltan cojones
⟨!⟩
hat keinen Mumm (wörtlich: Eier, Hoden)
los culatazos
Schläge mit dem Gewehrkolben
el abandono
Verwahrlosung
queda una gran parte de la cosecha sin recoger
ein großer Teil der Ernte wird nicht eingeholt
rebuscar
nachlesen
las pipas
Sonnenblumenkerne

les quitan todo
sie nehmen ihnen alles ab
el molino
(Öl)mühle
el barbecho
Brachland
las peonadas
Arbeitstage der Landarbeiter

que si los pillan✱ los llevan al cuartel✱, les quitan todo✱ y según la cantidad, les ponen una multa✱. En el caso de la aceituna es conocido en los pueblos que los productos recogidos en estas «operaciones» terminan en el molino✱. Es así como algunos guardias civiles se «ganan» su aceite del año.

Y si no cabíamos en casa, parió la abuela✱. La CE✱ aconseja a los proprietarios que dejen en barbecho✱ (es decir sin trabajar) el diez por ciento de su tierra para que no haya sobreproducción✱. De esta forma, con cada vez menos trabajo, ¿cómo van a conseguir que el patrón les firme las sesenta peonadas✱ anuales que necesitan para tener derecho al subsidio de desempleo?

Teniendo todo esto en cuenta se entiende que los «limosneros✱» sigan comprando fiado.

Landleben

Ocio en el desierto

¡Qué aburrida es de vida de las marías*. Hay muchas que ya antes de desayunar, se aburren tanto que les da el mono* y tienen que encender la tele. Gracias a Dios que a las nueve y media de la mañana ya pasan la primera serie americana. Televisión Española lo tiene tan bien organizado que les deja justo hora y media para ir de compras. Luego les pasa la segunda dosis del día: otro episodio* de una serie cualquiera. Después, como tienen la hora pegada* al culo, tendrán que apurarse* para tener la comida a tiempo y que el marido no se dé cuenta* de su cuelgue*.

Por suerte a las tres, el marido y los niños se van y a ella le queda media hora para fregar los platos* corriendo. Después del Telediario la dosis de sobremesa*. Esta vez un plato fuerte*, tipo Dallas o Falcon Crest.

Por la noche ya no hace falta esconder su vicio*. A nadie se le ocurre* preguntar: ¿Qué podemos hacer? Si no hay fútbol en la segunda, la familia entera podrá disfrutar con la película en la primera.

Cuando esta droga no había llegado a España, las marías se tenían que plantear* el día de otro modo.

el ocio
 Freizeit
les da el mono
 sie kriegen einen Koller
el cuelgue
 Sucht
a nadie se le ocurre
 keinem fällt es ein

La vida rural

Hacían labores☆, compotas y conservas de verdura. Por las noches se sentaban en la puerta para charlar con la vecina, escuchar la radio y tomar el fresco☆. Las viejas seguían con las costumbres de sentarse de cara a la pared★ porque en su juventud no debían enseñar mucho las piernas. Ahora esto sólo se ve en las noches de verano muy calurosas.

Como les queda muy poco tiempo para comunicarse, tienen que aprovechar la compra para comentar con las colegas los episodios y los asuntos☆ familiares. La ventaja de este cambio en las costumbres es que les queda menos tiempo para poner verde★ a las vecinas.

de cara a la pared
  mit dem Gesicht zur Wand

poner verde
  herunterputzen

¡Qué aburrida es la vida de los Pepes! O se les repite cada día el trabajo o el paro✶. Los que tienen trabajo salen a la calle y los otros también, porque con el pretexto✶ de que estorban✶ mientras se hace la faena✶, las marías los echan✶. ¡Y qué no vuelvan antes de la hora de comer! Ellos lo tienen más difícil porque no tienen televisor. Así es que lo primero que hacen es ir al bar. Si no hay película se echan la partida de cartas o dominó o se juegan el café a los chinos✶. A las once empiezan a mirar el reloj, a ver si ya pueden volver a casa. Pero como todavía no es la hora, tienen que aguantar✶ un poquito más. Por la tarde se repite lo

hacer la faena
  die Hausarbeit machen
echar
  rausschmeißen
juegar el café a los chinos
  wer verliert, der zahlt den Kaffee

La vida rural

mismo. Lo desagradable para el dueño del bar es que mirando la tele o jugando se gastan menos que un ruso en catecismo✻. Por lo general hay quince o veinte tíos que se tiran✻ allí todo el día y cuando se cierra el tinglado✶ no ha vendido más que ocho cafés y cuatro vinos. Esto tiene su arreglo✻: Se quitan las sillas, se ponen mesas de billar y máquinas tragaperras✻ y por lo menos se lleva una parte de las ganancias✻.

Antes en cualquier pueblo de España había un cine y la gente iba una vez a la semana, por menos o las parejas de novios para estar a oscuras✻ allí. Esto fue agonizando✶ poco a poco con la televisión y las discotecas. Y finalmente la puntilla✻ se la dió el vídeo.

¡Qué aburrida es la vida de los jóvenes! Están menos colgados✻ del televisor, pero lo están del último bar que se ha puesto de moda✻. Allí están todos en la calle, con cerveza o sin cerveza y esperando. No se sabe que, pero esperando. El paseo✻ ya no está de moda. Llegan con sus motos, les echan el candado✶ y se sientan. A las dos horas se levantan, quitan el candado y se abren✻. Como mucho✻ se han liado un canutito✶ y al día siguiente comentan: ¡Qué de puta madre nos lo pasamos anoche!✶ El paseo con su kiosco de pipas y chicles✶ se ha quedado para los treceañeros✻.

Una cosa tienen en común con las marías y los pepes: todos pasan un buen rato cada día matando el tiempo✻.

---

cuando se cierra el tinglado
wenn der Laden abends dichtgemacht wird

esto fue agonizando
das verlor sich langsam

echar el candado
mit der Kette abschließen

liar un canutito
einen Joint drehen

¡qué de puta madre nos lo pasamos anoche!
das war ja wieder affengeil gestern abend! (puta madre: Hurenmutter)

kiosco de pipas y chicles
Häuschen, wo Sonnenblumenkerne und Kaugummis verkauft werden

Inconvenientes de la vida en provincia

La gente nunca está contenta con lo que tienen. Los que viven en la ciudad sueñan con* una vida tranquila apacible* y relajada* en el campo. Y los del campo, a ver lo que dicen:

¿Vivir aquí? Para vacaciones no está mal, pero para siempre, ni hablar. Yo prefiero mi piso en la capital.*

    ¿Con todo el ruido, el estrés* y toda la agresividad de la gente?

    Y aquí te mueres de aburrimiento. El cine lo han quitado*, la discoteca no sirve para nada*, librería no hay y la segunda cadena de televisión no se coge*...*

    Hombre, no es para tanto*. Una vez al mes voy a Zaragoza, compro libros, veo alguna película, voy de tiendas*...

    Sí, ¿y el resto del mes?

    Tú, seguro que te tiras* meses de tu casa al trabajo. Además nosotros los fines de semana nos vamos a Huesca y lo pasamos muy bien*.

    Hombre, ¿qué ambiente va a haber allí? Mira, tú sigues siendo un cateto* si quieres, que yo me quedo con* la ciudad. Cuando todavía vivía en ese maldito* pueblo, ¡el lío que era para arreglar cualquier cosa*! Como el último autobús se iba a las dos, no te daba*

los inconvenientes
  Unannehm-
  lichkeiten
morir de aburrimiento
  vor Langeweile
  sterben
el cine lo han quitado
  das Kino
  wurde dicht-
  gemacht
ir de tiendas
  bummeln
  gehen
¿qué ambiente va a haber allí?
  was wird denn
  da schon los
  sein?
el cateto
  Bäuerchen
¡el lío que era para arreglar cualquier cosa!
  was war das
  ein Durchein-
  ander, bis da
  was erledigt
  war

no te daba tiempo
du hattest keine Zeit

tardan dos horas y media en llegar
sie brauchen zweieinhalb Stunden bis

Heraldo de Aragón
Zeitung aus Zaragoza

le va la marcha
er hat gern, wenn was los ist

tiempo★ entre oficinas y compras y te tenías que quedar allí dos días. Y cuando ibas de médico, no me quiero ni acordar✩. Si no tenías coche, llegabas a la estación y no había ni un taxi.

Pero ahora tenemos un centro de salud.

Ya, pero no digas tonterías. Las mujeres hasta para parir✩ tardan dos horas y media en llegar★ al hospital.

Pero eso es tres veces en la vida. Tantos niños ya no tienen. Esto aquí es mucho más sano. En tres minutos estoy en pleno campo. En verano nos vamos al río y no tenemos que pagar piscina ni nada. El invierno es un poquito más aburrido. Pero aprovecho el tiempo para leer.

¿Cómo te puedes poner al día✩ si lo único que venden es el Heraldo de Aragón★ que es el periódico más malo que hay?

No me vas a decir que tú lees el País todos los días. Y eso que tienes el kiosco al lado de tu casa.

Todos los días no, porque no tengo tiempo. Pero si quiero tengo toda la información a mi alcance✩.

¿Y para qué hace falta saber tanto, si siempre ponen lo mismo?

Seguro que los dos siguen toda la noche discutiendo y no se van a poner de acuerdo. A uno le va la marcha★ de la ciudad y al otro la paz de su pueblo. Seguro que el de la ciudad no hace tantas cosas como dice, ni el del pueblo está tan entretenido✩ como pretende✩. Pero ninguno de los dos va a bajarse del carro. Cada uno justifica✩ su situación para convencer al otro y convencerse a sí mismo de que su forma de vida es la mejor.

Niños abandonados

«¡Qué aburrimiento!*», diríamos si nos tocara la vida* de estos niños. Viven en pueblos aislados* y abandonados, no tienen compañero* para jugar o para pelearse*, tienen que desplazarse* cada día al cole* y eso, si no están incomunicados* por nieve o lluvia. «¡Qué alegría!», gritarían los niños normales, «está la carretera cortada* y no se puede ir al cole». Los niños de los pueblos abandonados no lo ven así, son las únicas horas de contacto con sus coetáneos*. ¿Qué es lo que pueden hacer quedándose en el pueblo? Jugar con algún viejo, con el perro o con el último cabrito* que ha nacido. A los mayores de nueve años, seguro que el padre les busca algún «entretenimiento*»: recoger el ganado*, ocuparse de la huerta*, ordeñar* o ir a recoger hierba*.

Parece que tienen otra noción del tiempo*. Mientras los niños de las ciudades disfrutan con los jue-

¡qué aburrimiento!
 was für eine Langeweile!
si nos tocara la vida
 wenn wir so leben müßten wie...
pelearse
 sich streiten
incomunicado
 abgeschnitten
el cabrito
 Zicklein
recoger el ganado
 das Vieh heimführen
la huerta
 Gemüsegarten
ordeñar
 melken
recoger hierba
 Kräuter sammeln

La vida rural 201

las carreras de lombrices
Würmerwettrennen
el escarabajo
Käfer
la hormiga
Ameise
la perejila, el guiñote, la guerra
verschiedene Kartenspiele
las habas
Bohnen
la vaina
Schote
los cordones de los zapatos
Schnürsenkel
se le ilumina la cara
da strahlt sein Gesichtchen

gos de vídeo donde importan⋆ los reflejos rapidísimos, José María, un chaval de Fresnedo en Asturias se organiza él sólo carreras de lombrices⋆. Su juego preferido es observar. De esa manera ha descubierto por sí mismo que «los pájaros emigran, los escarabajos⋆ comen cosas de la tierra y las hormigas⋆ prefieren el calor porque salen más cuando hace sol». Cuando José María no puede salir a la calle, se acerca⋆ a la casa de un septuagenario⋆ amigo que podría ser su bisabuelo⋆. Los dos juegan a las cartas, a la perejila, al guiñote, a la guerra⋆, al tanto... Y también juegan al chumbo con habas⋆.

Explica el viejo: «Se tira al aire la vaina⋆, una parte es la cara y la otra el culo. Si sale el culo te comes tú el haba, si sale la cara lo hago yo.»

En Lagos en la provincia de Granada vive Rubén de seis años, único niño entre los restantes trece habitantes. Rubén está más tranquilo con las personas mayores que con los niños. Su madre piensa que hubiera sido también así aunque hubiera estado con más niños. Pero su tía que es maestra dice: «Se le nota⋆ que no ha jugado con niños, que no sabe jugar.» A sus seis años dice: «Prefiero estar en el pueblo porque aquí no me pegan⋆ los niños». Rubén tiene los ojos oscuros y su mirada se pierde en muchas ocasiones en el vacío. Se ensimisma⋆ mientras juega con los cordones de los zapatos⋆ y contesta casi siempre con monosílabos⋆. Asegura que no le gusta pensar, que quiere jugar: «Cuando vienen mis primos...» recuerda y entonces sí se le ilumina la cara⋆.

En verano sí que llegan compañeros de juego.

Es cuando regresan todas las familias que se han ido «por ahí» en busca de trabajo. Entonces hay animación* en el pueblo. Pero cuando vuelve el largo invierno, hay chavales* que sueñan con cumplir los dieciocho años* para irse a la mili*, y a ver si de paso* encuentran algún trabajo para no tener que aburrirse en el pueblo.

Estos sitios parecen idílicos y pintorescos cuando se va de visita. Pero los jóvenes que viven allí, lo ven de otra forma. Como dice Ignacio: «aquí estoy más solo que la una*. Esto no lo quiero ver ni en pintura*.»

no lo quiero ver ni en pintura
nicht geschenkt

Jóvenes que van a vivir al campo

Plantar un árbol, tener un hijo y escribir un libro. Hay quienes empiezan por el niño y hay quienes se decantan* por el árbol. Esto del árbol es un decir*, se entiende por esto cultivar, criar ganado*, vivir en el campo. Ultimamente aumenta* el número de jóvenes urbanos que, hartos de la metrópolis*, optan* por una vida en la naturaleza. También están los hijos de campesinos que se fueron en busca de trabajo o estudios a la ciudad y que se dan cuenta de que lo suyo no es eso. Algunos lo tienen más fácil y pueden

decantarse
sich entscheiden
criar ganado
Vieh züchten
harto de la metrópolis
satt von der Großstadt

De la vida rural **203**

el abono
Dünger
el planteamiento
Vorstellung
und Organisa-
tion
si no dispones
wenn du nicht
verfügst über
se corta la leche
die Milch wird
sauer
**se pican los me-
locotones**
die Pfirsiche
werden faulen
cultivar azafrán
Safran züchten

contar con algún terreno de sus padres. Otros empiezan desde cero, pero todos vienen con ideas nuevas:
cultivo con abonos* biológicos, conciencia☆ ecológica, nuevos proyectos de comercialización...

Lo que ha cambiado también es el planteamiento*
de su nueva vida. Hace unos años mucha gente joven
formó lo que llamaban comunas. Buscaban la vida
compartida, la alternativa a la familia y al piso de la
ciudad. Muchos disfrutaron☆ y aguantaron☆ un par de
meses pero luego se rajaron☆ y se volvieron a las ciudades. Para otros fue algo mucho más serio. Se quedaron luchando porque fácil no es explotar la tierra,
cuidar de los animales o vender lo que se produce.
Como en cualquier otro negocio hacen falta buenos
conocimientos para salir hacia delante. Y si no dispo-
nes* de estos conocimientos tienes que aguantar el
tiempo suficiente como para que la experiencia te en-
señe☆.

«Al pricipio fue una putada☆ detrás de otra»,
cuenta Vicente Amargo Campos, «había tantas cosas
que no sabíamos que se nos cortaba la leche*, se nos
murieron las cabras, se nos picaban los melocotones*
en el árbol y se nos amontonaba☆ el queso porque no
sabíamos cómo venderlo. Cuando recuerda estas cosas Vicente se ríe, porque ahora ya ha aprendido su
oficio☆. Tiene una finca☆ con veinte hectáreas de
terreno en las Alpujarras al sur de Granada. Está
proyectando con su mujer cultivar azafrán*. Sus vecinos lo tomaron por loco☆ cuando lo comentó por primera vez. No le importa, ya está acostumbrado a que le

critiquen sus ideas, «hay algunos que dicen que tengo la cabeza llena de pájaros y están esperando a que fracase*. Lo que más me revienta* es que cuando llegamos nos podían haber echado una mano*, o nos podían haber aconsejado*. Pero se quedaron quietos* allí a sabiendas* de que lo estábamos haciendo mal. Pero ahora bien que vienen a comprarnos queso.» Y sigue contando que cuando les llega la visita de Barcelona, vienen los vecinos y presumen de ser íntimos amigos* y expertos en la producción de queso.

El problema más gordo* para Vicente es conseguir créditos y subvenciones. Sería más fácil si funcionara como cooperativa pero falta interés entre los demás campesinos*. «Con lo que ocurre en este pueblo* se podrían llenar libros...», cuenta Vicente. A ver si lo hace un día y cumple* así con las tres cosas que importan* en la vida de un hombre.

nos podían haber echado una mano
   die hätten uns helfen können
los demás campesinos
   die anderen Bauern
con lo que ocurre en este pueblo
   mit dem, was in diesem Dorf passiert

De la vida rural

Öffe

ntliche Einrichtungen

Vivir con instituciones

Schule (Monolog der atheistischen Mutter, deren Knirps plötzlich das Vaterunser runterleiert), Krankenhaus, Justiz (über zwei Nacktbadende, an denen der Richter zufällig vorbeijoggt und sie dann einlochen läßt) und die organisierte Freizeitgestaltung

Das Thema dieses Kapitels liefert genug Stoff, um ganze Bibliotheken zu füllen. Wir haben uns vier Schwerpunkte herausgesucht: Freizeit, Schule, Krankenhaus und Justiz.

Die politischen Verhältnisse haben sich seit Francos Tod einschneidend gewandelt. Aber das demokratische Parlament braucht seine Zeit, um alte durch neue Gesetze zu ersetzen, und die Generationen frankistischer Gesetzeshüter ließen sich auch nicht im Hau-Ruck-Verfahren ablösen. Schließlich haben die Herren Amtsträger sich einen lebenslangen Anspruch auf den Staatsdienst mühsam erstritten – nur wer die *oposiciones*, den Wettbewerb um einen Posten im öffentlichen Dienst, besteht, der schafft es auch zum *funcionario*.

Die Mühlen der spanischen Justiz mahlen langsam, sie sind alt und überfordert. Oft vergehen Jahre bis zu einer Urteilsfindung im Namen des Volkes, und mitunter wird auch jemand nach zwei Jahren U-Haft freigesprochen. Öffentlicher Rechtsbeistand ist unzureichend. Wer das Geld für einen privaten Anwalt hinlegen kann, der fährt allemal besser.

Überfüllte Gefängnisse sind ein großes Problem, nicht verwunderlich in dem fatalen Kreislauf: wirtschaftliche Misere, Arbeitslosigkeit, Kriminalität. Die hygienischen Verhältnisse in den Knasts sind oft untragbar, der Drogenhandel gilt dort als fester Bestandteil der freien Marktwirtschaft. Resozialisierung ist noch weitgehend ein Fremdwort. Logisch, daß ganz Spanien sich auf die Schenkel klopft, wenn ein bekannter Politiker feststellt: *La justicia es un cachondeo* – die Justiz ist ein einziger Witz.

Was die Ohnmacht der Betroffenen angeht, so mag es Parallelen zwischen Justiz und Gesundheitswesen geben. Eingeliefert – ausgeliefert könnte als Motto über den Krankenhäusern stehen. Da fehlen Geld und Leute für die Wartung medizinischer Apparaturen, knapp hunderttausend ausgelernte Ärzte stehen auf der Straße, die Wartezeiten für einen Operationstermin betragen oft Monate. Und alle – Patienten, Pfleger und Ärzte – leiden unter dem anscheinend unveränderbaren Stundenplan der Krankenhäuser: diejenigen, die dort arbeiten, weil sie früh oder spät oder zuviel anwesend sein müssen, diejenigen, die sich kurieren lassen, weil ihnen der Tagesablauf so gegen die Natur geht: früh aufstehen, warten, waschen, warten, frühstücken, warten und so weiter. Das Mittagessen kurz nach zwölf ist für viele Spanier eine Zumutung, so früh haben sie sich ihr ganzes Leben lang nicht an den Tisch gesetzt.

Das soziale Versicherungssystem trennt Spanien noch von den reicheren EG-Partnern. Wer normal arbeitet, der muß versichert werden und bekommt einen entsprechenden Arbeitgeberanteil dazu. Wer nicht arbeitet, ist auch nicht immer versichert. Zwanzig Prozent Arbeitslosigkeit, in extremen Fällen wie in Sevilla sogar vierzig Prozent – da müssen die Betroffenen zusehen, wie sie im Krankheitsfall klarkommen. Die Medikamente werden nur zu etwa vier Fünftel vom *seguro* erstattet. Die Ärmsten trifft das besonders, weil ihnen im Notfall Geld für die Gesundheit fehlt.

Zuweilen begegnet man auf der Bank älteren Vertretern der spanischen Armut: greisenhafte Mütterchen, die beim Kassieren ihrer Minimalrente am Schalter mit dem Abdruck ihres rechten Daumens quittieren. Die allgemeine Schulpflicht lag mal bei drei Jahren und erfaßte längst nicht jeden in jedem Nest. So entstand ein großes Heer von Analphabeten. Heute, bei acht Jahren Schulpflicht, gibt es immerhin noch zwei Millionen Schreib- und Leseunkundige. Diese Minderheit schrumpft, nicht so die Probleme im Schulsystem: dauernde Kämpfe um öffentliche und private Schulen, Lehrermangel, Geldmangel, Mangel an Fachdidaktik und an gescheit ausgebildeten Lehrern. Im Sprachunterricht zum Beispiel sind die Mißstände offensichtlich: Nur wenige können nach sechs oder sieben Jahren Englisch in dieser Sprache radebrechen, denn der Lehrstil ist immer noch zu traditionell am alten Lateinunterricht orientiert. Eine Mitte der achtziger Jahre eingeleitete Schulreform ist auf der Strecke geblieben. Da nimmt es nicht wunder, wenn Eltern,

Vivir con instituciones **209**

die es sich leisten können, ihre Kinder auf private, oft katholische Schulen schicken. Immerhin wird ein knappes Drittel der Grund- und Vorschulen und über die Hälfte der Sekundarstufe privat geführt.

Was die Freizeit nach dem Schulunterricht betrifft, so geht die Tendenz, nicht anders als bei uns, in Richtung Konsum. Die Kids in den Großstädten haben es einfach, weil sie durch die Warenhäuser schleichen können und zumindest ihre Träume handgreiflich vor Augen haben. Auf dem Land geht es da schon öder zu, es sei denn, der Pfarrer sorgt für entsprechende Jugendgruppen und damit für Abwechslung. Für die Alten gibt es zumindest den *hogar del pensionista*, die Altentagesstätte. Und die Generationen dazwischen sind von der Touristik- und Freizeitindustrie entdeckt worden: *el ocio organizado*, meist kommerziell arrangierte Freizeit, heißt die noch viel versprechende Marktlücke.

El ocio organizado

el ocio
Freizeit
la imaginación
Phantasie
la noche buena
Heiligabend
la noche vieja
Silvester
el soplamocos
Luftschlange
el baile de los patitos
Ententanz

El ocio* es el futuro. Como las crisis económicas no quieren parar, van subiendo el desempleo, el tiempo libre y la necesidad de organizar este tiempo libre. La gente no tiene mucha imaginación*. Cualquiera que sea capaz de entretener al personal tiene el futuro garantizado.

Veamos por ejemplo el fin de año. Si la noche buena* hay que pasarla en familia, en noche vieja* es obligatorio salir a la calle. Pero no se puede salir por las buenas☆. Hay que tener la reserva hecha con dos semanas de adelanto. Estas fiestas comercializadas no empiezan con una comida cualquiera, sino con el llamado «cotillón, cava☆ incluído». En la entrada ya te proporcionan los accesorios de la fiesta: las doce uvas de la suerte en una bolsita de plástico, el gorrito de papel y el soplamocos* para toda la fiesta, la serpentina y el confeti para cuando suenen las doce campanadas...

Y como es una fiesta organizada hay quien te dice cuando tienes que hacer cada una de estas cosas. Y para colmo☆, hay una música especial que te dice como tienes que bailar: El baile de los patitos*, la conga, la rueda etc. El problema de estas fiestas es que valen de cinco o seis mil pesetas para arriba y que sólo se hacen una vez al año.

Por suerte para los jubilados está el hogar del pensionista☆. Allí pueden ir cuando quieran y tienen

Vivir con instituciones **211**

actividades con cierta frecuencia. Se organizan excursiones, se invita a artistas para actuar, se hacen encuentros con otros hogares, exposiciones... Y cuando no hay nada, siempre se puede ir a la biblioteca, a la sala de juegos donde disponen de barajas*, dominós, ajedrez y otros juegos, al salón de televisión o simplemente a charlar un ratito al bar, que además es el más barato del barrio. Y con un poco de suerte hasta se echan novia*.

Para todas las edades están los casinos y las peñas*. En su tiempo iba la élite del pueblo al casino: los caciques*, el médico, el juez, el farmaceútico, el notario... Los que no se lo podían permitir montaron peñas de cualquier cosa: futbolísticas, taurinas, flamencas o de caza. Son una especie de club donde se reúnen

los socios para charlar, salir de excursión o celebrar alguna fiesta. Para conseguir dinero siempre tienen alguna rifa o algún sorteo*. Con lo que sacan se pagan los viajes para animar a su equipo o torero preferido. En las ferias montan sus propias casetas* y no dejan entrar a los que no son socios. Así siguen entre ellos.

Hasta los niños tienen su ocio organizado. Durante el curso pertenecen a algún equipo de deporte que les ocupa por lo menos tres días por semana. Los boy-scouts no abundan. Lo que sí que son más frecuentes son los clubs de excursionismo. Como consiguen alguna ayuda oficial, los viajes les salen baratos. En verano están proliferando las granjas escuelas, donde los padres dejan aparcados a sus niños para que estén en contacto con la naturaleza y aprendan didácticamente a distinguir entre las tetas de una vaca y la cresta de un gallo.

Lo que funciona cada vez más son las «casas de la cultura», que ofrecen una gran cantidad de cursos, desde pintura hasta gimnasia preparto* o actividades creativas, conciertos, exposiciones, actuaciones etc.

Los que tienen miedo a salir solos al extranjero se apuntan a un viaje organizado a Italia, Grecia, Austria o como mucho a Rumanía, Egipto o Moscú. Y los más modernos pasan de* este turismo tradicional, se quedan el en país y se apuntan a alguna aventura como Las Baleares en velero* pirata, Las Alpujarras en mulo, Navacerrada a caballo o La Bajada del Duero en lanchas hinchables*.

Como decíamos al principio todo vale a condición de que te lo den organizado.

la rifa, el sorteo
Tombola
la gimnasia preparto
Schwangerschaftsgymnastik
el velero pirata
Piratensegelschiff
la lancha hinchable
Schlauchboot

Vivir con instituciones   **213**

Las sirenas y el juez

la sirena
  Sirene
la tumba
  Grab
el susurro del oleaje
  das Säuseln der Wellen
el intruso
  Eindringling
el juez de instrucción
  Untersuchungsrichter

Eranse una vez – el caudillo llevaba ya una docena de años en su tumba* – dos chicas que disfrutaban del sol en una hermosa playa de Cádiz. Las dos estaban entregadas relajadamente al susurro del oleaje* y un suave viento les acariciaba* sus cuerpos desnudos. ¡Qué paz, qué tranquilidad, qué armonía!

¡Qué susto*!, cuando se les acercó un señor mayor, vestido de deportista. Les gritó, les amanezó y les ordenó que se cubriesen sus cuerpos. Las dos chicas – ambas de ideas modernas – no le hicieron caso, tomándole por una reprimida rata de sacristía*. El intruso* se excitó* mucho al no ver obedecidos sus mandamientos*. Para justificar su autoridad se dió a conocer como juez de instrucción*, lo que las dos sirenas no le creían. Le pidieron su documentación, pero no pudiendo demostrar su cargo* el señor se alejó.

Las dos chicas olvidaron la interrupción y volvió la paz en ellas. De nuevo podían gozar del hermoso espectáculo de la naturaleza.

Pero de nuevo volvió el presunto juez, esta vez acompañado por varios policías municipales, todos con los trajes correspondientes a su autoridad. Ellos les rogaron a las bañistas que se vistiesen y que les siguiesen. En vano – las dos no hicieron ademán* de moverse de su deleitante* sitio.

214 Öffentliche Einrichtungen

Para reforzar sus órdenes recurrió el juez a una pareja de la guardia civil que deambulaba por la playa. Entre todos tomaron en brazos a las dos llevándolas a un vehículo policial con el cual fueron trasladadas* a la prisión de la localidad. Las pobres permanecieron* cuarenta y ocho horas en dicho lugar acusadas de «escándalo público y desacato a la autoridad».

Por suerte terminó esta historia felizmente. Cuandó llegó el día del jucio nuestras protagonistas fueron absueltas* y quedaron en libertad. No es sabido si alguna vez volvieron a esa playa que tantos disgustos les había causado.

Lo que acabamos de relatar no es ningún cuento ni nada que haya ocurrido una única vez. Abundan los jueces que colgaron el título en la pared al terminar su carrera* y no se quieren enterar de los cambios de leyes. Va cambiando el panorama judicial. Hoy la mitad de los jueces pertenece a la generación de menos de cuarenta años. Pero la juventud no es ninguna garantía para que un juez dicte sentencias* liberales. Hay por ejemplo el caso de un joven juez valenciano que manda a la cárcel a una mujer simplemente porque lo había tuteado. O procesa por «blasfemia y escarnio*» a los nueve actores del famoso grupo de teatro «Els joglars» por representar una obra anticlerical. En Extremadura se encarceló a un joven por acariciar a su novia «en público».

Lo que se le reprocha también a la justicia es lo lento que funciona. Hay quien dice: las sentencias tienen más retraso que los vuelos de Iberia. Parece que

ser absuelto
freigesprochen werden
dictar sentencias
Urteile fällen
el escarnio
Verhöhnung

en algunos juzgados siguen los tiempos de la inquisición. Los jueces siguen intocables e infalibles* y por supuesto no permiten la más mínima falta de respeto. Es el alcalde de Jerez quien se hizo portavoz* de los críticos de la justicia, cuando provocó un escándalo nacional comentando: «la justicia es un cachondeo*.»

el cachondeo
Klamauk,
Gaudi

no me acuerdo de que
   ich weiß nicht worüber
salir
   auftreten
va a terminar el primero de EGB (Educación General Básica)
   er beendet das erste Jahr der Grundschule
se lo hemos enseñado
   wir haben es ihm beigebracht
hacer dos filas en el patio
   sich in Zweierreihen im Schulhof aufstellen

Lo que me faltaba, que salga cura

¿Sabes lo que me pasó el otro día? Estábamos viendo un programa, no me acuerdo de que*, salió* un grupo rezando el padrenuestro* y de pronto me doy cuenta* de que mi Manuel que va a terminar el primero de EGB* estaba diciéndolo también. Me quedé de piedra* porque ni yo ni el padre se lo hemos enseñado*.

Entonces le pregunté: ¿Manuel, qué es eso que estás diciendo? Y me dijo que lo decían todas las mañanas. A las nueve hacen dos filas en el patio* y suben a clase. Se coloca cada uno en su mesita y antes de sentarse la profesora les hace rezar* el padrenuestro. Y eso que no es ningún colegio de curas*. Claro, ahora me explico porque hace poco me preguntó quien era el Señor★. Y qué se puede contestar a una pregunta así: ¿Qué señor? Y él dice tan natural: El Señor, el Señor que está en el cielo.

Todo esto me importa porque yo me tiré nueve años★ en un colegio de monjas★ y sufrí tanto entre el infierno✶, el paraíso, el pecado✶ y los sacramentos que de ningún modo estoy dispuesta✶ a que a mi hijo le coman el coco★ de esa manera. Así que lo primero que hice fue comentarlo con la madre de un compañero de Manuel. Ella se quedó con la boca abierta✶. Entre las dos decidimos✶ plantearle el problema★ al APA★. Como allí todos largan pero ninguno está por dar la cara✶, nunca se llega a ningún acuerdo. Total✶ que después de dos horas inútiles decidí que lo único que podía hacer era hablar yo con la profesora.

Pedí cita✶, y cuando se lo dije me contestó que «ella es católica, y que mientras esté en un colegio rezaría cada mañana antes de empezar la tarea✶». Como no se podía hablar con ella, me fui a ver al director. Se ve que✶ es un hombre muy comprensivo✶ pero está claro que no puede hacer nada. Dice que todavía no está regulado oficialmente lo de la ética★ y que cada profesor tiene libertad de cátedra★.

Yo me cabreo mucho✶ porque lo metí en ese colegio pensando que era más abierto, más moderno... Y ahora no sé que hacer. Porque está visto que todo depende del maestro que le toque★, sea en el colegio que sea★. Lo que me faltaba es que meta al niño en un colegio público, se contagie✶ de la religión y me salga cura★.

el colegio de curas
Pfaffenschule
el Señor
der HERR
me tiré nueve años
ich habe neun Jahre zugebracht
comer el coco
überzeugen, rumkriegen
plantear el problema
das Problem auf den Tisch legen
APA (Asociación de Padres de Alumnos)
Elternbeirat
la ética
Ethik-Unterricht
la libertad de cátedra
Lehrfreiheit
el maestro que le toque
der Lehrer, den er gerade bekommt
sea en el colegio que sea
auf welcher Schule auch immer
que salga cura
daß er am Ende noch Pfarrer wird

Vivir con instituciones   **217**

Sanidad

la sección de medicina interna
 Abteilung für innere Medizin
ATS (Asistente Técnico Sanitario)
 Medizinisch-technischer Assistent
ingresar
 eingeliefert werden
UVI (Unidad de Vigilancia Intensiva)
 früher: Intensivstation

Guillermo Sierra llega a la sección de medicina interna* y para* al primer médico que se cruza*: «Perdone, ¿ me puede decir donde está mi mujer, Mariangeles López Esteban?»

El médico sin dejar de andar le manda a los ATS*: «Vaya usted a aquella puerta, ahí le informarán.»

Guillermo toca suavemente a la puerta indicada y al no recibir respuesta la entreabre* tímidamente. Entonces se levanta una enfermera y le pide: «Espérese a que terminemos de hacerle la cura* a aquel señor», y le cierra la puerta. Guillermo recorre* el pasillo arriba y abajo y se pone cada vez más nervioso.

Al cabo de un cuarto de hora se abre la puerta y se le acerca* la enfermera: «¿Qué es lo que desea?»

Guillermo explica: «Mire, quisiera ver a mi mujer, Mariangeles López Esteban, soy el marido.»

«¿Cuándo ingresó*?», pregunta la enfermera.

«Estaba en la UVI*, allí me han dicho que la han trasladado* a esta sala.»

«Ahh sí, la de la úlcera*. Está en la cama 424 al final del pasillo*. Pero ahora no la puede ver.»

Guillermo se extraña: «¿Pero cómo puede ser? Si llevo diez días viniendo a está hora.»

Parece que le falta paciencia a la enfermera: «A mí

no me importa cual es la hora de visita en la UCI*. Tiene que venir mañana de cuatro a siete.»

Guillermo intenta tocarle la fibra sensible*: «!yy, no me diga eso! Todos estos días sólo podía estar con ella cinco minutos... Es que termino de trabajar a las siete y media y, mientras sí mientras no*, se me hacen las ocho*...»

«Mire, eso lo dice todo el mundo. ¿Pero usted se imagina lo que sería esto si dejáramos pasar a cualquier hora?»

«Yo lo comprendo, pero déjeme verla por lo menos hoy, estará impaciente por verme*.»

La enfermera no quiere dar su brazo a torcer*: «Por eso no se preocupe*, yo le diré que ha estado usted aquí. Así es que vuelva usted mañana*.»

Guillermo se va mosqueando por momentos*: «Bueno, señorita, haga usted el favor de decirme donde puedo encontrar a quien esté encargado de esto*.»

Claro, a la enfermera tampoco le gustan estas conversaciones y se quiere escaquear*: «Lo siento, el doctor Roldán Muñoz no está ahora mismo. Le voy a llamar al doctor Gómez Escobar.»

A los cinco minutos sale de la sala de cura* un jóven con bata blanca* y una carpeta* en la mano. Se dirije a Guillermo: «¿Usted es el marido de la señora López Esteban? Bueno, su mujer se encuentra muy

UCI (Unidad de Curanderismo / Cuidado Intensivo)
heute: Intensivstation
se me hacen las ocho
wird es acht Uhr
dar su brazo a torcer
klein beigeben
se va mosqueando por momentos
er wird zusehends saurer
escaquear
sich aus dem Staub machen
la carpeta
Akte

Vivir con instituciones   **219**

ha tolerado algún alimento
  sie hat schon etwas Nahrung vertragen
desde la otra punta
  vom anderen Ende der Stadt

bien, hoy ya ha tolerado algún alimento* y de seguir así* es posible que se dé de alta* muy pronto.»

Guillermo se tranquiliza*: «Muchas gracias, doctor, ¿no me podría dejar que la viera*, aunque sea por cinco minutos? Mire, yo he venido corriendo desde la otra punta*... y estoy tan contento de que ya no siga en la UVI. Ella estará nerviosa porque no me ha visto hoy.»

El médico resulta* ser comprensivo y tiene suerte Guillermo. Consigue llevarse el gato al agua*. «Bueno, pero haga el favor de no quedarse más de diez minutos.»

220 Öffentliche Einrichtungen

Los horarios del hospital no le cuestan* sólo a Guillermo sino a todos los enfermos internados* ahí. A las siete los despiertan para lavarlos y limpiar las habitaciones. A las ocho y media, cuando ya se han tirado hora y pico esperando el desayuno, por fin les sirven el café, manzanilla* o leche y algunas galletas*. A las doce ya les toca el almuerzo* y a las tres y media la merienda*. A las siete y media ya han cenado. Ese horario es una putada*. Cualquiera necesita dos semanas para acostumbrarse*. No hay quien esté de acuerdo con este horario, ni médicos, ni ATS, ni los mismos pacientes*. Pero antes de cambiarlo habría que cambiar muchas cosas: el paro* de noventa mil médicos, el horario de los médicos internos*, el mantenimiento* de los aparatos, el número de camas por habitante, la medicina rural, la centralización de las especialidades, las largas listas de gente esperando para ser atendido* y operado...

los enfermos internados ahí
die dort stationierten Patienten
les toca el almuerzo
sie sind dran mit dem Essen
el paro
Arbeitslosigkeit
los medicos internos
die Krankenhausärzte

Vivir con instituciones   **221**

Enseñanza

estar dejado de la mano de Dios
stark vernachlässigt und dadurch chaotisch

los centros de EGB (Enseñanza General Básica)
Grund- und Hauptschulen

las asociaciones de padres
Elternbeiräte

escolarizado
eingeschult

pasar
überwechseln

F. P. (Formación Profesional)
Berufsschulen

el presupuesto
Haushaltsmittel

las asignaturas
Fächer

B. U. P. (Bachillerato Unificado Polivalente)
die drei Vorklassen zum Abitur

C. O. U. (Curso de Orientación Universitaria)
das eigentliche Abitur

la criba de la selectividad
Sieb der Auswahlverfahren

Todo el mundo está de acuerdo: la enseñanza está dejada de la mano de Dios*. Guarderías* públicas no hay para todos los niños, las privadas le cuestan un huevo* a los padres. En casi todos los centros de EGB* no se cubren las mínimas necesidades* pedagógicas. Faltan por ejemplo profesores de deporte y música y las asociaciones de padres* están obligadas a correr con los gastos* para contratar profesores extras. Se supone* que los niños tienen que estar escolarizados* hasta los dieciséis años. Pero muchos terminan EGB con catorce y no pasan* a la enseñanza secundaria.

La F. P.* padece* falta de material, de profesorado y de presupuesto*, exceso de asignaturas* obligatorias y desprestigio* público. B. U. P.* tiene los mismos problemas de presupuesto y de profesorado. Es una enseñanza tan teórica que sólo les sirve a aquellos que sigan con estudios universitarios. Los que a trancas y barrancas* consiguen terminar el C. O. U.* tienen un obstáculo inmediato*: la criba de la selectividad*. Una vez pasada ésta, dependerá de tu expediente* el que tengas acceso* o no a la facultad que has elegido.

La universidad está en crisis permanente. Todo el mundo sufre la masificación, hasta el extremo de que en algunas facultades los estudiantes no se atreven ni a salir de clase para ir al lavabo por miedo a perder su sitio. Y nadie lo diría teniendo en cuenta que la universidad no es más que una fábrica de parados✴. Una vez terminada la carrera★ no es todo pan comido✴. Entonces empieza el vía crucis✴ de las oposiciones✴, de buscar sustituciones★, de la cola✴ en la oficina de empleo o de releer cada día las ofertas de trabajo✴.

Hay otra opción✴ para conseguir mejor formación✴ y más posibilidades de encontrar trabajo. Son las cuatro universidades privadas, vinculadas✴ todas con la iglesia. El inconveniente✴ es que se tiene muy difícil acceso, plazas limitadas, largas lista de espera y además te cobran un ojo de la cara✴.

Se estima que si no se lleva a cabo✴ una reforma radical, dentro de poco se llegará a un sistema tipo americano, con muchas universidades privadas por un lado y estatales asequibles✴, pero de poco prestigio✴ por el otro. Habría que incentivar✴ a los profesores pagándoles un sueldo adecuado para que no se vean obligados a ir a trabajar a la industria y facilitándoles✴ los medios para hacer cursos de perfeccionamiento y de reciclaje★. Pero esto que es indispensable✴ para la tan cacareada★ calidad de la enseñanza, es completamente utópico.

una vez terminada la carrera
wenn das Studium abgeschlossen ist
las sustituciones
Vertretungen
los cursos de perfeccionamiento y de reciclaje
Weiterbildungs- und Perfektionierungskurse
la tan cacareada ⟨ ⟩
hier: die so oft bemängelte

Vivir con instituciones   **223**

GAMBAS PLANCHA
GAMBAS AJILLO
ARROZ BRUT
SOPAS MALLORQUINAS
CONEJO
STEAK PARRILLA
ESCALOPE PIMIENTA
ESCALOPE CORDON BLEU
CHULETAS DE CORDERO
CHULETAS DE CERDO
ENTRECOTT
SOLOMILLO

Sprite

-MENU-

- TOMATEN SUPP

- SCHNITZEL MIT

- TRAMPO (MALLO SALA

- OBST
EIN GLASS 500
WINE

Tourismus El turismo

Vamos a la playa – Familie Sonntag am Strand. Rucksackreisende, verklemmte Einheimische am FKK-Strand und der Kult ums Anmachen

In dreißig Jahren sind aus vier Millionen Feriengästen weit über vierzig Millionen geworden. Aber nicht der Zufall stand Pate bei dieser stetigen Völkerwanderung. Da wurde geplant, investiert, spekuliert, geklotzt und betoniert auf Teufel komm raus. Die Biografien der Schauplätze an der Mittelmeerküste sind bekannt: Aus malerischen Fischerdörfchen wurden im Handumdrehen Ferienfabriken für Industriekrüppel aus dem Norden. Wo früher bunte Fischerbötchen das Strandpanorama beherrschten, tut das inzwischen eine Skyline von Hochhäusern – Bauten, die allesamt im Ungeist einer Nullästhetik geschaffen wurden, für deren Verantwortliche die Inquisition wieder eingeführt werden sollte.

Die Verschandelung von Balearen, Kanaren, der Küste zwischen Port Bou und Gibraltar und auch dahinter ist nicht mehr rückgängig zu machen – da hilft keine Larmoyanz über Zementwüsten und abgestorbene Sozialgefüge und da hilft auch nicht der «sanfte Tourismus», der alternativ organisierte Urlaub für diejenigen mit dem ökologischen Gewissen.

Der Magnetismus der Touristenstrände wirkt schon lange nicht mehr nur ins Ausland. Die meisten Spanier verbringen ihren Urlaub an der Küste. *Vamos a la playa* – der Schlager trifft den Zeitgeist. Der Sonnenkult hat aufgeräumt mit dem alten Ideal «je weißer desto schöner». Der eigenen Begehrlichkeit hilft der Feriengast nach, indem er sich die Pelle rösten läßt. *Ligar* steht für anbändeln, anmachen und, wenn es klappt, abschleppen. Mögliche und wirkliche Abenteuer sammeln, darin liegt das Ziel der kostbarsten Wochen des Jahres.

Kostbar sind die Ferien wirklich – da werden Drei-Zimmer-Apartments en *primera línea*, in vorderster Front am Strand, locker für 3000 Mark im Sommermonat vermietet. Die spanische Mittelstandsfamilie löhnt ja und lädt noch ein paar Matratzen aufs Autodach, damit die Oma, ein geschiedener Schwager und zwei Neffen auch noch mit können. Der Höhepunkt im Urlaubsalltag findet dann am Abend statt, wenn die ganze Sippschaft frisch geduscht in die Jogging-Anzüge schlüpft und sich in Reih und Glied vor der untergehenden Sonne postiert, damit der Papi ein besonderes Motiv für seine neue Video-Kamera hat. Hinterher kann er dann den Nachbarn unterjubeln, was das *milagro económico* ist, das spanische Wirtschaftswunder.

Auch die weniger Betuchten zieht es an die *playa*. Alle, die ohne Koffer reisen und sich einen Rucksack umbinden, heißen *mochileros*. In den Augen der Einheimischen haben sie immer etwas von Vagabunden, egal, ob die Freaks europäische Ökos oder iberische Berufspunks sind. Besonders gern gesehen sind sie alle nicht, denn viel Geld ist von ihnen nicht zu erwarten.

Von den Herden aus Mittelengland und dem Ruhrpott übrigens auch nicht – die lassen im Schnitt nicht mehr als dreißig Mark pro Tag und Person im Land. Die fetten Jahre sind vorbei, geblieben ist ein erbarmungsloser Kampf um die melkbaren Massen. Volkswirtschaftler und Ökologen streiten, ob der Tourismus mehr Nutzen oder mehr Schaden gebracht hat und bringt.

Vamos a la playa

los domingueros
 Sonntags-
 fahrer
la sombrilla
 Sonnenschirm
las butacas
 Klappsessel
la baca
 Dachgepäck-
 träger
la caravana
 Autoschlange
los chismes
 Kram, Zeug
las tumbonas
 Liegestühle
el Hipercor
 Großmarkt
Hola
 Nummer 1 der
 Regenbogen-
 presse
**el colchón hin-
chable**
 Luftmatratze
el chucho
 Köter

El domingo es de los domingueros*. La carretera es también de ellos. Están por todos lados☆, menos en el barrio. Pero sobre todo están en la playa. Como si no tuvieran otro sitio a donde ir. A las siete suena el despertador y todo el mundo en pie. Una hora más tarde, la nevera, la sombrilla*, las butacas*, la barca del niño, el balón y la barbacoa están cargados en la baca*. Toda la familia se ha subido en el coche y el padre se cabrea☆ porque llevan un cuarto de hora esperando a la madre que no sale. Como siempre le toca a ella encargarse☆ de los preparativos para la comida, no tiene tiempo ni de peinarse. ¡Cómo va a salir con esos pelos!

Por fin están en la carretera entre todos los que, como ellos, se disponen a pasar un día maravilloso y relajante☆ a orillas del mar. Después de dos horas de caravana* y una de buscar un sitio donde colocar los chismes*, plantan su sombrilla para la nevera y la butaca de la abuela y se tienden en las nuevas tumbonas* que han comprado para este verano en el Hipercor*.

Al cuarto de hora el niño da el coñazo☆ porque tiene hambre. Y la abuela protesta porque siempre le toca a ella y nunca la dejan leer el Hola* en paz. Los mayores se pelean☆ porque los dos quieren el colchón hinchable*. En un descuido☆ el chucho* del vecino le-

228 **Tourismus**

vanta la patita y se mea en la nevera. Menos mal que está bien cerrada. Mientras la madre está adormilada se le acerca el padre con el cubito* del niño lleno de agua y le gasta la broma de rigor*. La madre pega un salto* y por poco le da un guantazo* al niño que tiene más cerca.

Llega la hora de la comida. El padre – como todos los padres del mundo – es experto en la materia. Se dispone a encender la barbacoa, pero se da cuenta de que han olvidado el carbón. Y por supuesto* le echa la culpa a su mujer. Afortunadamente cuatro filas* de sombrillas más para allá, uno de los niños ha reconocido a un vecino del barrio y deciden echarle cara al asunto* y pedirle un poco.

Después de ponerse como el Quico*, le toca a los mayores dar la lata*. No los dejan bañarse hasta que hagan tres horas de digestión. El padre los manda con la música a otra parte*. Surge un grave problema: a ver a quien le toca la china* de acompañar a la abuela al servicio del chiringuito*. La pobre lleva media hora queriendo cambiarle el agua al canario* y su hija está durmiendo la siesta.

Cuando por fin han pasado las tres horas de la digestión, el padre decide que hay que recoger* y ponerse en marcha. Se arma la de Dios*: los niños lloran, la abuela discute con el yerno y la madre jura, una vez más en vano, no volver a la playa nunca más.

la broma de rigor
der unvermeidliche Spaß
las filas
Reihen
el servicio del chiringuito
Klo der Strandkneipe

Patrimomio

Señor director,

los enclaves
Enklaven
el registro de propiedad
Grundbuch
con su dinero justo
gerade mit dem nötigen Geld
intercalar
dazwischenschalten
romper un poquito con la rutina veraniega
ein bißchen mit der Sommerferienroutine brechen
con lo altas que están las entradas
bei den hohen Eintrittspreisen

España se niega* a entregar los enclaves* Ceuta y Melilla diciendo que cuando se establecieron españoles ahí, todavía no existía el estado marroquí. Que yo sepa* no existía el estado español cuando se construyeron por ejemplo Itálica o Medina Azahara. Pero estos monumentos y muchos más que datan* de tiempos «preespañoles» se consideran* hoy día «patrimonio nacional». Término que no le importa mucho al visitante puesto que* le interesan arquitectura y arte y no el registro de propiedad*. Al visitante extranjero sí que le importa. A la hora de entrar en muchos sitios declarados «nacionales» ve pasar a los españoles sin pagar, mientras él mismo se tiene que comprar el derecho de entrar. A veces vale el billete 500 pesetas, a veces sale más barato y sólo vale 200 pesetas.

Vamos a suponer* el caso de una pareja de jóvenes que ha venido de «Europa» con su dinero justo* para pasar sus vacaciones en España. Están hartos de la playa y deciden intercalar* un día de museos para romper un poquito con la rutina veraniega*. Con lo altas que están las entradas* se les van volando fácilmente de mil a mil quinientas pesetas mientras sus colegas nacionales no tienen que pagar una gorda*. Y

230 **Tourismus**

nacional

tampoco pagan el señor Don Terrateniente Latifundio y su hermano Don Urquijo Talonario. Los extranjeros residentes en España sí que pagan, aunque trabajando aquí entreguen sus impuestos* a la nacional hacienda*. Y los tantos negros ilegales que siempre venden lo mismo en la playa y en los mercadillos*, a la hora de entrarles un afán* de visitar uno de estos sitios tan sagrados, tienen que pagar o quedarse fuera.

Soy alemán y me duele el racismo en la RFA. Lucho para que los emigrantes consigan* los mismos derechos que nosotros los ciudadanos alemanes, o sea que se les conceda* el derecho de voto, que se les deje entrar en locales públicos (hay sitios donde no se admiten a los turcos* jóvenes), que no se les expulse cuando en sus países tal vez les espera la pena de muerte*. Lucho contra el racismo y la descriminación que cada vez se está manifestando con mayor impacto*.

Esto de las entradas pagantes para los extranjeros y entradas gratuitas para los que disponen* del D. N. I.* me sabe* a discriminación xenófoba*, me parece repugnante*, me cae mal*, vamos.

Axel Drescher

que se les conceda
das ihnen bewilligt wird
no se admiten a los turcos
die Türken werden nicht reingelassen
cada vez con mayor impacto
mit immer stärkerer Wirkung
me cae mal
mißfällt mir

Paraíso o cloaca

Ya no hay nadie que lo ponga en duda*. La costa del mediterráneo se ve cada vez más horrorosa*, más contaminada*, más fea y menos acogedora. Los petroleros* siguen limpiando sus depósitos* con agua de mar. El resultado lo vemos en el traje de baño y en los pies: esas maravillosas manchas de alquitrán*. Son tan perdurables* como los rascacielos en la costa. Y como las depuradoras* escasean*, sigue la contaminación del mediterráneo. Hasta tal punto que en muchas playas se ha prohibido el baño.

Lo que no escasean son los camiones cisterna* en verano. En muchos sitios el agua dulce no llega

contaminado
verseucht
los petroleros
Öl-Tanker
los depósitos
Tanks
las manchas de alquitrán
Teerflecken
las depuradoras
Kläranlagen
los camiones cisterna
Tanklaster mit Wasser
maradictos
meeressüchtig

232 **Tourismus**

cuando la costa sufre la invasión de «maradictos*».
Pueblos como Benidorm se inflan* de cincuenta mil
habitantes a más de un millón en agosto. Y, ¿a quién
se le quita el agua*? Vamos a escuchar un poco a dos
afectados*:

Eduardo: ¿Cómo te atreves a decir eso? ¿Hay derecho a tener un piso cerrado todo el año para sacar
cincuenta mil duros en julio y agosto?

Miguel: *Pero si la gente lo paga...*

Sí, los de fuera*. Y los del pueblo, ¿qué? Hay gente
que las pasa moradas* porque no tiene vivienda y los
tíos no quieren alquilar.

*Ya, pero mucha gente las tienen para ellos. ¿O es
que uno que se pasa la vida currando* no tiene derecho
de tener su piso en la playa?*

Esa es otra*. Un apartamento con un dormitorio,
siete millones. ¿No te parece exagerado?

*Sí, pero también hay muchos que viven de la
construcción, albañiles*, fontaneros*, pintores...*

Sí, claro, seis meses de obra y luego vuelta al
paro*... Y lo que queda son los bloques* y los problemas. Si tuvieran un terrenillo para cultivarlo tendrían trabajo para todo el año. Bueno, eso es un decir*, porque luego, cuando más falta el agua se la
quitan al campo porque hace falta para las piscinas.
No es raro que hasta los campesinos se queden sin
trabajo.

¿a quién se le quita el agua?
wem wird das Wasser weg-genommen
currar
schuften
los albañiles
Maurer
los fontaneros
Klempner

Tú estás mal de la azotea⁎. El que quiere trabajar siempre encuentra algo. Lo que pasa es que son más vagos que la chaqueta de un guardia⁎.

Mira, mi sobrino estuvo trabajando en un chiringuito⁎ el año pasado y le daban dos talegos⁎ por catorce horas de trabajo. Y el dueño se forró el tío⁎. Y no daba ni golpe⁎.

Los que de verdad hacen su agosto⁎ son los especuladores⁎: Compran mucho terreno, construyen casas con materiales de baja calidad, las venden con mucho benificio⁎ y cuando surgen problemas⁎... ya se han largado⁎ a otro sitio para repetir el juego.

Es una idiotez construir ciudades enteras para habitarlas sólo dos meses al año. De setiembre a junio son ruinas, ciudades fantasmas⁎, cuevas. El clima social es nulo. O casi no hay nadie o hay tantos que ni siquiera se conoce a los vecinos. Así no es de extrañar⁎ que en algunos de estos sitios se llegue a un porcentaje elevado de suicidio⁎.

Lo que se ha perdido son esas habitaciones con derecho a cocina⁎ y con contacto directo con los «indígenas⁎» del pueblo. ¡Qué se le va a hacer⁎! El año que viene volveremos con nuestro piso en la playa, la abuela, el televisor portátil y todas las faenas de la casa⁎ de siempre. Pero eso sí, en un piso de treinta mil duros de alquiler.

---

son más vagos que la chaqueta de un guardia
sie sind wahnsinnig faul

dos talegos
2000 Peseten

el dueño se forró el tío
der Chef hat voll abgesahnt

un porcentaje elevado de suicidio
eine hohe Selbstmordrate

habitaciones con derecho a cocina
Zimmer mit Küchenbenutzung

las faenas de la casa
Hausarbeit

La playa nudista

Me voy a la Joya, ¿te apetece venir?*

¿Adónde vas?

A la playa nudista esa, que está ahí cerca.

¿A ponerte en pelotas*?

Claro, ¿por qué no? Llevo mucho tiempo yendo*. ¿Tú no has estado nunca?

Sí, un día...

Claro, de mirón*.

(Se pone como un tomate) *Mhh...*

Venga tío, anímate*. Hay que estar al loro*.

Es que me da mucho corte*.

Pero si no pasa nada. La gente va cada uno a lo suyo. Además, ¿tú sabes lo bien que se está en cueros vivos*?

¡Qué más da* por llevar el bañador puesto*!

Mira, no es lo mismo. Te sientes más libre, más en contacto con la naturaleza. Y si no, prueba y verás.

¿Y si me ve alguien?

Anda ya, no seas tan reprimido*.

¿Sabes lo que pasa? No me gusta que esa playa esté llena de los de la acera de enfrente*.

Pero tú, ¿cómo lo sabes?

El otro día vi uno que conozco y que sé que es

¿ite apetece venir?
 hast du Lust mitzukommen?
ponerse en pelotas
 sich nackt ausziehen
llevo mucho tiempo yendo
 ich gehe da schon seit langem hin
de mirón
 als Spanner
qué más da
 was ist schon dabei
el bañador puesto
 mit der Badehose
tirar los tejos
 anmachen

mariquita de toda la vida*. Y además me han dicho que es allí adonde se van a hacer la carrera*.

¡Qué tontería! ¿Te crees que te van a tirar los tejos*?

Si alguno se atreve a meterme mano*, le parto la cara*.

Tampoco es para ponerse así. No seas exagerado. Yo he estado cincuenta veces por lo menos y no me ha pasado nada. Casi siempre hay alguna pareja de mariquitas, pero tan tranquilos...

¿Y ahí me tengo que quitar el bañador?

Hombre, si no quieres, no...

Además es que está tan lejos. Como hay que bajar desde la carretera tanta cuesta, cuando llegas allí vas con la lengua fuera.

Pues... llegas, te das un baño y te quedas en la gloria*.

No sé, no sé...

Venga ya, si en el fondo pierdes el culo por ir*.

¿Pero qué hago yo si me encuentro a mi hermana con su novio, porque ella va también?

Aquello es muy grande como para que dé la casualidad* que la encuentres. Y si la ves, te haces el sueco*.

Otra cosa, ¿eso es legal, no hay policías por ahí?

¡Qué va, hombre! Como va a haber policías si está aprobado* por el ayuntamiento.

¿Y hay tías?

Claro que hay. Hay de todo. Venga, vámonos ya, que nos vamos a mondar de risa*.

en el fondo pierdes el culo por ir in Wirklichkeit bist du da ganz heiß drauf
mondar de risa sich schieflachen, viel Spaß haben

Culto al ligue

el ligue
Anmache

Hay muchos cultos en verano: el culto al sol, a la playa, al cuerpo, a la moda y a los sitios de ambiente nocturno. Ya en mayo empiezan las revistas a explotar el tema. Entonces salen titulares* como: *Lo más caliente del verano – Como divertirse, ligar* y estar de moda – Como preparar tu cuerpo para el verano – o – Doce trucos para ligar.*

Los periodistas suponen que hay que vivir del siguiente modo: Una vez pasado el invierno* se come lo

ponerse moreno
sich bräunen
imprescindible
unerläßlich
devolver la mirada
. den Blick zurückgeben, zurückschauen
soltar algún comentario gracioso
eine witzige Bemerkung machen

que digan ellos para adelgazar siete kilos en trece días. A partir de semana santa* hay que ponerse moreno* tomando sol o acudiendo* a un centro de belleza. Luego hay que renovar el vestuario* comprando vestidos y bañadores de última*. Y por supuesto* es imprescindible* hacer una visita al peluquero para que te haga un corte* moderno: cómodo y fácil de arreglarlo tú por la noche con gel o gomina*. Una vez llegado el verano ya estas en forma y listo para lanzarte al ataque*.

Si creemos a los periodistas, el mundo se convierte en los meses de julio y agosto en un inmenso campo de batalla* entre hombres y mujeres. La guerra consiste* en conquistar*, ser conquistado, llevar y ser llevado a la cama. Hay quien tiene la intención de colonizar a la larga*, o sea buscar pareja no para una noche sino para una relación estable. Eso sí que es más difícil, porque ¿cómo se reconocen entre los miles de posibles candidatos a los que tienen los mismos intereses?

Los expertos dicen que es primordial* ocultar* las ganas de ligar. El juego de miradas es el arma* fundamental. Si el candidato elegido que está tomando una copita enfrente devuelve tres veces tu mirada*, puedes estar seguro que no eres un elemento más del mobiliario*. Entonces ha llegado el momento de echarle cara al asunto y lanzarte. Pero por favor que no se te ocurra pedir fuego o la hora. Así lo echarías todo a perder*. Lo más seguro para que te salga a pedir de boca* es soltar algún comentario gracioso*. Si consigues que se ría habrás entrado con el pie derecho*. Ahora es cuestión de enrollarse bien*, charlar, tontear*, pasarlo bien y rezar* para que cuando digas «bueno, me tengo que ir ya» te pida: «quédate un rato más». Esas son las palabras mágicas y claves para que no se acabe la cosa ahí.

Bueno, vale ya. ¿Cuántos periodistas habrán ligado de esta forma? Seguro que para sacar uno de esos artículos recurren* a algún manual* de ligue escrito por algún colega. Lo que si es cierto es que hay mucha gente que intenta y se imagina el ligue así.

Es interesante escuchar los faroles que se tiran* los ligones* hablando con sus colegas. Igual que los periodistas se inventan las historias con las que siempre han soñado. Fingen* y presumen* de citas*, conquistas y camas. Las tías fanfarronean* menos, pero a veces se ponen ellas también en plan ligue*: «a ver si esta noche encuentro un novio con los papeles debajo del brazo*».

Lo malo es que cuando ha terminado el verano y tantos preparativos y tanta logística no han servido para nada. Entonces puede uno tranquilamente compensar* su frustración y sacrificio* hartándose de comer* y esperar la primavera para volver a empezar.

enrollarse bien
  ordentlich anbändeln
quédate un rato más
  bleib noch ein bißchen
los ligones
  Aufreißer
presumir
  vorgeben
se ponen ellas también en plan ligue
  sie gehen auf Anmache
hartarse de comer
  sich vollfressen

El turismo 239

Los mochileros

No hace falta mochila. Basta que lleves cualquier bolso, que tengas pinta☆ de llevar dos días sin lavarte y que seas desconocido en el pueblo para que te llamen mochilero. Es la forma más económica de viajar, te ahorras todos los gastos de transporte y alojamiento☆. Y con cuatrocientas pelas★ al día para comprar comida y alguna cerveza tiras pa-'lante★.

Tal vez encuentras a alguien que te invite para fumar un canutito★ y si no, se hace un mocho★ con los colegas y se compran cien duros. Si llegas a hacer amistad con alguno del pueblo, seguro que es uno de los más modernos. Todo el resto es más reservado. No intentes caer bien☆ a alguien que vive del turismo. A esa gente sólo le interesan los talegos★ que puedan sacar.

Si de verdad consigues enrollarte★ bien con algún vecino del pueblo, con un poquito de suerte hasta es posible que pases alguna noche bajo techo☆ y que puedas lavar tu ropa. Pero esto es como si te tocara el gordo☆ en la lotería.

Lo normal es que busques un bar que tenga lavabo para lavarte un poco. Cuando te toca dormir en la

---

los mochileros
Rucksack-
Freaks
las pelas
Peseten
tirar pa'lante
klarkommen
el canutito
Joint
hacer un mocho
zusammen-
werfen
los talegos
1000-Peseten-
Scheine
enrollarse
ein Gespräch
anknüpfen

calle☆ el coñazo★ es donde dejar la mochila todo el día. Las estaciones ya no tienen consigna☆ por miedo a la ETA, la policía no quiere y tampoco puedes llegar a un bar y pedir de buenas a primera☆ si te dejan dejar tus cosas. En estos casos hace falta pedir algo, darle la coba☆ al camarero y caerle bien. Entonces sí, después de media hora se lo puedes insinuar☆ primero y luego comerle el tarro☆.

Otro coñazo es cuando estás haciendo autoestop y te bajan en la entrada del pueblo. Entonces no te queda otro remedio☆ que andar todo el camino hasta la otra salida.

Por la noche surge el problema★ ¿dónde dormir?, sobre todo en los sitios sin playa. En los parques sería bonito, pero los municipales☆ no te dejan.

Los mochileros por lo general viajan solos o de dos en dos☆. Pero en alguna plaza o en algún bar determinado y barato siempre se reúnen☆ los colegas. Es fácil apuntarse☆ a lo que hagan y es bonito compartir la litrona★ o el vino. Además te pueden decir los sitios que merecen la pena☆. Si te tiras mucho tiempo así★ probablemente terminas hecho migas★ y con ganas de volver a casa y pegarte un baño★ de cuatro horas.

Pero seguro que has vivido más aventuras que viajando en autobús.

el coñazo ⟨ ⟩
 der unangenehme Scheiß
surge el problema
 es stellt sich das Problem
compartir la litrona
 die große Bierflasche rumgehen lassen
si te tiras mucho tiempo así
 wenn du das lange machst
hecho migas
 groggy
pegarse un baño
 sich in die Badewanne werfen

Anhang

Weitere Worterklärungen

De viajes y transportes

En carretera

la pesadilla: Alptraum
hacerse verdad: wahr werden
la más mínima idea: die geringste Idee
a esas horas: zu dieser Stunde
el combustible: Brennstoff
comprobar: überprüfen
para qué coño ⟨!⟩: wozu in aller Welt
no tengo ni puta idea ⟨ ⟩: ich hab nicht den blassesten Schimmer
la venta: Gasthof
caer en una trampa: in die Falle gehen
vestir de limpio: verfluchen
se va haciendo a la idea: sie freundet sich mit dem Gedanken an
el asiento de atrás: Rücksitz
el camionero: Lastwagenfahrer
echarle un vistazo: mal nachschauen
la avería: Panne
el ángel de la guarda: Schutzengel
aliviado: erleichtert
rechazar: zurückweisen
resultar: sich herausstellen als

Hacer dedo

anda ya: ach komm
me contó una película: er erzählte mir einen Film
casa discográfica: Plattenfirma
cantidad de gente superfamosa: ein Haufen total berühmter Leute
qué va: überhaupt nicht
la venta: Gasthof
resultar: sich herausstellen
no tenía ni una gorda: er hatte keine müde Mark
vete a saber: wer weiß
no nos paraba nadie: keiner nahm uns mit
tirarse: zubringen
un canutito: Joint
se nos ocurrió: wir hatten die Idee
el marica: Schwuler
la tía: Frau
salir pitando: losschießen
se mea de risa: er bepinkelt sich vor Lachen
hacer la mili: den Militärdienst machen

Viaje en avión

me tocó al lado: es saß neben mir
merecer la pena: die Mühe lohnen
y sabes como se lo ha montado: und weißt du, wie er das angestellt hat

ni se enteró: er hat überhaupt nichts gemerkt
como iba diciendo: wo war ich stehengeblieben
el mostrador: Schalter
el dinero justo: gerade das nötige Geld
lo cara que está la vida allí: wie teuer das Leben dort ist
que no me preocupara: ich solle mir keine Sorgen machen
me tuve que tirar media hora esperando: ich mußte eine halbe Stunde warten
no me dice ni pío: er sagt keinen Muckser
caer en la trampa: reinfallen
por supuesto: selbstverständlich
la pista: Startbahn
las hormiguitas: Ameisen
despegar: abheben
se iba a marear: ihr wurde übel
a cada dos por tres: andauernd
el chaleco salvavidas: Schwimmweste
se acojonó: sie bekam Schiß
a todos nos toca nuestro día: wir sind alle mal dran

Carta al director I

el empresario: Unternehmer

244 **Anhang**

consta: es ist bekannt
la proliferación: Wucherung
la asamblea general: Vollversammlung
llevar a cabo: durchführen
el apuro: Notlage
tomar medidas: Maßnahmen ergreifen
ocasionar: verursachen
carecer: nicht haben
los accidentados: Verunglückte
no en absoluto: in keinster Weise
la supervisión: technische Überprüfung
el recorrido: Strecke
las quejas: Klagen
los usuarios: Benutzer
exhibir: vorzeigen
los menores: Minderjährige
ser obvio: auf der Hand liegen
ser sometido: unterworfen werden
correr el riesgo: das Risiko eingehen
la labor periodística: journalistische Arbeit

Carta al
director II

para colmo: obendrein
no cabe la menor duda: es besteht nicht der geringste Zweifel
lo que demuestra: was beweist
echarle paciencia: geduldig ertragen
la ofensa: Beleidigung
atrever: wagen
hacer la vista gorda: ein Auge zudrücken

las quejas de usuarios: Klagen von Benutzern
el pudor: Schamgefühl
la competencia: der Wettbewerb
los puestos de trabajo: Arbeitsplätze
poder permitirse: sich leisten können

El tren

no tener prisa: keine Eile haben
los aficionados: Liebhaber, Fans
se pueden permitir: sie können sich leisten
el decir: Redensart
invadir: einmarschieren
la anchura: Breite
compartir: teilen
el salchichón: Dauerwurst
cada vez más: immer mehr
la fila: Reihe
enfrentarse: sich gegenüberstehen, sich auseinandersetzen
los asientos: Sitze
más lentos que un desfile de cojos: lahm wie eine Schnecke
recoger personas o bultos: Personen oder Gepäckstücke auflesen
una tertulia animadísima: eine angeregte Gesprächsrunde
cada cual: jeder einzelne
imponerse: sich aufdrängen
la gente de bien: bessere Leute
contagiarse: sich an-

stecken
padecer de: leiden an

La burocracia

En la secretaría
de la
universidad

el sobre: der Briefumschlag
el certificado: die Bescheinigung
suelto: einzeln
el libro de familia: das Stammbuch
será posible: das kann nicht sein
el chucho ⟨ ⟩**:** Köter

En el banco

la cuenta: das Konto
no hay forma de averiguarlo: kann man das nicht anders feststellen
tiene guasa ⟨ ⟩**:** das ist ja zum Totlachen
se me plantea un problema: ich stehe vor einem Problem
solucionar: lösen
el ordenador: der Computer

En el hotel

la sencilla: Einzelzimmer
I. V. A. (Impuesto sobre el Valor Añadido): Mehrwertsteuer
¡Qué pasada! ⟨ ⟩**:** das geht aber zu weit

venga, enróllate ⟨ ⟩: auf Mann, streng dich mal an

los establecimientos: Etablissements

quizás le convengan más: die sagen Ihnen vielleicht mehr zu

a tí que más te da ⟨ ⟩: dir kann's doch egal sein

me tengo que largar ⟨ ⟩: ich muß abhauen

ni que ésto fuera tuyo: das ist nicht mal dir

tranqui, tío ⟨ ⟩: cool, Junge

amenazar con la pasma ⟨ ⟩: mit den Bullen drohen

será hijoputa ⟨!⟩: was für ein Hurenbock

valiente gilipoyas ⟨!⟩: Riesenarschloch

En correos

¿A usted qué le importa?: was geht Sie das an

te sale más barato: das kommt dich billiger

mandar urgente: per Expreß schicken

el destinatario: der Empfänger

el remite: der Absender

una declaración de aduanas: die Zollerklärung

el compañero: der Kollege

la ventanilla: der Schalter

En el estanco

el estanco: der Tabakladen

pasado de moda: außer Mode

el librillo de papel: Zigarettenpapier

el chaval ⟨ ⟩: Junge

fumar porros ⟨ ⟩: Joints rauchen

los mayores: die älteren Leute

En la comisaría

los apellidos: die Nachnamen

D. N. I. (Documento Nacional de Identidad): Personalausweis

el domicilio: Wohnsitz

el chorizo: Gauner

el seguro: Versicherung

me hace falta llevármelo: ich muß das mitnehmen

la denuncia del robo: Diebstahlsanzeige

el cabo: der Chef

Autonomía y dependencía

El País Vasco

contemplar: betrachen

repleto: voll

los manifestantes: Demonstranten

el asombro: Erstaunen

el rodaje: Dreharbeiten

el bullicio: Lärm

estar hecho a: gewohnt sein

chiquitear: Wein trinken

el casco antiguo: Altstadt

la entrega: Auslieferung

el refugiado: politischer Flüchtling

cortar: unterbrechen, sperren

los aludidos: die Angesprochenen

hay palos: es gibt Knüppel

las manifestaciones: Demonstrationen

las tanquetas: Panzerwagen

los policías de paisano: Polizisten in Zivil

no es de extrañar por tanto: es ist also nicht verwunderlich

tomar partido: Stellung beziehen

me mosqueé mucho: ich habe mich wahnsinnig aufgeregt

la central nuclear: AKW

el ingreso en la Otan: Eintritt in die Nato

el medio-ambiente: die Umwelt

las casas de juventud: Jugendzentrum

estar ubicado: gelegen sein

el movimiento okupa: Hausbesetzerbewegung

ir por libre: unabhängig sein

achacar: vorwerfen

el apoyo: Unterstützung

el vestigio: Anzeichen

enraizado: verwurzelt

por supuesto: selbstverständlich

los progres: die Progressiven

los gays: die Schwulen

los yonquis: die Fixer

afectar: betreffen

destacado: hervorragend

asombroso: erstaunlich

la sucursal: Filiale

el veraneo: Sommerfrische

el telediario: Tagesschau im TV

sangriento: blutig

se pasan mucho: die übertreiben ganz schön

pelearse: sich streiten

el mástil: Fahnenmast

rechazar: zurückweisen

dar una vuelta por allí: dorthin fahren

Andalucía

el puerto: Paß

lamentarse de: sich beklagen über

recrearse: sich die Zeit vertreiben

los olivares: Olivenhaine

compensar: ausgleichen

el cacique: Kazike, Ortstyrann

el retraso: Rückstand

los jornaleros y parados: Tagelöhner und Arbeitslose

el terrateniente: Grundbesitzer

avasallar: unterjochen

asumir: sich aneignen

mangonear a su antojo: sich nach Lust und Laune überall reinhängen

el hombre de paja: Strohmann

hacer su santa voluntad: seinen Willen auf Teufel komm raus durchsetzen

el latifundismo: Großgrundbesitz

típico-tópico: klischeehaft-typisch

torear: stierkämpfen

el argumento: Thema

el toque: Anstrich, Schuß

los diseñadores: Designer

los líderes: Führer

Izquierda Unida: Plattform der Linken

cortar el bacalao: regieren

darse una vuelta por allí: dorthin fahren

meterse en el ajo: mitmachen und sehen, wo's langgeht

Madrid

el papel: die Rolle

competir: mithalten

derrumbar: niederreißen

provisto: versehen mit

tragarse: schlucken

es de mal agüero: das bringt Unheil

acudir: herkommen

estar pegado al televisor: am Fernseher kleben

el mojón: Meilenstein / Kilometerstein

acabar con: Schluß machen mit

los sótanos: Keller

torturar: foltern

el carterista: Taschendieb

la bolita: Kügelchen

los vasitos: Becher

los municipales: städtische Polizei

avisar: Bescheid geben

en un santiamén: im Nu

el engaño: Betrug

sin descubrir: der noch nicht entdeckt ist

el amplificador: Verstärker

el malabarista: Jongleur

colocar: andrehen

administración: Annahmestelle der Lotterie

deambular: hin und her gehen

minusválido: behindert

los cupones: Lose

ONCE: staatliche Blindenlotterie

el muestrario: Musterkollektion

la litrona: große Bierflasche

el aburrimiento: Langeweile

darse una vuelta por allí: dahin fahren

Anhang **247**

meterse en el ajo: sich ins Geschehen werfen

Asturias

ni hablar: davon kann keine Rede sein
corresponder: zustehen
merecer la pena: die Mühe lohnen
parar: unterkommen
si te apetece: wenn du Lust hast
es muy buena gente el tío: der Typ ist echt in Ordnung
cantidad de marcha: da geht die Post ab
los criaderos: Zuchtstätten
¡hazme caso!: hör, was ich sage
matar el gusanillo: den ersten Hunger stillen
el cabrales: asturianischer Schimmelkäse
el bonito: kleiner Thunfisch
caminar: laufen
acampar: campen
tirarse: verbringen
caminos o senderos: Feldwege und Pfade
los refugios: Hütten
hartarse: sich satt essen
tirarse pedos: furzen
cómo que no: klar
¡qué asco!: ekelig!
echar: eingießen
sujetar: festhalten
en todo lo hondo: ganz unten
verter: eingießen
hacer espuma: schäumen

tomársela de un tirón: mit einem Schluck austrinken
un buen botón de muestra: Musterbeispiel
caer chuzos de punta: in Strömen gießen
pegar el sol: die Sonne knallt
dar una vuelta por ahí: da mal hinfahren
meterse en el ajo: sich ins Geschehen werfen

Cataluña

los prejuicios: Vorurteile
se les atribuyen: man schreibt ihnen zu
agarrado: knauserig
las partes pobres: arme Gegenden
no es de extrañar: es wundert nicht
un problema sin resolver: ein ungelöstes Problem
clandestino: heimlich
prescindir: verzichten
fomentar: schüren
resurgir: wieder hochkommen
las pintadas: Graffiti
los rebeldes: Rebellen
reprochar: vorwerfen
el diseñador: Designer
lo pueblerino: dörflich
de alterne: Animierbetrieb
los numismáticos: Münzsammler
caber: Platz haben

los más flipantes: die Ausgeflipptesten
acudir: hinkommen
tropezar con: treffen auf

248 **Anhang**

Sociedad
defectuosa

Oposiciones:
la vergüenza
nacional

el funcionario: Beamter
desesperadamente: hoffnungslos
halagüeño: vielversprechend, schmeichlerisch
recorrer: bereisen
en resumidas cuentas: kurz und gut
los tranquilizantes: Tranquilizer
el papel higiénico: Klopapier
cagarse del acojono ⟨!⟩**:** vor Angst in die Hose machen
hasta los topes: bis oben hin
cargarse a alguien ⟨ ⟩**:** jemanden fertigmachen
la venganza: Rache
pintar los cristales: die Autoscheiben bemalen
rajar una rueda: einen Reifen aufschlitzen
amenazar: bedrohen
te toca el gordo: du ziehst das große Los
el carota ⟨ ⟩**:** Unverschämter, Respektloser
sin haber dado ni golpe: ohne einen Finger gerührt zu haben
una noche de juerga:

eine durchzechte Nacht
aprobar: bestehen
echar cara a: sich stellen
pillar ⟨ ⟩**:** kriegen, reinlegen
caer en la trampa: in die Falle gehen
los derechos: die Ansprüche
inalterable: unveränderlich
arriesgarse a: riskieren
cobrar más dietas: mehr Spesen kassieren
pagar el pato: den kürzesten ziehen
la mala leche ⟨ ⟩**:** miese Laune
gastar un pastón: einen Haufen Geld ausgeben

José: uno entre
más de mil

acogedor: einladend
el paro: Arbeitslosigkeit
los esfuerzos: Bemühungen
las asociaciones de vecinos: Nachbarschaftsvereine
los bloques: Wohnsilos
los portales: Eingänge
la comodidad: Komfort
deprimir: deprimieren
las bombillas: Glühbirnen
desconchado: abgebröckelt
el aseo: Klo
al salir de la mili: als er mit dem Militärdienst fertig war

casarse de penalti ⟨ ⟩**:** heiraten müssen, weil ein Kind unterwegs ist
el derecho al desempleo: Anspruch auf Arbeitslosengeld
va dando vueltas: rennt suchend überall herum
el oficio: der gelernte Beruf
el fichero: Kartei
alguna que otra vez: hin und wieder
no le van del todo mal las cosas: es funktioniert alles gar nicht einmal so schlecht
parir: ein Kind auf die Welt bringen
seguir con este rollo ⟨ ⟩**:** weitermachen mit dem Kram
el almacenista: Großhändler
amenazar: bedrohen
buscarse la vida de otra forma: seinen Lebensunterhalt anders bestreiten
le toca el ajuste de cuentas: er ist dran, mit ihm wird abgerechnet
acechar: auflauern
pegar una paliza ⟨ ⟩**:** verprügeln
el crío: Kind
ingeniárselas: sich was Neues ausdenken
fundir: ausgeben, durchbringen
le sale un contrato: er bekommt einen Arbeitsvertrag
aunque le duele: obwohl es ihm weh tut

Anhang **249**

limpiar por ahí: putzen gehen

acomodado: besser gestellt

el sueldo fijo: festes Einkommen

las pagas extras: Sonderleistungen

la seguridad social: Sozialversicherung

hay quien nace con estrellas y hay quien nace estrellado: der eine hat Erfolg, der andere scheitert

la mala racha: Pechsträhne

Sobrevivir cada día

sobrevivir: überleben

el paro: Arbeitslosigkeit

¿cómo te las arreglas sin trabajo?: wie kommst du klar ohne Arbeit?

llevo seis años casado: seit sechs Jahren bin ich verheiratet

el paro: Arbeitslosengeld

tardar: dauern

pasamos más hambre que el perro de un ciego: wir haben nichts zum Essen

darle vergüenza: sich schämen

qué remedio queda: was bleibt sonst übrig

vuelta a empezar: wieder von vorne los

surgir: entstehen

un gasto extra: Sonderausgabe

esa es otra ⟨ ⟩: das ist ein anderes Ding

precisamente: gerade

el mayor: der Älteste

el seguro: die Versicherung

vete a saber: wer weiß

adelantar: vorstrecken

¡ni soñarlo!: nicht dran zu denken

hacerse el carné: Parteimitglied werden

AP-Alianza Popular: die größte Rechtspartei

¡Qué va!: Überhaupt nicht

eso lo sabe todo el mundo: das weiß doch jeder

están todos cortados por el mismo patrón: die sind alle gleich (aus dem gleichen Schnitt)

cada uno arrima el ascua a su sardina y ya está: jeder bringt sein Schäfchen ins trockene

seguimos sin tener donde caernos muertos: wir haben immer noch keine müde Mark

O vales para directivo o todo es chungo

los ocupantes de casas: Hausbesetzer

el pasota: Null-Bock-Typ

no pasan de todo ⟨ ⟩: alles ist ihnen nicht egal

enfrentarse a los servicios de orden: sich den Sicherheitskräften entgegenstellen

dar caña ⟨ ⟩: Zoff machen

la luz: der Strom

el fontanero: Klempner

la asamblea: Versammlung

la vanguardia: Avantgarde

la peña: die Scene

incluso: sogar

la vecindad: Nachbarschaft

apoyar: unterstützen

aprobar: gutheißen

el instituto: Schule

BUP (Bachiller Unificado Polivalente): die drei Vorabitursklassen

las pintadas: Graffiti

el lema: Wahlspruch

recurrir a: zu einem Mittel greifen

Engañar a Hacienda

peculiar: besonders

la romería: Wallfahrt

el camino de escape: Fluchtweg

los ambulatorios: Tageskliniken

escurrirse ⟨ ⟩: sich drücken

el ordenador: Computer

un buen ciudadano: ein guter Staatsbürger

entregar su declaración: seine Steuererklärung abgeben

tiene que llover mucho: es muß noch viel Was-

250 **Anhang**

ser den Rhein runter-
fließen
no tengo más remedio:
mir bleibt nichts an-
deres übrig
por poco me pillan ⟨ ⟩:
fast hätten sie mich
erwischt
rellenar: ausfüllen
**estoy más liado que el
testamento de una lo-
ca:** total durcheinan-
der sein
negarse a: sich weigern
¿cómo te lo montas?
⟨ ⟩: wie stellst du das
an?
me da igual: das ist mir
egal
arriesgarse a: riskieren
los intereses: die Zin-
sen
ahora le toca que pagar:
jetzt ist er dran mit
dem Bezahlen
la multa: Strafe
**no me van dar un palo
así** ⟨ ⟩: so schlimm
werden die mir nicht
kommen
sacar: verdienen
pasar por el aro: da
durch müssen
fastidiar: ärgern
referirse a: meinen, sich
beziehen auf
vete a saber ⟨ ⟩: wer
weiß
con el plan que tienen
⟨ ⟩: so wie die drauf
sind
los curas: die Pfaffen
dice que ni mijita ⟨ ⟩:
er sagt: nicht das
unterm Finger-
nagel
ponerse de acuerdo:
übereinkommen

por poco se separan:
fast hätten sie sich
getrennt
así sale uno ganando:
so bringt das einem
was
los trucos: die Tricks
la empleada: Angestell-
te
hay unos cuantos: es
gibt nicht wenige
los panfletos: Flugblät-
ter
pacíficos y pacifistas:
friedlich und pazifi-
stisch
destinar: bestimmen
**no tenemos el más mí-
nimo interés:** wir ha-
ben nicht das allerge-
ringste Interesse
nos causa horror: das
macht uns höllische
Angst
el presupuesto: Etat
apuntarse ⟨ ⟩: mitmi-
schen

Familia o amigos

Compañero de piso

soltero: ledig
el piso compartido: die
WG
**gente harta de estar
con la familia:** Leute,
die keine Lust mehr
haben, bei ihrer Fami-
lie zu wohnen
asequible: erschwing-
lich
reconocer: erkennen
por lo general: norma-
lerweise
tener lugar: stattfinden
**los otros se rascan la
barriga:** sich den
Bauch kratzen, d. h.:
Däumchen drehen
solucionar: lösen
se sueltan las lenguas:
die Zungen werden
gelöst
**se ponen las cartas
sobre la mesa:** die
Karten werden auf
den Tisch gelegt
salir a relucir: ans Licht
kommen
salpicar la convivencia:
das Zusammenleben
würzen
vete a saber: wer weiß
para colmo: und oben-
drauf noch
tragarse: abpumpen
plantear: aufwerfen
los hechos: Vorkomm-
nisse
**tirarse los tiestos a la
cabeza:** aufeinander
losgehen
contaminado: vergiftet
la jerarquía: Hierarchie

Asamblea purgatoria

el fondo común: gemeinsame Kasse
el comportamiento: Verhalten
ruegos y preguntas: Anträge und Anfragen
calentarse la cabeza: sich den Kopf heißreden
llegar a un acuerdo: eine Vereinbarung treffen
cumplir: befolgen
tirarse: verbringen
no estoy dispuesto: ich bin nicht bereit
desviar el tema: vom Thema abkommen
manga por hombro: durcheinander
manchar: beschmutzen, beflecken
el coto privado: privates Jagdgehege
dispararse: nicht übertreiben, halblang machen
tampoco es para tanto: so schlimm ist es wiederum auch nicht
llevar razón: Recht haben

Charters a Londres

el ejecutivo: Manager
hecho polvo: fertig, groggy
mareado: übel
por casualidad: zufällig
meterse: sich einmischen
¡qué alivio!: was für eine Erleichterung!

ponerse a uno la piel de gallina: eine Gänsehaut kriegen
se echa a llorar: sie fängt an zu weinen
el préstamo: Kredit

Yo me voy a vivir con quien me da la gana

la compañera de facultad: Studienkollegin
comer fuera: außer Haus essen
los borrachos: Besoffene
mientras vivas aquí: solange du hier wohnst
aguantar un interrogatorio: ein Verhör ertragen
con eso de la facultad: mit dem Kram von der Uni
soltar el sermón: eine Predigt loslassen
de ahora en adelante: ab jetzt
hacer lo que le da la real gana a uno: tun, wozu man Lust hat
hacer la maleta: die Koffer packen
en cuanto pueda la hago: sobald ich kann, tu ich's
no te preocupes: mach dir keine Sorgen
estar amargado: stinkig sein
un tío: ein Typ
¿cómo que es?: wieso
¿a qué se dedica?: was treibt er?
está visto que: es ist offensichtlich

ha salido el tema: das Thema ist auf dem Tapet
estudiar magisterio: Grundschullehrer studieren
está separado: lebt getrennt

Mujer, yo no creo que sea ningún problema

el que algo quiere, algo le cuesta: wer was will, muß sich anstrengen
enfrentarse: sich stellen
las chapuzas: Gelegenheitsjobs
romper para siempre: für immer brechen
la sociedad es distinta: die Gesellschaft ist anders geworden
seguir viviendo: weiter leben
las pautas del pasado: die Normen der Vergangenheit
ya se irán acostumbrando: die werden sich schon daran gewöhnen
el refrán: Sprichwort
Zamora no se ganó en una hora: Zamora wurde nicht in einer Stunde erobert
por el hecho de: weil
mezclar las cosas: etwas durcheinanderbringen
ser aparte: auf einem anderen Blatt stehen

que nadie se entere: daß auch niemand es merkt

no me pienso meter en eso: ich hänge mich da nicht rein

descontaminar: entgiften

no tener muy claro: sich etwas noch mal überlegen müssen

ponerse de acuerdo: sich einigen

si acaso: falls wirklich

no tener ninguna vela en este entierro: nichts zu melden haben, wörtl.: keine Kerze bei dieser Beerdigung haben

marcharse de casa: ausziehen

negar: abstreiten

quitarse de encima: abschieben, loswerden

a tope: voll

tirar: wegwerfen, rausschmeißen

antojarse: Lust haben auf

coser y cantar: kinderleicht

el hogar: das Heim

Divorcio

se ha resuelto todo: alles ist gelöst

de cabo a rabo: von Kopf bis Fuß

paso por paso: Schritt für Schritt

que digamos: um es mal so auszudrücken

la cosa iba de mal en peor: es wurde immer schlimmer

no había manera: es gab keinen Weg

admitir: zugeben

proponer: vorschlagen

el cortijo: das Haus auf dem Land

qué casualidad: welch ein Zufall

precisamente: ausgerechnet

total: kurz

iba decidida a todo: ich war zu allem entschlossen

como si tal cosa: als ob nichts wäre

poner las cartas sobre la mesa: die Karten auf den Tisch legen

pedir el divorcio: die Scheidung einreichen

salir el tema: das Thema anschneiden

no estoy dispuesta: ich bin nicht bereit

el tío: der Typ

coger con las manos en la masa: mit den Händen im Teig, das heißt: in flagranti erwischen

de mutuo acuerdo: in gegenseitigem Einverständnis

no tengo ni oficio ni beneficio: ich habe keine Arbeit und kein Auskommen

a la larga: auf die Dauer

francamente: ehrlich gesagt

me hace mucha ilusión: ich freue mich drauf

Jóvenes de hoy

los adolescentes: die Jugendlichen

los mayores: die Älteren, Erwachsenen

lo que varía: was sich ändert

el contenido: Inhalt

en su tiempo: zu ihrer Zeit

luchar para conseguir: kämpfen, um zu erreichen

tener tanto donde elegir: so große Auswahl haben

valorar: wertschätzen

irse de bares: in die Kneipen gehen

tomar una decisión: sich entscheiden

ir por ahí de noche: abends ausgehen

ir a la mili: Militärdienst machen

diferenciar: sich unterscheiden

estar en contra de: gegen... sein

pasar por la vicaría: das läuft über die Kirche

casarse de blanco: in Weiß heiraten

lo que extraña: was erstaunt

los métodos anticonceptivos: geburtenregelnde Methoden

llevar a cabo: durchführen

prevenir: vorbeugen

todavía es bastante frecuente: es kommt noch häufig vor

quedar embarazada: schwanger werden

Anhang **253**

diminuir: sich reduzieren
tener a su alcance: zur Verfügung haben
deplarzarse: weggehen
la prisa: Eile
estar en la gloria: es geht einem blendend
ir camino: in Richtung… gehen
convertirse: sich wandeln, übergehen in
buscarse la vida: für seinen Lebensunterhalt sorgen

Los bares

Ilusión y engaño

es molesto: es nervt
la horterada: Geschmacklosigkeit
hecho/a polvo ⟨ ⟩: kaputt
enviciarse: abhängig werden
el suspense: Spannung
se les nota: man sieht ihnen an
el pedacito: Stückchen

Cita con pasteles

el dominio del varón: Domäne des Mannes
a exepción: außer
sagrado: geheiligt
la quiniela: Lotterie
conquistar: erobern
lo caro que está todo: wie teuer alles ist
aficionado a: zugetan
avisar: Bescheid sagen
tender: aufhängen
el chalé adosado: Reihenhaus
yo me he enterado: ich habe gehört
sustituir: vertreten
se ha dado de baja: er ist krank geschrieben worden
en el médico: beim Arzt
pulseras y cordones: Armbänder und Ketten
presumir: angeben
le sentaba como un tiro: das paßte ihr überhaupt nicht
fregar: spülen, putzen

las maris ⟨ ⟩: die Hausfrauen
la envidia: Neid
la fanfarronería: Angeberei

El camarero se mete

un chaval⟨ ⟩: ein Kerl
hacer un servicio: austreten
echar su meada ⟨ ⟩: pinkeln gehen
pincharse: fixen
cumplir con su deber: seine Pflicht erfüllen
meterse: sich einmischen
aunque nada más que: wenn auch nur wegen
no me quedó más remedio: mir blieb nichts anderes übrig
un sinvergüenza: ein Unverschämter
un arranque de honor: ein Anfall von Ehrgefühl

Descanso del personal

el descanso: Ruhetag
hacer falta: nötig sein
la barra: Theke
de todos modos: auf alle Fälle
consultar con: besprechen mit
pásate por aquí: komm vorbei
no te preocupes: mach dir keine Sorgen
si acaso: falls wirklich
ya nos pondríamos de

acuerdo: wir kämen schon klar
el trasfondo: Hintergrund
parar de trabajar: unentwegt arbeiten
el patrón: Chef
exigir: fordern
estoy harto/a ⟨ ! ⟩: mir stinkt's
aguantarse: aushalten
le tocan tres horas de: er hat drei Stunden zu
echar un cigarrito: eine Kippe rauchen
echar la siesta: Mittagsschläfchen halten
es como si no las tuviera: es ist, als ob er sie nicht hätte
se le iría el tiempo en: die Zeit würde vergehen
no merece la pena: lohnt die Mühe nicht
dar una vuelta: spazierengehen
matar el tiempo: die Zeit totschlagen
la una y pico: kurz nach eins
los parroquianos: die Stammgäste
hacer la caja: die Kassenabrechnung machen

Bar tienda teléfono

agotador: ermüdend
el apodo: Spitznamen
el chato de vino: Weingläschen
montar: hier: aufmachen

una quiniela de por aquí: irgend so eine Lotterie
por ahí no va: so läuft das nicht
vender al por mayor: en gros verkaufen
el contrabando: Schmuggel
¿y da para vivir?: fällt da genug zum Leben ab?
esto está muy perdido: das liegt ganz weit ab
la gente de paso: Laufkundschaft
¿cómo se las apaña?: wie kommen Sie klar?
tiramos pa'lante ⟨ ⟩: wir wurschteln uns durch
distraído: unterhaltsam
los compadres: Freunde
apuntar: anschreiben

Soy más valiente que tú...

las celebridades: Berühmtheiten
conquistar: erobern
la pasta ⟨ ⟩: Geld, Kohle, Flocken
amargado: stinkig
aprobar: den Wettbewerb bestehen und in den Staatsdienst kommen
el gerente: Geschäftsführer
ríe a carcajadas: lacht schallend
los palmotazos: derbe Schläge mit der flachen Hand
a propósito: übrigens
que quitaba el hipo:

atem(schluckauf)beraubend
tirarse: verbringen
a lo que íbamos: wo waren wir stehengeblieben
estás quedándote conmigo: du erzählst mir was vom Pferd
follar ⟨ ! ⟩: vögeln
la broma: Spaß
ese rollo me lo conozco ya ⟨ ⟩: das Ding kenn' ich schon

Copitas y tapas

aquí tardan mucho en servir: hier dauert es ja ewig, bis man bedient wird
se corre la voz: man sagt
fulanito ⟨ ⟩: Hinz (oder auch Kunz)
coger aire: Luft holen
con lo cual: womit
al final terminan pidiéndole: schließlich bestellen sie
los tópicos salen: die Klischees kommen aufs Tapet
pillarse una tajada ⟨ ⟩: besoffen werden
los mostradores están cargados: sind beladen
es todo un: es ist ein richtiger
quedar para ir de copas: sich verabreden zum Kneipengang
la paradita: Halt
lo que dé el día: was es gerade an dem Tag gibt

Anhang **255**

a nadie se le ocurriría: keiner käme auf die Idee

un cubata: ein Cuba libre, Gintonic oder ähnliches

tomar por turista: für einen Touristen halten

sofisticado: elegant

los chiringuitos de la playa: Strandkneipen

unas gotas: ein paar Tropfen

en boga: «in», modern

los espots: Werbespots

Tú y usted

el mostrador: Theke

los parroquianos: Stammkunden

no tenemos muy claro: wir wissen nicht genau

los coetáneos: Gleichaltrige

los locutores: Moderatoren

el truco: Trick

ponerse corbata: Krawatte umbinden

la flor y nata: die Creme de la Creme

es de suponer: es ist anzunehmen

confesamos: wir beichten

comprobado: überprüft

predominar: vorherrschen

presumir: angeben, vorgeben

los progres: die Fortschrittlichen

como les dé la gana: wie sie Lust haben

la forma de cortesía: Höflichkeitsform

guardar la distancia: Distanz bewahren

pasarse: zu weit gehen

se dan casos: es gibt Fälle

los suegros: Schwiegereltern

sucede algo curioso: es passiert etwas Merkwürdiges

hacerse compadres: Gevatter (Blutsfreunde) werden

La Movida

La Martirio

lanzarse: sich bekannt machen

en un abrir y cerrar de ojos: im Nu

el protagonista: Hauptfigur

así llamada: sogenannt

la estrella: Star

la actuación: Auftritt

cambiar de imagen: das Image wechseln

explotar: ausnutzen

el mensaje: die Message

los pendientes: Ohrringe

prescindir: entbehren können

su papel: ihre Rolle

distinguir: unterscheiden

de fondo: im Hintergrund

la pinta: Aussehen

lucir: zur Schau stellen

los celos insoportables: unerträgliche Eifersucht

romper con los tópicos: mit den Klischees brechen

arrastrar: mitreißen

la maría: Hausfrau

los maricas: die Schwulen

el carroza: Opa, Alter

echarse un nombre: sich einen Namen zulegen

tener que ver: zu tun haben

a mi alrededor: in meiner Umgebung

cuestionar: in Frage stellen
el engaño: Täuschung
alucinar: ausflippen, sich wahnsinnig wundern
paralizar: lähmen
de pronto: plötzlich
igual que había caído: genauso, wie ich gefallen war
ese equilibrio: jenes Gleichgewicht
el coco: Kopf, Hirn
las tripas: Bauch, Därme
el reposo: Ruhe, Ausgeglichenheit
añadir: hinzufügen

El Almodóvar

el movimiento: Bewegung
musa: Muse
encabezar: vorne stehen
hacer ilusión: Freude machen
tener en cuenta: berücksichtigen
hace lo que le da la gana: er tut, was ihm Spaß macht
ser consciente de que: Bewußtsein haben darüber, daß
la vecindad: Nachbarschaft
destapar tabúes: Tabus lüften
intocable: unantastbar
resulta sincero: es wirkt aufrichtig
un poquito fuerte: etwas hart
no te creas que va muy

descaminado: glaub' nicht, daß er sehr falsch liegt
reclamar: beanspruchen
el contestador: der automatische Anrufbeantworter
cachondísimo: zum Schießen
el préstamo: der Kredit
aportar: beisteuern

Como se gasta el dinero

caminar: laufen
la cara de la medalla: die Seite der Münze
traer: bringen
la moda de diseño: Designermode
la tarjeta de crédito: Kreditkarte
conceder: bewilligen
el parado: Arbeitsloser
¡Faltaría más!: das hätte noch gefehlt
el atractivo: Attraktivität
enviciar: sich infizieren
el presupuesto: Budget
las actividades de ocio: Freizeitaktivitäten
las copas: hier: einen trinken gehen
lo más imprescindible: das unerläßlichste
las salas: Vorführräume
satisfacer estas necesidades: diese Bedürfnisse befriedigen
y punto: und fertig
contar con salarios fijos: mit festem Einkommen rechnen

el vicio: Laster
dar un salto: auf einen Sprung reinschauen
repartir: verteilen
se me va casi la mitad en: fast die Hälfte geht drauf für
tapear: durch die Kneipen ziehen
gastar en: ausgeben für
salvo lo: außer dem
invertir en: anlegen für
mis vicios: meine Laster
me cuesta un ojo de la cara: das kostet mich ein Vermögen
los gastos fijos: die festen Ausgaben
las tarjetas: die Scheckkarten
los ingresos: die Einnahmen
arruinar: ruinieren
trabajo en lo que salga: ich mach den Job, den ich gerade bekomme
el lujo de ahorrar: der Luxus zu sparen
machacar: zermalmen
colecionar: sammeln
entusiasmar: begeistern
desgraciadamente: leider
me gasto un pastón: ich geb 'ne Menge aus

Tierno Galván y Alaska

rebuscado: gesucht
destacado: hervorstechend

Anhang 257

compartir el interés: das Interesse teilen

la ropa interior: Unterwäsche

los bandos: amtliche Bekanntmachungen

vamos ya con la entrevista: auf geht's mit dem Interview

¿eso le agrada?: freut Sie das?

la afirmación: Aussage

ajustarse a la verdad: der Wahrheit nahekommen

contraer una deuda: eine Schuld eingehen

terrenal: irdisch

el rumor: Gerücht

estar en torno a: liegen im Umfeld von

la posguerra: die Nachkriegszeit

la tertulia: Gesprächskreis im Café

averiguar: herausfinden

en este aspecto: was das betrifft

ya adquirido: schon erworben

se atreve a tontear: sie wagt zu blödeln

el corte: Schnitt

el afán: Lernbegierde

el halago: Schmeichelei

el procedimiento: Vorgehensweise

el ordenador: Computer

la epopeya: Epos

predilecto: bevorzugt

ni me fijo: ich beachte das überhaupt nicht

me desconcierta: das verwirrt mich

exigente: anspruchsvoll

alejarse: sich entfernen

procurar: versuchen

me inclinaría por: ich würde zu … neigen

sin dudarlo: ohne zu zweifeln

¿con cuál se quedaría?: wofür würden Sie sich entscheiden?

Rock español

basta con: es reichen

en la cochera: in der Garage

los colegios mayores: Studentenwohnheime

la escalada: Aufstieg

englobar: zusammenfassen

cachondo: witzig

como mucho: wenn's hoch kommt

romper con los moldes: mit Formen brechen

sostener los elevados costes: die hohen Kosten tragen

remitir: nachlassen

en epoca electoral: in Wahlkampfzeiten

dedicarse: sich widmen

los cuarentones: Vierzigjährige

colocado: stoned

admitir: zugeben

el impacto: Einschlag

nos parte la boca: der verprügelt uns

Los Toreros muertos

mear: pinkeln

cálida: warm

tibia: lau

la tubería: Wasserleitung

regar: gießen

diluviar: in Strömen regnen

mojar: naß machen

Panorama de los modernos

el valor: der Wert

el aislamiento: Isolation

hacer trasbordo: umsteigen

lo que sigue: was weiter besteht

aplicarse: anwenden

considerarse: sich ansehen als

adelantar: überholen

meterse: sich hineindrängen

se dan un aire: sich … geben

a fondo: gründlich

el arreglo: Aufmachung

la afeitadora: Rasierapparat

la herramienta: Werkzeug

practicar: üben

arrugada: verknittert

a bocajarro: aus heiterem Himmel

la pasión: Leidenschaft

agujereado: durchlöchert

los pendientes: Ohrringe

está en vigor: in Kraft, gültig sein

la cuerda de la ropa: Wäscheleine

la última: die letzte Mode

que no se olvide: damit es niemand vergißt

Los EDV

trepar: aufsteigen
acomodado: besser gestellt
bautizar: taufen
enterrar: beerdigen
tirarse: verbringen
poseer: besitzen
la economía empresarial: Betriebswirtschaft
de preferencia: bevorzugt
distinguirse: sich unterscheiden
la apariencia: Erscheinung
el aspecto: Aussehen
por los cuatro costados: durch und durch
hecho a medida: maßgeschneidert
el bolsillo: Brusttasche
el anillo de casado: Ehering
obvio: offensichtlich
la traición: Untreue
no se les conocen: es ist nicht bekannt, daß sie… haben
hogareño: häuslich
matar dos pájaros de un tiro: zwei Fliegen mit einer Klappe schlagen
lucir: zur Schau stellen
dar espacio: Platz einräumen
aplicar: anwenden
con cuidado: sorgfältig
horroroso: grauslich
relacionarse: in Verbindung treten
hacer falta: nötig sein
mantener: aufrechterhalten

Los sociatas

el protagonista: Hauptfigur
poderoso: mächtig
influyente: einflußreich
el despacho: Büro
el nombre de pila: Taufnahme
frecuentar: besuchen
recibir: nach Hause einladen
la barbacoa: Grill
los restaurantes de primera: Luxusrestaurants
el anillo de casado: Ehering
llamativo: auffällig
las chaquetas de cuero: Lederjacke
salir ganando: gewinnen
tirar a la basura: auf den Müll werfen
los proges: die Progressiven
de cuadros: kariert
presumir: angeben
veranear: den Sommer verbringen
dar el cante: die Aufmerksamkeit erregen
atreverse: wagen
llamar la atención: die Aufmerksamkeit erregen
queda bien: macht einen guten Eindruck
mantener a raya la tripa: fit bleiben
el pretexto: Vorwand
el ligue: Affäre
imprescindible: unerläßlich
las contribuciones: Zuschüsse

La cultura de la gente

El Rocío

los curas y los ateos: die Pfarrer und die Atheisten
ponerse en camino: sich auf den Weg machen
el evento: Ereignis
el caso es: es geht darum, daß
la parada: Halt
el obstáculo: Hindernis
el albañil: Maurer
aplastado: zerquetscht
el remolque: Traktoranhänger
tragar: schlucken

Flamenco: el día después

¿cómo estuvo aquello?: wie war das denn?
las pelas ⟨ ⟩: die Peseten
la juerga: Feier
a treinta duros: für 150 Peseten
llegar a su hora: pünktlich kommen
llegar a tiempo: pünktlich kommen
previsto: vorgesehen
formal: zuverlässig, pünktlich
que digamos: um es mal so zu sagen
yo estoy harto ya ⟨ ⟩: ich hab die Schnauze voll
tirarse: verbringen

la charla: Geschwätz, Rede

eran del año de la pera ⟨ ⟩**:** die waren uralt

anda ya, no sería pa-'tanto ⟨ ⟩**:** komm schon, so schlimm wird's auch nicht gewesen sein

que eres más exagerao: du übertreibst vielleicht

que quitaban el sentío: zum Verrücktwerden, so gut

era demasiao pa'l cuerpo: das war too much

y eso no tiene remedio: da hilft nichts

eso no lo cambia ni Dios: das ändert keiner

no me tires de la lengua: bohr nicht weiter, ich will nicht sagen, was ich nicht denke

vete a freír espárragos: zieh schon Leine!

estoy hasta los huevos de tu rollo⟨ ⟩**:** ich habe den Kanal voll von deinem Scheiß

Los Sanfermines

formar parte de: gehören zu

una desbordante alegría: eine überschäumende Freude

los banqueros: die Banker

las amas de casa: Hausfrauen

los actos oficiales: offizielle Feierlichkeiten

los fuegos artificiales: Feuerwerk

la delincuencia: Kriminalität

los asaltos: Überfälle

los desvalijamientos: Einbrüche

llevar la cuenta: Rechnung führen

el cava: Sekt

enésimo: der x-te

entusiasmar: begeistern

la feria de ganado: Viehmarkt

el relaciones públicas: PR-Mann

el yanqui: der Ami

un consumado conocedor: ein hervorragender Kenner

inmortalizar: verewigen

eregir: errichten

el tendido de sol: billige Sperrsitze in der Sonne

los chavales cachondos: Spaßvögel

alzar el brazo: den Arm erheben

los fachas ⟨ ⟩**:** die Faschisten

la trompa: Besäufnis

por tanto: von daher

desencadenado: enthemmt, entfesselt

tomar el pelo: verkackeiern

aguar la fiesta: das Fest vermiesen

el atractivo: Attraktion

mero: rein

el sentido protector: Beschützerinstinkt

colarse: sich einschleichen

los corredores: die Läufer

atrevido y osado: wagemutig und kühn

moribundo: sterbend

las alpargatas: Hanfschuhe, Espadrillas

¡Eso es penalti hijoputa!

el hijoputa ⟨!⟩**:** Hurensohn

el televisor: Fernseher

no hay quien se pierda: keiner versäumt

prestar oído: hinhören

la selección nacional: Nationalmannschaft

estar unidos como una piña: stramm zusammenstehen

es la hostia ⟨ ⟩**:** der ist saustark

no dar pie con bola: kein Bein auf die Erde kriegen

los contrarios: Gegner

las incidencias: Höhepunkte

la quiniela: Fußball-Toto

las apuestas: Wetten

el premio: Gewinn

no está muy metido/a: mischt da noch nicht besonders mit

los gamberros: Halbstarke

no hay quien frene al personal: niemand hält die Fans auf

inevitable: unvermeidbar

el campo de batalla: Schlachtfeld

carecer: nicht haben

260 Anhang

frotarse las manos: sich die Hände reiben
los escaparates: Schaufenster

Costumbres de hoy

la sonrisa: Lächeln
lloroso: weinerlich
pescar: angeln
el presupuesto familiar: Familienbudget
arreglado: hergerichtet
costar un disparate: verdammt teuer sein
fulanita: Lieschen Müller
darse aires de grandeza: sich Größe geben
el escenario: Bühne
fanfarrón: angeberisch
pasar de tanto barullo 〈 〉: nicht auf so viel Lärm stehen
manchar: schmutzig machen
seguido: hintereinander
estar en su salsa: in seinem Element sein
dos mil pelas: 2000 Peseten
ponerse la botas 〈 〉: sich vollstopfen
se van hartos de tanta comida: sie gehen wieder vollgefressen
parecer: scheinen, wirken
vistiendo de limpio a la anfitriona: sich das Maul über die Gastgeberin zerreißen
algo fuera de serie: etwas Außergewöhnliches
con decirte: ich brau-

che nur zu erwähnen
se me hacía la boca agua: Wasser ist mir im Mund zusammengelaufen
chuparse los dedos: sich die Finger lecken
presumir: angeben mit
él que más partido le saca al asunto: wer den größten Nutzen zieht

Los toros

apartar: (ab)trennen
esto me huele a engaño: das riecht nach Betrug
el matadero: Schlachthaus
el trasto: das alte Ding, hier: der Wagen
vaya hombre 〈 〉: Mensch Meier
se me están encendiendo las lamparillas: mir geht ein Kronleuchter auf
dar la lata 〈 〉: auf den Geist gehen
estirar las patas: die Füße vertreten
acabar como el rosario de la Aurora: bös enden
el payaso: Clown
enterarse de lo que vale un peine 〈 〉: kapieren, wo es langgeht
no la alcanzo: ich krieg das nicht zu fassen
tener más frío que una canasta de gatitos: es sehr kalt haben wie...
voy a acercarme: ich geh da mal hin

estoy harto ya 〈 〉: mir reicht's
esto ya se pasa de castaño oscuro: das ist einfach zuviel
qué prisa tiene: wie eilig der's hat
me cago en la hostia 〈!〉: ich halt's nicht aus
fastidiar: ärgern
ya me están cabreando: die bringen mich auf hundertachtzig
qué se quite de en medio: der soll verschwinden
me lo cargo 〈 〉: den mach ich fertig
me está mareando: mir wird übel davon
coño 〈 〉: Mann!
un pincho: ein Spieß
con los pies por delante: tot

Anhang **261**

Los media

Al borde de un
ataque de nervios

es del año de la pera: das ist uralt
el surtido: Auswahl
estoy ya harto ⟨⟩: ich bin's leid
pasarse un buen rato: unterhalten werden
me ahorro seiscientas pelas: ich spare 600 Peseten
merecer la pena: die Mühe lohnen
que digamos: um es mal so zu sagen
hacer de puta madre: verdammt gut machen
ponerse de acuerdo: sich einig werden
vale ⟨⟩: o. k.

Prensa de
modernos

se sentía como el pez en el agua: fühlte sich wie der Fisch im Wasser
presumir: angeben
da mucho más prestigio: macht mehr her
venenoso: giftig
las inquietudes: geistige Interessen
considerarse elitista: sich als elitär betrachten
contar con: verfügen über
harto: satt, übersättigt

la vanguardia: Avantgarde
por otra parte: andererseits
en cuanto a: was betrifft
la postura ideológica: ideologischer Standpunkt
se volvió a reeditar: wurde wieder herausgebracht
los promotores: Vertriebsstrategen
sale dirigido a: richtet sich an
algún toque morboso: etwas Horrormäßiges

El País:
monopolio de la
opinión

el ejército: Heer
someterse a un lavado de cerebro: sich einer Gehirnwäsche unterziehen
como apoyo: als Unterstützung
el sociata: PSOE-Mitglied
la cartera: Aktenkoffer
el talante: Einstellung
se apuntan: mitmachen, sich verschreiben
el comecocos ⟨⟩: Ereignis, das einen wider Willen stark beschäftigt
el izquierdoso: (Pseudo)Linker
ojear: durchblättern
gastar un capital: ein Vermögen ausgeben
las chuminadas: Blödsinn
la tapita variada: ge-

mischter Vorspeistenteller
el plato fuerte: Hauptgericht
merecen la pena guardarse: sich aufzuheben lohnen
amontonar: stapeln

El vídeo
comunitario

era frecuente: es war üblich
atraer: anziehen
apañarse: sich aushelfen
el mostrador: Theke
los críos: die Kinder
avisar: Bescheid sagen
por lo tanto: deswegen
imprescindible: unverzichtbar
apuntarse: sich einschreiben, mitmachen
el surtido: Auswahl
los más despabilados: die Schlauesten
deducir: schließen
no dar su brazo a torcer: nicht klein beigeben
por cojones ⟨!⟩: verdammt noch mal
al fin y al cabo: letztendlich
la inversión: Investition
no es de extrañar: es verwundert nicht
sacar: kriegen
mediocre: mittelmäßig

La prensa del corazón

los ligues: die kleinen Abenteuer
afectar: berühren, betreffen
el coco ⟨ ⟩**:** Kopf, Hirn
al parecer: offensichtlich
las maris ⟨ ⟩**:** die Hausfrauen
fomentar: fördern
la superestrella: Superstar
me cae bien: finde ich sympathisch
la hermana se ve que es más buena gente: die Schwester ist wohl netter
a ese no lo aguanto: den kann ich nicht ausstehen
sacarles fotos: Fotos von ihnen machen
las exclusivas: Exklusiv-Rechte
la mosquita muerta: falsche Fünfzigerin
soltar cuatro lagrimitas: ein bißchen flennen
con decirte: ich brauch nur zu erwähnen
torres más altas han caído: es sind schon ganz andere umgefallen

Radio libre

¿sabes lo que te digo?: weißt du, was ich meine
se me ha ocurrido: mir kam die Idee

municipal: städtisch
las maris ⟨ ⟩**:** die Hausfrauen
la manzanilla: Kamillentee
al ambulatorio: Tagesklinik
soltar algún truco: irgendwelche Tricks verraten
enrollado ⟨ ⟩**:** ok, nett
al fin y al cabo: letztendlich
tiran allí horas y horas: Stunden und Aberstunden zubringen
pásate por allí: komm mal da vorbei
hay muy buen ambiente: es herrscht da eine gute Stimmung
me toca guardia: ich habe Dienst
los conejos: die Kaninchen
los aficionados: Liebhaber

La vida rural

Jornaleros y emigración

los garbanzos: Kichererbsen
la libra de chocolate: Tafel Schokolade
la tendera: Ladenbesitzerin
sacar: verdienen
el subsidio del desempleo: Arbeitslosenhilfe
llegar para: ausreichen für
cobrar: Geld bekommen
las deudas: die Schulden
quedarse sin blanca: keine müde Mark mehr haben
la reforma agraria: Agrarreform
coger el toro por los cuernos: ein schwieriges Problem anpakken
enfrentarse: sich widersetzen
el terrateniente: Landbesitzer
explotar: nutzen
el escenario: Schauplatz
cubrirse las espaldas: sich gegen Angriffe schützen
expropiar: enteignen
las fincas: Güter
saltarse a la torera: unterlaufen
descafeinado: entkoffeiniert

Anhang **263**

los campesinos afectados: die betroffenen Bauern
la postura: Haltung
los latifundistas: Großgrundbesitzer
pillar ⟨ ⟩: erwischen
el cuartel: Kaserne der Guardia Civil
poner una multa: eine Geldstrafe aufdrükken
si no cabíamos en casa, parió la abuela: das Haus war voll und da hat die Oma noch ein Kind gekriegt, das heißt: zu allem Überfluß
CE (Comunidad Europea): Europäische Gemeinschaft
la sobreproducción: Überproduktion
los limosneros: Almosenempfänger

Ocio en el
desierto

las marías: die Hausfrauen
el episodio: Fernsehfolge
tienen la hora pegada al culo: sie haben es sehr eilig
apurarse: sich beeilen
darse cuenta: bemerken
fregar los platos: spülen
la sobremesa: Nachtisch
el plato fuerte: Hauptmahlzeit
esconder su vicio: sein Laster verstecken

plantear: einrichten
las labores: Handarbeiten
tomar el fresco: frische Luft schnappen
los asuntos: Angelegenheiten
el paro: Arbeitslosigkeit
con el pretexto: unter dem Vorwand
estorbar: stören
aguantar: aushalten
gastan menos que un ruso en catecismo: keinen müden Groschen ausgeben
tirase: verbringen
esto tiene su arreglo: dem kann abgeholfen werden
las máquinas tragaperras: Spielautomaten
las ganancias: Gewinn
estar a oscuras: im dunklen sein
la puntilla: Gnadenstoß
estar colgado: kleben an
ponerse de moda: in Mode kommen
el paseo: Flanieren, (Auf-und-ab-Spaziergang)
abrirse: abziehen
como mucho: wenn's hochkommt
los treceañeros: Dreizehnjähriger
matar el tiempo: die Zeit totschlagen

Inconvenientes
de la vida en
provincia

soñar con: träumen von
apacible: friedlich

relajado: relaxed
ni hablar: auf keinen Fall
el estrés: Stress
no servir para nada: zu nichts taugen
no se coge: kriegt man nicht
no es para tanto: so schlimm ist es wiederum auch nicht
tirarse: verbringen
lo pasamos muy bien: es macht Spaß
quedarse con: sich entscheiden für
maldito: verdammt
no me quiero ni acordar: besser denke ich erst gar nicht daran
parir: niederkommen
ponerse al día: auf dem laufenden sein
a mi alcance: zur Verfügung
entretenido: unterhaltsam
pretender: vorgeben
justificar: rechtfertigen

Niños
abandonados

aislado: isoliert
el compañero: Kamerad
desplazarse: wegfahren
el cole: Schule
cortado: gesperrt
los coetáneos: Gleichaltrige
el entretenimiento: Unterhaltung
la noción del tiempo: Zeitbegriff
importar: wichtig sein
acercarse: hingehen

el septuagenario: Siebzigjähriger
el bisabuelo: Urgroßvater
se le nota: man merkt ihm an
pegar: schlagen
ensimismarse: sich grübelnd abkapseln
con monosílabos: einsilbig
la animación: Leben
los chavales: Jungs
cumplir los dieciocho años: achtzehn Jahre alt werden
irse a la mili: den Militärdienst machen
de paso: nebenher
estoy más solo que la una: ich bin sehr einsam

reventar: sich schwarz ärgern
aconsejar: Ratschläge erteilen
quedar quieto: ruhig bleiben
a sabiendas: wohl wissend
los íntimos amigos: sehr gute Freunde
el problema más gordo: das größte Problem
cumplir: erfüllen
importar: wichtig sein

Vivir con instituciones

El ocio organizado

por las buenas: aufs Geratewohl
el cava: Sekt
para colmo: und dazu noch
el hogar del pensionista: Altentagesstätte
las barajas: Kartenspiele
echarse novia: sich eine Braut zulegen
casinos y peñas: Klubs und Vereine
el cacique: Bonze
pasar de: überhaupt kein Interesse haben

Jóvenes que van a vivir al campo

el decir: Redensart
aumentar: erhöhen
optar por: sich entscheiden für
la conciencia: Bewußtsein
disfrutar: es genießen
aguantar: aushalten
rajarse: das Handtuch schmeißen
enseñar: zeigen, lehren
la putada ⟨ ⟩: Schlag
amontonar: sich anhäufen
el oficio: Metier
la finca: Hof
tomar por loco: für verrückt halten
fracasar: reinfallen

Las sirenas y el juez

acariciar: streicheln
qué susto: welch ein Schrecken
una reprimida rata de sacristía: ein verklemmter Frömmling
excitarse: sich erregen
al no ver obedecidos sus mandamientos: als er gewahrte, daß seine Gebote unbefolgt blieben
demostrar su cargo: sein Amt bezeugen
hacer ademán: Anstalten machen zu ...
deleitante: köstlich
trasladar: bringen, überführen
permanecer: verbleiben

terminar su carrera: das Studium abschließen
infalible: unfehlbar
el portavoz: Sprecher

Lo que me faltaba, que salga cura

rezar el padrenuestro: das Vaterunser beten
de pronto me doy cuenta: plötzlich merke ich
me quedé de piedra: ich bin zur Salzsäule erstarrt
les hace rezar: läßt sie beten
colegio de monjas: Nonnenschule
el infierno: Hölle
el pecado: Sünde
de ningún modo estoy dispuesta a: ich bin auf keinen Fall bereit
se quedó con la boca abierta: sie war sprachlos
entre las dos decidimos: wir haben beide beschlossen
todos largan pero ninguno está por dar la cara: alle quatschen sie, aber keiner tut was
total: kurz
pedí cita: ich habe einen Termin gemacht
empezar la tarea: die Arbeit beginnen
se ve que: augenscheinlich

comprensivo: verständnisvoll
yo me cabreo mucho: das stinkt mir gewaltig
contagiarse: sich anstecken

Sanidad

parar: anhalten
cruzar: begegnen
entreabrir: halb öffnen
hacer la cura: behandeln
recorrer: durchlaufen
se le acerca: sie kommt auf ihn zu
trasladar: verlegen
la úlcera: Magengeschwür
el pasillo: Flur
extrañar: wundern
tocarle la fibra sensible: jemanden so ansprechen, daß man seinen Nerv trifft
mientras sí, mientras no: unterdessen
estará impaciente por verme: sie wird schon ganz ungeduldig sein und mich sehen wollen
por eso no se preocupe: Sie brauchen sich da keine Gedanken zu machen
así es que vuelva usted mañana: siehe Kapitel Ämterwirtschaft
quien esté encargado de esto: wer hier verantwortlich ist
la sala de cura: Behandlungsraum

la bata blanca: weißer Kittel
de seguir así: wenn es so weiter geht
dar de alta: entlassen werden aus dem Krankenhaus
tranquilizarse: sich beruhigen
no me podría dejar que la viera: könnten Sie sie mich nicht sehen lassen
resultar: sich herausstellen
llevarse el gato al agua: erreichen, was man wollte
costar: zu schaffen machen
la manzanilla: Kamillentee
las galletas: Kekse
merienda: Jause, Nachmittagskaffee
ser una putada ⟨ ⟩: beschissen sein
acostumbrarse: sich gewöhnen
los mismos pacientes: die Patienten selbst
el mantenimiento: Instandhaltung
ser atendido: behandelt werden

Enseñanza

las guarderías: Kindergärten
costar un huevo: sehr teuer sein
no se cubren las mínimas necesidades: die geringsten Notwendigkeiten werden nicht gedeckt

correr con los gastos: die Kosten übernehmen

se supone: es wird angenommen

padecer: leiden an

el desprestigio: Verlust des Ansehens

a trancas y barrancas: mit Ach und Krach

el obstáculo inmediato: unmittelbares Hindernis

el expediente: Akte

tener acceso: aufgenommen worden

el parado: Arbeitsloser

no es todo pan comido: es ist noch lange nicht alles geregelt

el vía crucis: Kreuzweg

las oposiciones: Auswahlprüfung für Staatsstellen

la cola: Schlange

las ofertas de trabajo: Stellenanzeigen

la opción: Wahl

la formación: Ausbildung

vinculado: verfilzt

inconveniente: unannehmbar

te cobran un ojo de la cara: die nehmen die aus

llevarse a cabo: durchführen

asequible: erschwinglich

de poco prestigio: von wenig Ansehen

incentivar: anreizen

facilitar: ermöglichen, zur Verfügung stellen

indispensable: unentbehrlich

El turismo

Vamos a la playa

por todos lados: überall

cabrearse: stinkig werden

siempre le toca a ella encargarse: immer muß sie sich um alles kümmern

relajante: beruhigend

dar el coñazo ⟨!⟩: auf den Keks gehen

pelearse: sich streiten

en un descuido: in einem Moment der Unachtsamkeit

el cubito: Eimerchen

pegar un salto: hochspringen

el guantazo: Ohrfeige

por supuesto: selbstverständlich

echarle cara al asunto: die Sache in Angriff nehmen

ponerse como el Quico: sich vollfressen

dar la lata: auf den Geist gehen

mandar con la música a otra parte: zum Teufel schicken

tocarle a uno la china: in den sauren Apfel beißen müssen

cambiarle el agua al canario ⟨ ⟩: pinkeln gehen

recoger: zusammenräumen

se arma la de Dios: das Gezeter geht los

Patrimomio nacional

negarse: sich weigern

que yo sepa: soweit ich weiß

datar de: zurückgehen auf

considerar: betrachten

puesto que: da, weil

vamos a suponer: nehmen wir mal an

una gorda: 10-Céntimos-Münze

entregar sus impuestos: seine Steuern abliefern

la hacienda: Finanzamt

los mercadillos: Wochenmärkte

el afán: Eifer

conseguir: erlangen

la pena de muerte: Todesstrafe

disponer de: verfügen über

D.N.I. (Documento Nacional de Identidad): Personalausweis

saber a: schmecken, riechen nach

xenófobo: ausländerfeindlich

repugnante: widerlich

Paraíso o cloaca

poner en duda: bezweifeln

horroroso: grauenhaft

perdurable: beständig

escasear: rar sein

inflarse: sich aufblähen

los afectados: die Betroffenen

los de fuera: Fremde

pasarlas moradas: große Schwierigkeiten haben

esa es otra: das ist ein anderes Ding

vuelta al paro: zurück zur Arbeitslosigkeit

los bloques: Wohnsilos

eso es un decir: so sagt man

tú estás mal de la azotea: du hast nicht alle Tassen im Schrank

el chiringuito: Strandkneipe

no daba ni golpe: er rührte keinen Finger

hacer su agosto: absahnen

los especuladores: Spekulanten

el beneficio: Gewinn

cuando surgen problemas: wenn Probleme auftauchen

ya se han largado: sie haben sich schon aus dem Staub gemacht

las ciudades fantasmas: Geisterstädte

no es de extrañar: es wundert nicht

los indígenas: die Eingeborenen

iqué se le va a hacer!: was soll man da tun?

La playa nudista

anímate: raff dich auf

estar al loro: wissen, was «in» ist

dar corte a uno: sich schämen

en cueros vivos: nackt

reprimido: verklemmt

los de la acera de en-

frente: die vom anderen Ufer

un mariquita de toda la vida: durch und durch schwul

hacer la carrera: auf den Strich gehen

meter mano ⟨ ⟩: befummeln

partirle la cara: verdreschen

quedarse en la gloria: es sich gut ergehen lassen

da la casualidad: der Zufall will es

te haces el sueco: du tust so, als würdest du nichts merken

aprobar: bewilligen

Culto al ligue

los titulares: Überschriften

ligar: anmachen, aufreißen

una vez pasado el invierno: sobald der Winter vorbei ist

la semana santa: Karwoche

acudir a: aufsuchen

el vestuario: Garderobe

de última: nach der letzten Mode

por supuesto: selbstverständlich

el corte: Haarschnitt

la gomina: Brillantine

lanzarte al ataque: sich reinwerfen ins Gefecht

el campo de batalla: Schlachtfeld

consistir en: bestehen in

conquistar: erobern

a la larga: auf Dauer

primordial: vordringlich

ocultar: verbergen

el arma: Waffe

el mobiliario: Einrichtung

lo echarías todo a perder: du würdest alles wieder verlieren

salir pedir de boca: eins A laufen

entrar con el pie derecho: einen guten Anfang machen

tontear: blödeln

rezar: beten

recurrir: zurückgreifen auf

el manual: Handbuch

tirase faroles: angeben

fingir: erdichten

las citas: Treffs

fanfarronear: angeben

un novio con los papeles debajo del brazo: ein Heiratswilliger

compensar: ausgleichen

el sacrificio: Opfer

Los mochileros

tener pinta de: aussehen wie

el alojamiento: Unterkunft

caer bien: gefallen

pasar la noche bajo techo: für die Nacht ein Dach über dem Kopf haben

tocar el gordo: das große Los ziehen

en la calle: draußen

la consigna: Gepäck-
aufbewahrung
de buenas a primera:
aufs Geratewohl
darle la coba: um den
Bart gehen
insinuar: andeuten
comerle el tarro a al-
guién ⟨ ⟩: jmd. über-
zeugen
no te queda otro reme-
dio: dir bleibt nichts
anderes übrig
los municipales: die
Dorf- (und Stadt-)
polizisten
de dos en dos: zu zweit
reunirse: sich versam-
meln
apuntarse: mitma-
chen
merecer la pena:
die Mühe loh-
nen

Wörter und Wendungen nach Situationen

Begrüßen

buenos días: guten Tag (bis mittags)
buenas tardes: guten Tag (bis abends)
buenas noches: guten Abend/gute Nacht
¡hola!: hallo
como estás: wie geht's
qué pasa: hallo
qué hay: hallo
has caído justo: du kommst gerade recht
hola, qué hay: hallo, wie geht's
hombre, tú por aquí: Mann, du hier?
hombre, qué hay: Mann, wie geht's
qué (es de tu vida): was treibst du so?
cuánto tiempo sin verte: wir haben uns ja ewig nicht mehr gesehen
qué tal: wie geht's

Sich verabschieden

adiós: tschüs, wiedersehen
hasta luego: bis dann
hasta pronto: bis bald
hasta la vista: auf Wiedersehen
luego nos vemos: wir sehen uns
ya me voy: ich geh
hasta ahora: bis gleich
me tengo que ir: ich muß los
ya me largo: ich zieh ab

nos vamos: wir gehen
nos hablamos: auf wiederhören(am Telefon)
llámame cuando puedas: ruf an, wenn du kannst
te mandaré una postal: ich schick dir 'ne Postkarte
besos: Küßchen
vaya usted con Diós: gehen Sie mit Gott (veraltet, sagen die Bauern noch)
vete a la porra: zieh Leine, hau ab, verdufte
vete a la mierda: zieh Leine, hau ab, verdufte
vete al diablo: zieh Leine, hau ab, verdufte
vete a freír espárragos: zieh Leine, hau ab, verdufte
jódete: verpiß dich
¿me llamas?: rufst du mich an?
qué te vaya bien: laß es dir gut ergehen
qué te diviertas: laß es dir gut ergehen
qué lo pases bien: laß es dir gut ergehen
recuerdos a: Grüße an
me piro: ich hau ab
me abro: ich hau ab
vete a la conchinchina: zieh schon ab

Einladen

¿qué vas a tomar?: was nimmst du?
pago yo: ich bezahle
vale: okay

venga, te invito: komm, ich lad dich ein
oye, pago yo: hier: ich übernehm das (zum Kellner)
¿qué te parece?: was meinst du?
¿qué haces esta noche?: was machst du heute abend?
¿quieres un café?: willst du einen Kaffee?
¿quieres una caña?: willst du ein Bierchen?
tú, ¿qué tomas?: was nimmst du?
vamos a tomar una copita: komm, wir gehen einen trinken
¿te apetece…?: hast du Lust auf…?
yo propongo…: ich schlage vor
venga, dáte prisa: auf, mach schon
¿tienes planes?: hast du was vor?
¿tienes algún compromiso?: hast du eine Verabredung?
¿te apuntas?: machst du mit?

Einladung annehmen

vale: in Ordnung, gebongt
bueno…: gut…
con mucho gusto: sehr gerne
por qué no: warum nicht

270 **Anhang**

qué buena idea: was für eine gute Idee
me parece muy bien: das finde ich gut
estupendo: klasse
claro qué sí: klar, Mann
yo me apunto: da mach ich mit
perfecto: perfekt
de puta madre ⟨!⟩: bärenstark
de acuerdo: einverstanden

Ablehnen

no gracias: nein danke
no tengo ganas: ich habe keine Lust
no me apetece: ich habe keine Lust
paso: keinen Bock
paso rotundamente: echt keinen Bock
lo siento: tut mir leid
ni hablar: kommt nicht in Frage
¡qué va!: keinesfalls!
en absoluto: überhaupt nicht
te lo agradezco de verdad, pero: wirklich, vielen Dank, aber…
no puede ser: es geht nicht
no quiero: ich will nicht
no es posible: es ist nicht möglich

Sich entschuldigen — sich rechtfertigen

perdona: entschuldige
perdone: entschuldigen Sie

perdón: Entschuldigung
le pido perdón: ich bitte um Entschuldigung
lo siento muchísmo: tut mir sehr leid
lo siento de verdad: tut mir wirklich leid
no lo he hecho a propósito: ich hab's nicht absichtlich getan
qué culpa tengo yo: ich habe keine Schuld
no tengo nada que ver: ich habe damit nichts zu tun
te lo puedo explicar: ich kann's dir erklären
no es mi problema: das ist nicht mein Problem
no lo tomes en serio: nimm's nicht so ernst
no te molestes: mach dir keine Umstände

Beurteilen/bewerten

me gusta…: mir gefällt…
no me gusta nada: das gefällt mir überhaupt nicht
horrible: schrecklich
me encanta: das find ich wunderbar
horroroso: grauenhaft
es chachi: super
me da igual: das ist mir gleichgültig
pa'chuparse los dedos: zum Fingerschlecken
qué cosa más…: wie…!
qué bueno está: wie gut das ist

ay…lo odio: uiih, ich hasse das
no me cae bien: der/die/das gefällt mir nicht
qué maravilla: wie wunderbar
merece la pena: das lohnt
qué divertido: wie lustig
qué moderno: wie «in»
qué bobo: wie dumm
qué feo: wie häßlich
qué idiota: wie idiotisch
es magnífico: das ist ja großartig
fuera de serie: ganz ungewöhnlich
es increíble: das ist unglaublich
no es nada del otro mundo: das ist nichts Ungewöhnliches
fenomenal: erstklassig
fenómeno: erstklassig
alucinante: zum Ausflippen
qué alucine: ja waaahnsinnig
acojonante ⟨⟩: bärenstark

Verneinen

estás equivocado: da irrst du dich
no es verdad: das ist nicht wahr
mentira: gelogen
hay algo que no funciona: da stimmt was nicht
no me vengas con cuentos: erzähl mir keine Märchen
es falso: das ist falsch
es erróneo: Irrtum

Anhang **271**

no llevas razón: du hast nicht recht

¡ni soñar!: nicht im Traum

de ningún modo: keinesfalls

de ninguna manera: keinesfalls

en absoluto: überhaupt nicht

no es cierto: das stimmt nicht

no me cuentes: erzähl mir nichts vom Pferd

Anzweifeln

quién se va a creer esto: wer wird denn das glauben

me extraña: das wundert mich

esto no lo puedo creer: das kann ich nicht glauben

no estoy convencido...: ich bin nicht überzeugt...

esto no me lo trago ⟨ ⟩: das schluck ich so nicht

esto te lo crees: das glaubst du?

anda ya...: komm...

esto lo dudo: das bezweifele ich

esto no lo entiendo: das versteh ich nicht

no exageres: übertreib nicht

Überzeugen

Pienso que...: ich denke, daß...

yo creo que...: ich glaube, daß...

me parece que...: ich meine, daß...

sin duda: ohne Zweifel

te aseguro: ich versichere dir

te lo juro: ich schwör es dir

qué te apuestas: wetten!

te apuesto lo que quieras: was wetten wir?

estoy convencido: ich bin überzeugt

es así: es ist so

así de simple: so einfach

pregúntaselo a...: frag doch...

¡seguro!: sicher!

¡cómo que me llamo...!: so wahr ich... heiße

¡como te lo digo!: so wahr ich dir das sage

Zustimmen

llevas razón: du hast recht

claro, hombre: klar, Mann

por supuesto: selbstverständlich

por descontado: selbstverständlich

¿a que sí?: nicht wahr?

así de sencillo: so einfach

hay que admitir que está bien hecho: man muß zugeben, daß das gut gemacht ist

Widersprechen/kritisieren

no puedo acceptarlo: das kann ich nicht akzeptieren

estoy en contra de esto: da bin ich dagegen

no me digas: sag bloß

qué crees?: was glaubst du

qué tonterías: was für ein Blödsinn

estás loco: du bist verrückt

cómo puedes hacer esto: wie kannst du das machen?

qué hortera: wie spießig

qué de mal gusto: wie geschmacklos

qué pasada: das ist zuviel

este se está pasando: der übertreibt aber

qué dices?: was sagst du da?

de ninguna forma: auf keinen Fall

ni hablar: kommt nicht in die Tüte

bajo ningún pretexto: auf keinen Fall

Einen Rat geben

te aconsejo: ich rate dir

lo que tendrías que hacer...: was du tun müßtest...

mira, no es muy fácil: schau, das ist nicht einfach

yo en tu lugar...: ich an deiner Stelle...

si acaso...: falls wirklich

no lo tomes en serio: nimm's nicht so ernst

de todos modos, puedes: auf jeden Fall kannst du ja

sería mejor: es wäre besser...

atrévete: wag dich doch

no lo tomes a la ligera: nimm's nicht auf die leichte Schulter

venga, enróllate ⟨ ⟩: komm, check das mal

hazlo: tu es

no lo pienses dos veces: das mußt du dir nicht zweimal überlegen

Mitleid haben

cuánto lo siento por tí: es tut mir so leid für dich

pobrecito, el tío: der arme Kerl

qué pena me da: wie leid mir das tut

no quiesiera estar un tu pellejo: ich möchte nicht in deiner Haut stecken

...y qué le vas a hacer...: was kannst du da tun

qué golpe más duro: was für ein harter Schlag

qué fuerte, no?: wie schlimm

cuánto valor hay que tener: was man für Kraft braucht, um das durchzustehen

ojalá te recuperes: hoffentlich erholst du dich wieder

qué te repongas pronto:

erhol dich schnell wieder

eso ya se arreglará: das wird sich wieder einrenken

hay cosas peores: es gibt Schlimmeres

no vale la pena que te pongas así: so brauchst du dich auch wieder nicht anzustellen

olvídatelo: vergiß es

qué mal rato habrá pasado el pobre: was wird der arme Kerl für schlimme Zeiten durchgemacht haben

te acompaño en el sentimiento: herzliches Beileid

qué sea leve: hoffentlich wird es nicht so schlimm

Berichten

me han comentado: ich habe gehört

tengo sabido que: ich habe erfahren

sabes que me pasó el otro día: weißt du, was mir kürzlich passiert ist

se dice que...: es wird erzählt, daß...

te has enterado que: hast du gehört, daß...

parece que...: es scheint, daß...

se corre la voz que: es geht das Gerücht

sabes lo último: weißt du das Allerneueste

te cuento...: ich erzähl dir

Sich beklagen

esto no puede ser: das geht nicht

estoy hasta los huevos ⟨!⟩: ich habe den Kanal voll

estoy hasta las narices: mir steht es bis hier

estoy hasta el moño: ich bin es leid (Wendung feiner Damen)

estoy harto: mir reicht's

me voy a quejar: ich werd mich beschweren

esto es demasiado: das ist zuviel

vale ya: es reicht

es una vergüenza: das ist eine Schande

no te pases: jetzt übertreibe aber nicht

no me tomes el pelo: verarsch mich nicht

qué mierda! ⟨!⟩: was für 'ne Scheiße

me han clavado ⟨ ⟩: die haben mich beschissen

estoy que me lleva Dios: mir stinkt das gewaltig

estoy que me lleva el demonio: mir stinkt das gewaltig

estoy hasta los mismísimos: ich hab den Kanal voll

estoy hecho polvo: ich bin total fertig

estoy para el retiro: ich laß mich pensionieren

estoy hasta la coronilla: mir steht's bis hier

estoy hecho un asco:

Anhang **273**

ich find' mich furchtbar
voy a reventar: ich platze
voy a estallar: ich platze

Sich begeistern

estupendo: großartig
fantástico: phantastisch
maravilloso: wunderbar
increíble: unglaublich
de puta madre ⟨!⟩**:** bärenstark
me gusta cantidad: das finde ich riesig
qué locura: was für ein Wahnsinn
esto si que mola ⟨⟩**:** das bringt's
qué delirio: umwerfend
qué hermosura: wie schön
qué bonito: wie hübsch
qué guapo: wie schön/interessant
acojonante ⟨⟩**:** bärenstark, affenschrill
fabuloso: irre
qué demasiado: too much

Zufrieden sein

estoy bien: mir geht's gut
me siento bien: ich fühl mich gut
qué suerte he tenido: was hab ich ein Glück gehabt
qué afortunado soy: was bin ich für ein Glückspilz
lo hemos pasado pipa: es war klasse
estoy contento de ver-

dad: ich bin wirklich zufrieden
esto es vida!: so läßt sich's leben
estoy en la gloria: mir geht es großartig
estoy como Dios: ich fühle mich pudelwohl
estoy encantado: großartig

Schimpfen

me importa un bledo ⟨⟩**:** das ist mir egal
me importa un pepino: das ist mir egal
me importa un carajo ⟨!⟩**:** das ist mir scheißegal
hijoputa ⟨!⟩**:** Hurenbock
cabrón ⟨!⟩**:** Arsch
gilipollas ⟨!⟩**:** Arschloch
maricón: schwuler Bock
marrano: Sau
atrasado mental: geistig unterbelichtet
tonto: dumm
idiota: Idiot
pesado: Nervensäge
hijo de la gran puta ⟨!⟩**:** verdammter Hurenbock
imbécil: Blödmann
mediocre: Kleingeist
eres una mierda ⟨!⟩**:** du bist ein Stück Scheiße
cagón: Scheißer
guarro: Sau
calentón: geiler Bock
sinvergüenza: Frechdachs
cochino: Schwein

me importa un rábano: is' mir scheißegal
estoy hasta los huevos ⟨⟩**:** ich hab die Schnauze voll
asqueroso: ekelhaft
me cago en tu madre ⟨!⟩**:** das ist mir so schnurzpiepegal

Sympathie äußern

es simpático el tío: der Kerl ist nett
eres demasiado: du bist too much
así me gustas: so gefällst du mir
me caes bien: du gefällst mir
es buen tio: der Kerl ist okay
es buena gente: der/sie ist in Ordnung

Antipathie äußern

no lo aguanto: er ist nicht zum Aushalten
no lo soporto: ich ertrage ihn nicht
me da la lata: er geht mir auf den Geist
es un pesado: was für eine Nervensäge
qué tio más soso: was für ein Langweiler
qué antipático: wie unsympathisch
es cantidad de inútil: wie unnütz
qué tío más aburrido: was für ein Langweiler

es un falso: ein falscher Fuffziger

es un farsante: was für ein Heuchler

es un pedante: was für ein Pedant

asqueroso: ekelhaft

es insoportable: unerträglich

no lo/la puedo ver: ich kann ihn/sie nicht ausstehen

no lo/la trago: ich kann ihn/sie nicht ausstehen

es un creido: was bildet der sich ein

es un cretino: was für ein Idiot

In Liebe sein

me enamoré: ich bin verliebt

ando en amores: ich bin verliebt

estoy enamorado: ich bin verliebt

estoy pasando el mejor momento de mi vida: es ist einfach umwerfend

ay, qué te como: ich freß dich auf

estoy loco por tí: ich bin verrückt nach dir

estoy saliendo con un tío: ich gehe mit einem Typ

fue un flechazo: es war Liebe auf den ersten Blick

amor a primera vista: Liebe auf den ersten Blick

besuquear: schmusen

estoy enganchado con: ich habe was laufen mit…

te quiero: (kommt in Schlagern vor)

tengo un ligue: ich habe was laufen

es tan tierno: er ist so zärtlich

está ligado con: er hat ein Techtelmechtel mit

contigo al fin del mundo: mit dir bis ans Ende der Welt

sin tí no soy nada: ohne dich bin ich nichts

estoy enrollado: ich habe was laufen

Sich verteidigen/ drohen

vete al demonio: scher dich zum Teufel

déjame en paz: laß mich in Ruhe

no me molestes: nerv mich nicht

¡cállate la boca!: halt's Maul

te parto la boca: ich polier dir die Fresse

no me amenaces; cabrón: bedroh mich nicht, du Misthund

te voy a matar: ich bring dich um

te doy una paliza que no veas…: ich werde dich verdreschen, daß dir Hören und Sehen vergeht

no me provoques: provozier mich nicht

quítame las manos de encima: nimm die

Finger weg

¡no te atrevas!: wag dich!

atrévete: wag dich!

no me des la lata: geh mir nicht auf die Nerven

no me marees: mach mich nicht fertig

Enttäuscht sein

para la mierda ⟨!⟩**:** verdammte Scheiße

qué mala suerte: was für ein Pech

no mereció la pena: das hat sich nicht gelohnt

qué lástima: wie schade

si lo hubiera sabido antes: wenn ich das früher gewußt hätte

no me lo esperaba: das habe ich nicht erwartet

lo tendré en cuenta: das merk ich mir

no me sale nada: nichts haut hin

todo me sale al revés: alles mißglückt

menos mal: halb so schlimm

Unsicher sein

mhm…no lo sé: mhm.., ich weiß nicht…

tal vez…: vielleicht

si acaso: wenn überhaupt…

lo veré luego: das seh ich später

estoy inseguro: ich bin unsicher

no sé qué decir: ich weiß nicht, was ich sagen soll

no sé que hacer: ich weiß nicht, was ich machen soll

esto me jode de verdad ⟨!⟩: das nervt mich echt

Beziehungen beschreiben

esto es magnífico: das ist großartig

es tan bello que casi no lo creo: es ist so schön, daß ich es kaum glauben kann

es una buena relación: das ist eine gute Beziehung

eso va muy en serio: es ist sehr ernst

esta enganchado de verdad: er hat wirklich was laufen

se llevan de puta madre: sie verstehen sich blendend

todo marcha sobre ruedas: alles läuft wie geschmiert

estos, no creo que duren mucho: ich glaub nicht, daß die zwei es lange miteinander aushalten

últimamente no se llevan muy bien: in letzter Zeit kommen sie nicht gut miteinander aus

como puede salir con un tío/una tía así: wie kann er/sie mit so einem Kerl/so einer Frau gehen

Träumen und wünschen

ojalá se me/te cumpla: hoffentlich klappt das

si pudiera…: wenn ich könnte

yo creo que podré hacerlo: ich glaub nicht, daß ich das tun kann

cuánto me gustaría…: was würde ich gerne…

cuando me toque el gordo: wenn ich im Lotto gewinne…

quisiera, pero no tengo un duro: ich würde gerne, ich habe aber keine müde Mark

qué te parece si abrimos un tinglado: was hältst du davon, wenn wir einen Laden aufmachen

tendría ganas de: ich hätte Lust zu…

Deprimiert und traurig sein

estoy deprimido: ich bin deprimiert

ayy, qué aburrimento tengo: Mann, was für eine Langeweile

tengo la moral por los suelos: ich bin total down

me siento un extraño: ich fühl mich so seltsam

esto es el final: das ist das Ende

esto es una tortura: das ist Folter

qué porquería: was für 'ne Schweinerei

qué mala leche ⟨!⟩: was für 'ne beschissene Laune

me importa un carajo ⟨!⟩: ist mir scheißegal

todo me sale mal: nix klappt

coño ⟨!⟩: Scheiß

qué difícil es vivir: wie schwierig ist das Leben

hoy me duele todo: heut tut mir auch alles weh

me duele hasta el alma: mir zerreißt es das Herz

hostia, qué mala suerte: verdammt, was für ein Unheil

esto me es indiferente: das ist mir egal

me rompe las pelotas hacer esto ⟨!⟩: das schaff ich nicht

estoy tan quemado…: ich bin so ausgelaugt

me siento una perfecta mierda ⟨!⟩: ich fühl mich wie ein Stück Scheiße

Angst haben

tengo miedo: ich habe Angst

estoy que ni vivo: ich habe tausend Ängste

me ha entrado un miedo espantoso: ich hab 'ne fürchterliche Angst bekommen

está como reo en capilla: er ist voller Angst und Aufregung (wie

276 **Anhang**

der Angeklagte vor
der Hinrichtung in der
Kapelle)

me temo que…: ich
fürchte…

algo no sale bien: da
läuft was schief

ayy, qué susto: uff, was
für ein Schreck

me sospecho que: ich
vermute…

tengo un nudo en la garganta: mir schnürt
sich die Kehle zu

estoy muy sorprendido:
ich bin ganz überrascht

esto me horroriza: das
erschreckt mich

me muero de miedo:
ich komm um vor
Angst

**se me ponen los pelos
de punta:** mir sträuben sich die Haare

Sich Sorgen
machen

estoy muy preocupado:
ich bin sehr beunruhigt

no sé si tendrá salida:

wenn das mal gutgeht

**este asunto me huele
mal:** an der Geschichte stimmt was nicht

no sé por donde empezar: ich weiß nicht, wo
ich anfangen soll

se me hace que: ich ahne…

…y ahora qué hago?:
und was mache ich
jetzt

esto no va más: das
geht nicht mehr

esto es el final: das ist
das Ende

Bildnachweis

Archiv
  91/92, 126, 129−131, 147, 154, 232, 237, 239
Ayuntamiento de Madrid
  187
Jan-Peter Böning
  26/27, 63, 96/97, 100/101, 110/111, 118−120, 143, 157, 206/207, 210
Alejandro ‹Pipo› Dhers
  36/37, 42/43, 46, 52/53, 54−56, 61, 72/73, 115, 133/134, 138, 141, 148/149,
  165, 167−169, 196/197, 201, 205, 227, 235
¡Hola!
  150
Ministerio de Informacion y Turismo
  46/47
Johannes Roether
  194, 224/225
Hans Werner Schläfer
  10/11, 188/189
Ana Torralva/La Luna
  122/123

¡DER TON ZUM BUCH!

Zum vorliegenden Sprachbuch

haben wir eine 90minütige

Network
Medien-Cooperative
Verlag & Medien-Service
Hallgartenstraße 69
6000 Frankfurt/M. 60
Telefon 069/45 17 37

Toncassette hergestellt.

Viele der Dialoge und Alltags-Szenen aus
dem Buch haben Spanier und Spanierinnen
als Kurz-Hörspiele vertont.

Hier ist lebensnah zu hören und zu üben, wie

Spanier in der Kneipe, in Amtsstuben, im Café,

in den Medien und zu Hause reden.

Ein genauer Fahrplan durch die Cassette und Vokabel-
hilfen für weitere Begriffe und Redewendungen sind in
einem kurzen Begleittext abgedruckt.

Falls die Cassette im örtlichen Buchhandel nicht

erhältlich ist, kann sie für DM 19,80 auch direkt

bei Network bestellt werden. (+DM 3,50 Versandkosten,
per Scheck oder Überweisung
auf Postscheckkonto 45544-609
PSA Frankfurt/Main)

Ein kostenloser Prospekt mit weiteren 70

Network-Produktionen liegt der Bestellung bei und

kann auch separat mit Postkarte angefordert werden.

Die Network Medien-Cooperative vertreibt
Cassetten-Produktionen (mit Begleitbüchern
oder -Texten) zu den folgenden Themen:

Schwarze Musik, alte und neue Märchen,
Geschichte lebendig, Beziehungskisten,
aus dem Innenleben der Krise, Jugendliche und
Ausländer, Umweltzerstörung...

A·N·D·E·R·S·R·E·I·S·E·N

Herausgegeben von
Ludwig Moos

PRAKTISCHE REISEBÜCHER

Ingrid Backes
Das FrauenReiseBuch
(7572)

Hartwig Bögeholz/Werner Radasewsky
Almanach 90/91
Adressen, Infos & Ideen
Der Kompaß durch den Reisedschungel
(7587)

Helmut Hermann
Das ReiseFotoBuch
Ausrüstung, Technik, Praxis und
Gespür (7589)

Isabelle Jue/Nicole Zimmermann
Sprachbuch Frankreich
(7520)

Christoph Kehr/Ana Rodriguez Lebrón
Sprachbuch Spanien
(7588)

Johannes Müller/Peter Müller
Gesund unterwegs
Medizinisches Reisehandbuch
(7583)

Emer O'Sullivan/Dietmar Rösler
Sprachbuch Großbritannien / Irland
(7564)

Sprachkollektiv Senzaparole
Sprachbuch Italien
(7571)

C 2400/1 c

A·N·D·E·R·S·R·E·I·S·E·N

Herausgegeben
von
Ludwig Moos

LÄNDER

Christof Kehr
Andalusien (7575)

Dirk Wegner
Australien (7598)

Roland Motz
Balearen/Barcelona (7579)

Petra Schaeber/Martin Wilke
Brasilien (7594) Oktober '91

Hartiwg Bögeholz
China (7580)

Per Ketman/Andreas Wißmach
DDR (7568)

Dagmar Beckmann/Ulrike Strauch
Elsaß (7585)

Günter Liehr
Frankreich (7519)
Südfrankreich (7582)

Ingrid Backes/Gabriela Daum
Griechenland (7508)

Michael Kadereit
Großbritannien (7530)

Christoph Potting/Annette Weweler
Irland (7525)

C 2400/1 a

A·N·D·E·R·S·R·E·I·S·E·N

LÄNDER

Jürgen Humburg/Conrad Lay/
Michaela Wunderle
Italien (7515)

Rainer Karbe/Ute Latermann-Pröpper
Kreta (7569)

Roland Motz/Gaby Otto
Mexico (7574)

Gunnar Köhne
Norwegen (7593) Juni '91

Frida Bordon
Sizilien (7595)

Helmuth Bischoff
Spanien (7567)

Michael Kadereit
Toskana/Umbrien (7521)

Hanne Straube
Türkei (7597)

Hubertus Knabe
Ungarn (7584)

Till Bartels (Herausgeber)
USA (7586)

Herausgegeben
von
Ludwig Moos

C 2400/1 b

A·N·D·E·R·S · R·E·I·S·E·N

STÄDTE

Roland Günter
Amsterdam (7506)

zitty-Illustrierte Stadtzeitung
Berlin (9061)

Manfred Waffender/Jonathan Walters
London (7502)

Werner W. Wille
New York (7512)

Günter Liehr
Paris (7509)

Peter Kammerer/Henning Klüver
Rom (7514)

Manfred Waffender
San Francisco (7507)

Frida Bordon
Venedig mit Venetien (7570)

Herausgegeben von Falter
Wien (7563)

Herausgegeben
von
Ludwig Moos

C 2400/1

rororo Sprachen

Herausgegeben
von
Ludwig Moos

Gunther Bischoff
Speak you English?
Programmierte Übung zum Verlernen
typisch deutscher Englischfehler
(6857)
Managing Manager English
Gekonnt verhandeln lernen durch
Üben an Fallstudien
(7129)
Better times
Programm zum Gebrauch der
englischen Zeiten (7987)

René Bosewitz/Robert Kleinschroth
**Joke Your Way Through
English Grammar**
Wichtige Regeln zum Anlachen (8527)

René Bosewitz/Hartmut Breitkreuz
Do up your Phrasals
Fünfhundert Wendungen wichtiger Verben
(8344)

Claire Bretécher/Isabelle Jue/
Nicole Zimmermann
Le Français avec les Frustrés
Ein Comic-Sprachhelfer (8423)

Ahmed Haddedou
Questions Grammaticales de A à Z
Tout ce que vous avez toujours voulu
savoir sur la grammaire sans jamais
oser le demander (8445)

Hans-Georg Heuber/Marie-Thérèse Pignolo
Ne mâche pas tes mots
Nimm kein Blatt vor den Mund!
Französische Redewendungen und
ihre deutschen Pendants (7472)

C 2199/6

rororo sprachen

Herausgegeben von
Ludwig Moos

Hans-Georg Heuber
Talk one's head off
Ein Loch in den Bauch reden
Englische Redewendungen und ihre
deutschen «opposite numbers» (7653)

Emer O'Sullivan/Dietmar Rösler
Modern Talking
Englisches Quasselbuch mit Sprüchen
und Widersprüchen (8427)

Mario Parisi/Liborio Pepi
Parole Espresse
Italienisches Quasselbuch mit Sprüchen
und Widersprüchen (8434)

Ernest Pasakarnis
Grammar Questions from A – Z
Everything you always wanted to know
about Grammar but were afraid to ask
(8359)
**The Word Lover's Guide to
How Words Work**
Ein moderner Vokabeltrainer (8426)
Master your Idioms
Der Schlüssel zu den englischen
Redewendungen (8491)

Senzaparole
Finalmente in Italia
Italienischkurs für wenig und
weiter Fortgeschrittene (8471)

Jacques Soussan
Pouvez-vous Français?
Programmierte Übung zum Verlernen
typisch deutscher Französischfehler
(6940)

C 2199/7 a

spiel + freizeit

Hajo Bücken/Dirk Hanneforth
Klassische Spiele ganz neu
Varianten und Verschärfungen von Dame bis Domino (18901)

Dirk Hanneforth/Andreas Mutschke
Ärger-Spiele
Varianten und Verschärfungen von Mensch-ärgere-dich-nicht bis Malefiz (18905)

Uta Knigge
**Packwahn oder
Die Kunst des Einwickelns**
(18903)

Uschi Neidthardt
Spiele, Bluffs und Knobeleien
Spaß mit Bierdeckeln, Streichhölzern und anderem Kleinkram (18900)

Horst Speichert
Kopfspiele
Das unterhaltsame Gedächtnistraining (18902)

Sylvia Winnewisser
Schneiden, falten, fertig!
Mit Papier und Schere durch Himmel und Hölle (18904)

Eine Auswahl

C 2399/1

Lexikon des internationalen Films

21 000 Filme auf 5 000 Seiten in 10 Bänden.
Das komplette deutschsprachige Angebot in Kino und Fernsehen seit 1945.
Jeder Film wird mit Inhalt, künstlerischer Wertung seiner Form und seiner filmhistorischen Einordnung vorgestellt.
Mit einem Registerband, der zu einer schnellen und gründlichen Orientierung verhilft.
rororo handbuch 6322

C 2315/1